吴传清 尹礼汇 孟晓倩 邓明亮 张诗凝 ——— 著

经济数字化绿色化低碳化

发展研究

RESEARCH ON

THE DIGITALIZATION,

GREEN AND LOW-CARBON DEVELOPMENT OF

THE ECONOMY

社会科学文献出版社
SOCIAL SCIENCES ACADEMIC PRESS (CHINA)

作者简介

吴传清　武汉大学经济与管理学院博士、教授，区域经济学专业、产业经济学专业博士生导师，武汉大学中国发展战略与规划研究院副院长，武汉大学区域经济研究中心主任。兼任中国区域经济学会副理事长、中国区域科学协会副监事长、中国区域经济学会长江经济带专业委员会主任委员、学术集刊《长江流域经济研究》主编。主持"推动长江经济带制造业高质量发展研究"（国家社科基金项目）、"落实长江经济带生态优先绿色发展战略理念重大问题研究"（国家发改委课题）、"长江经济带高质量发展动力转换机制研究"（国家发改委课题）、"'十四五'时期空间战略格局和空间结构优化方向研究"（国家发改委课题）；参加"长江经济带产业绿色发展战略与政策体系研究"（国家社科基金重大项目）、"基于开发知识网络和产业知识图谱的区域产业趋势分析与预警"（国家自科基金重点项目）、"长江水资源开发保护战略与关键技术研究"（国家重点研发计划项目）；出版《黄金水道——长江经济带》《长江经济带创新驱动与绿色发展研究》《长江经济带高质量发展研究报告（2020、2021、2022－2023）》《长江经济带产业发展报告（2017、2018、2019、2020）》《长江经济带工业发展研究》《长江经济带创新驱动产业转型升级发展研究》《长江中游地区高质量发展研究》等著作20余部，发表CSSCI、SCI、SSCI论文100余篇。

尹礼汇　上海海洋大学经济管理学院讲师，武汉大学区域经济学专业博士。主要研究领域为经济绿色低碳转型、长江经济带发展战略与政策。参著《长江经济带产业发展报告（2019、2020）》《长江经济带高质量发展研究报告（2020、2021）》《长江经济带创新驱动产业转型升级发展研究》等著作，发表论文10余篇。

孟晓倩　长江师范学院数学与统计学院讲师，武汉大学区域经济学专业博士。主要研究领域为区域经济、绿色经济，在《中国软科学》《安徽大学学报（哲学社会科学版）》《改革》《统计与决策》等CSSCI

核心期刊发表多篇论文。参著《长江经济带产业发展报告（2020）》《长江经济带高质量发展研究报告（2020）》《"十四五"规划战略研究》《长江经济带创新驱动产业转型升级发展研究》等多部著作。

邓明亮　江西财经大学应用经济学院（数字经济学院）讲师，武汉大学区域经济学专业博士。主要研究领域为数字经济赋能区域经济高质量发展、区域经济转型发展理论与实践、长江经济带发展战略与政策、区域产业经济分析与规划。参著《中部地区制造业发展研究》《黄金水道——长江经济带》《长江经济带创新驱动与绿色发展研究》《长江经济带产业发展报告（2017、2018、2019、2020）》《长江经济带工业发展研究》等著作20余部，在《中国软科学》《改革》等期刊发表论文30余篇。

张诗凝　武汉大学经济与管理学院区域经济学专业硕士，现供职于中国工商银行内部审计局西安分局。参著《长江经济带产业发展报告(2020)》《长江经济带高质量发展研究报告（2021）》《长江中游地区高质量发展研究》等著作，发表《长江经济带数字经济发展研究》《长江经济带城镇化、工业集聚与工业创新能力的耦合关系评估》《湖北省、浙江省县域经济比较研究》等论文。

前　言

党的二十大报告强调，"推动经济社会发展绿色化、低碳化是实现高质量发展的关键环节"。习近平总书记在十九届中央政治局第三十四次集体学习时的讲话中强调，"发展数字经济意义重大，是把握新一轮科技革命和产业变革新机遇的战略选择"。数字化、绿色化、低碳化发展，不仅能提高经济效率和竞争力，还能保护生态环境和应对气候变化，促进社会公平和增进人民福祉。在新发展阶段下，推动经济数字化绿色化低碳化发展，是新时代高质量发展的必然要求，也是实现中国式现代化的重要途径。

本书围绕"经济数字化绿色化低碳化发展"主题，重点聚焦"经济绿色转型发展水平评价""生态福利绩效评价""全要素碳生产率评价""工业碳生产率评价""绿色技术创新水平评价""绿色财政、绿色金融、绿色产业等政策效应评估""数字化、信息化赋能绿色低碳发展"等议题。武汉大学吴传清负责全书总体设计，执笔成员来自武汉大学经济与管理学院、武汉大学中国发展战略与规划研究院、上海海洋大学经济管理学院、长江师范学院数学与统计学院。上海海洋大学尹礼汇负责统稿。每章主要内容如下。

第一章绿色财政、绿色金融、数字化赋能对经济绿色转型的影响研究。在全面梳理学术界关于绿色财政、绿色金融、数字化赋能对经济绿色转型影响的相关研究基础上，该章基于可持续发展理论、市场失灵理论、庇古理论等，分析绿色财政政策、绿色金融、数字化赋能对经济绿色转型的理论机理；采用面板模型、门槛回归模型、空间计量回归、分位数回归、中介效应模型等实证分析方法，研究绿色财政政策、绿色金融、数字化赋能对经济绿色转型的直接和间接影响效应、空间溢出效应、门槛效应、异质性影响效应等；根据理论分析和实证研究结果，提出促进我国经济绿色转型的对策建议。

第二章区域生态福利绩效评估研究。该章遵循"水平测度—空间差异—时间收敛—影响因素—提升路径"的研究思路；采用全局 Super - SBM 模型测算全国 31 个省区市（不包括港澳台）的生态福利绩效水平；利用 Dagum 基尼系数分解来刻画区域差异，测度 α、β 收敛变化趋势；运用空间杜宾模型系统分析区域生态福利绩效影响因素；根据实证研究结果，提出提升生态福利绩效的实践路径。

第三章信息化水平促进中国全要素碳生产率增长的路径研究。该章采用 2000—2020 年中国省级面板数据，根据拓展的 STIRPAT 模型构建多重中介效应模型，采用超效率 SBM-DDF 模型和 Luenberger 分析方法测算中国全要素碳生产率，引入技术创新、产业融合、产业结构作为中介变量，考察信息化水平影响中国全要素碳生产率的技术创新效应、业态更新效应、结构优化效应、节能降碳效应。

第四章数字经济发展对中国工业碳生产率的影响研究。该章基于 2015—2021 年中国省级面板数据，从数字基础设施、数字产业化、产业数字化、公共服务数字化等方面构建指标体系，测算中国数字经济发展水平，采用面板回归模型、空间计量模型、中介效应模型等研究方法，从直接效应、空间溢出效应、区域异质性、机制路径等多角度实证考察数字经济对中国工业碳生产率的影响。

第五章经济政策促进绿色技术创新的理论与实证研究。该章侧重于研究财政政策（研发补贴和环境保护税）、绿色金融政策（绿色金融改革创新试验区）、绿色产业政策（绿色工厂试点）等专项经济政策的绿色技术创新效应；在理论分析基础上，利用地级市和上市公司数据，采用面板回归模型、空间计量模型、交错双重差分法、三重差分法、工具变量法、倾向得分匹配法、合成控制法等研究方法，实证分析经济政策对区域、企业绿色技术创新的影响作用。

本书系国家社会科学基金项目"推动长江经济带制造业高质量发展研究"（19BJL061）的阶段性成果之一。

目　录

第一章 绿色财政、绿色金融、数字化赋能对经济绿色转型的影响研究[*]

党的二十大报告提出,加快发展方式绿色转型,推动经济社会发展绿色化、低碳化是实现高质量发展的关键环节。在"双碳"背景下,如何实现我国经济结构、能源结构和产业结构的绿色低碳转型,成为实现经济高质量发展的重要工作。在经济绿色转型过程中,要加快完善政府法律法规政策体系,加大财税政策扶持力度,推进绿色金融发展。在数字时代,要以数字化驱动生产生活方式变革,加快数字化绿色化协同转型。因此,研究绿色财政政策、绿色金融与数字化赋能对经济绿色转型的影响具有重要意义。

第一节 引言

一 问题提出与研究意义

可持续发展与应对全球气候环境变化正成为全球共识,当前温室气体排放处于急速上升阶段,气候变暖与空气污染正威胁着人们的生命安全和身体健康。为解决严峻的环境问题,世界各国纷纷抓紧制定应对措施以实现绿色复苏,包括启动绿色战略、加速产业绿色转型、制定绿色经济规划等。2008年10月,联合国环境规划署倡议"发展绿色经济"和"全球绿色新政"。2009年3月,欧盟宣布将出资1050亿欧元支持绿色经济发展,成为绿色低碳转型发展的倡导者和先行者。可见,绿色发展已经成为全球经济发展的潮流与趋势。

---

[*] 本章核心内容是在武汉大学孟晓倩2023年的博士学位论文基础上整理提炼完成。

随着经济的高速发展，中国的能源消耗与环境污染越发严重，粗放型发展方式导致污染物排放日益增加，"三废"排放、植被破坏、水土流失等环境问题日益凸显，中国工业化进程同样面临着能源、环境双重约束的挑战。制定具有中国特色的绿色发展战略规划已十分迫切，经济社会全面绿色转型成为新时期经济高质量发展的主旋律。2015年4月，中共中央、国务院发布的《关于加快推进生态文明建设的意见》提出，要推进"五化"（新型工业化、信息化、城镇化、农业现代化和绿色化）协同，大力推进绿色发展、循环发展、低碳发展。"十四五"规划提出，要大力发展绿色经济，推动"经济社会发展全面绿色转型"。我国为应对气候变化风险，在国际气候峰会上提出到2030年前实现碳达峰、2060年前实现碳中和的目标。2021年，国务院印发的《关于加快建立健全绿色低碳循环发展经济体系的指导意见》对绿色生产、绿色消费、绿色技术创新、绿色流通、绿色基础设施建设等做出了重要部署。2022年10月，党的二十大报告进一步强调，加快发展方式绿色转型，推动经济社会发展绿色化、低碳化是实现高质量发展的关键环节。一系列顶层设计和"双碳"目标的提出，为我国"十四五"时期的发展奠定了"绿色"的基调，绿色发展成为当今经济发展的主题。在"双碳"背景下，我国经济结构、能源结构、产业结构等都面临着深度的绿色低碳转型，如何实现经济社会发展的全面绿色转型成为未来经济高质量发展的重要工作。

《关于加快建立健全绿色低碳循环发展经济体系的指导意见》强调，要在绿色转型中完善政府法律法规政策体系，加大财税政策扶持力度，推进绿色金融发展，完善绿色标准与绿色交易市场机制，协同推进经济绿色转型发展。因此，由政府主导的绿色财政政策、绿色金融是推动绿色发展的有效宏观调控工具，可引导产业结构转型升级、提升绿色全要素生产率，以政府的干预作用和"诱导"来解决市场调节机制的失灵问题。绿色财政政策和绿色金融的实施通过为经济绿色转型提供环保投资和资金补贴，同时征收环保税，倒逼企业绿色转型，从而鼓励产业技术创新和优化产业结构，推动经济绿色转型发展。2022年10月，党的二十大报告进一步提出发展数字经济，促进数字经济和实体经济深度融合，打造具有国际竞争力的数字产业集群。《数字中国建设整体布局规划》提出，要以数字化驱动生产生活方式变革，加快数字化绿色化协同转型。

数字化作为数字经济最核心的部分，主要是以数字化的知识和信息为关键生产要素，通过产业数字化，推动5G、互联网、云计算、人工智能、区块链等数字化技术与实体经济融合发展，推进传统产业数字化升级和改造，提高劳动、资本等传统生产要素的效率，数字化对经济绿色转型具有重要的驱动作用。

当前，我国正处于全面实现社会主义现代化的建设时期，经济进入了追求高质量发展的新阶段。积极探索绿色低碳循环发展道路，推进经济绿色转型是培育中国经济增长新动力、提升经济高质量发展水平的内在要求，对引领世界经济绿色发展具有重大现实意义。那么，由政府主导的绿色财政政策、绿色金融以及在数字中国发展战略建设背景下的数字化赋能是否能成为助推经济绿色转型的催化剂？内在传导机制是什么？不同地区的绿色财政政策、绿色金融和数字化赋能对不同地区经济绿色转型的促进效应是否存在显著差异？这一系列问题正是本章研究的重点，对实现经济绿色转型具有重要的参考价值。

二　相关文献综述

（一）经济绿色转型的内涵和实践路径研究

绿色发展是在循环发展、可持续发展、低碳发展等概念基础上衍生而来的。作为经济绿色转型的雏形，绿色发展源于美国学者Boulding在20世纪60年代提出的"循环经济"和联合国世界环境与发展委员会在1987年提出的"可持续发展"。随后，绿色经济概念在1989年由Pearce在《绿色经济蓝皮书》中提出。有关稳态经济、绿色经济、生态经济等的一系列论述都标志着绿色发展的兴起。2002年，联合国开发计划署在《2002年中国人类发展报告：让绿色发展成为一种选择》中首创"绿色发展"概念。2012年在联合国可持续发展大会上，绿色发展成为实现可持续发展的重要手段。2015年，党的十八届五中全会提出"绿色发展"理念，指引了我国未来经济高质量发展的方向。绿色发展是在考虑资源环境约束的情况下，以提升经济发展动力、增加绿色生活和绿色消费福利、提升自然生态资源承载水平为目标（解振华、潘家华，2018），促进"经济—社会—自然"协调共生与同步发展，实现经济发展质量的提高和发展效率的提升。绿色发展的核心是人与自然和谐共生，突出经济、社会和生态的协调发展（Giddings et al.，2013）。

　　绿色转型是在绿色发展的基础上衍生而来的，从静态"绿色发展"逐步转向动态"绿色转型"，强调由"黑色""褐色""灰色"等非绿色发展转向绿色发展的动态演化过程，实现从资源消耗、环境污染的粗放式发展模式向资源节约、循环利用、生态环境友好的科学发展模式转变（黄建欢，2016）。山西省太原市作为先行试点，于2008年发布《太原市推进绿色转型条例（草案）》，对太原市如何推进绿色转型进行了全面阐述。在学术上，较多学者对绿色转型的概念进行了界定（Iradian，2009；杨志江、罗掌华，2019）。黄海峰（2016）将绿色转型定义为"从传统的资源密集型发展方式向可持续的生产与消费模式转型，实现经济增长与资源消耗脱钩"。刘纯彬和张晨（2009）将绿色转型定义为"以绿色发展理念为指导，基于资源环境承载水平和经济社会发展水平，在政府监管力度下促进企业绿色转型，最终实现资源节约、环境友好的科学发展模式"。因此，绿色转型从动态视角为可持续增长提供了参考，看重发展理念的转变，核心是借助科技创新的力量，实现从传统发展模式向科学发展模式的转变，是由人与自然背离、经济社会与生态相分割的发展模式向二者相互促进、融合的发展模式转变的过程。经济绿色转型是指发展绿色经济的动态方向。以经济增长、资源可持续与生态环境保护的协调发展为抓手，以科技创新为动力，以政府绿色制度和标准为支撑，推进生产生活方式的绿色转型和资源循环利用方式的节约转型，最终实现"经济—社会—环境"全面协调可持续发展。绿色转型的核心为经济绿色转型，重点是产业绿色转型。首先，加快构建绿色产业体系，推动传统产业绿色升级改造；其次，推动企业绿色转型，塑造绿色市场经济主体，鼓励企业加大绿色技术研发投入，奉行绿色设计，开展绿色产品认证，推进绿色生产，实现生产过程清洁化。新时期经济高质量发展，要围绕绿色发展方向，加快推进经济社会全面绿色转型，最终实现经济绿色增长。

　　学术界关于绿色转型实践路径的研究主要从理论与建模两个维度进行探讨。在理论上，Sunikka（2006）从低碳角度提出推动城市绿色转型的发展路径主要包括三个方面：推动低碳技术创新、优化传统与绿色产业结构、提升能源利用效率。秦雪征和章政（2016）提出，实现绿色发展与绿色增长的路径主要包括加快生产生活方式的绿色转型、降低能源消耗和污染物排放水平、加强政府宏观调控、提升绿色全要素生产率。石敏俊和徐瑛（2018）认为，应依据不同城市的绿色发展水平选择不同的绿色发展路径，同时要充分发挥政府的作用。肖金成和王旭阳（2018）从加强生态环境保护、推进绿色经济、健全绿色发展体制机制等方面提出了实现绿色转型发展的路径。许宪春等（2019）认为，实现绿色发展必须在传统产业转型升级、需求结构优化、经济提质增效等方面下功夫。在实证建模方面，少数学者利用系统动力学方法进行建模和仿真，从而探索经济绿色转型的提升路径。付伟和罗明灿（2016）构建Lotka-Volterra 共生模型，从"经济山"和"生态山"的相互关系及转化出发，讨论灰度、浅度和深度三种绿色发展模式的实现路径。研究发现，可通过提高污染物治理水平、调整优化能源结构、加快产业生态化和生态产业化来实现经济增长与生态环境质量双提升的目标，其中，技术创新是动力，制度创新是保障。

（二）绿色财政政策对经济绿色转型的影响研究

绿色财政政策作为政府推进绿色转型的核心环境政策体系，主要分为"支出型"与"收入型"两种环境政策。环境税作为"收入型"绿色财政政策的重要部分，较多学者围绕环境税的绿色发展效应进行研究。于连超等（2021）发现，环境保护费改税通过施加更大的环境合法性压力显著促进了重污染企业绿色转型，但两者之间更多的是呈现一种非线性关系。虽然环境税制度在发达国家的绿色治污效果较明显，但在发展中国家始终存在治理效应不强的问题（Pargal and Wheeler，1996）。环境税对经济绿色发展始终存在"环境困局"的悖论，具有明显的"掣肘效应"，即所谓的污染陷阱和增长陷阱。因此，环境税的影响效应仍存在较大的不确定性。对于财政支出政策，主要是政府在环境治理领域的直接投资、政府补贴等。作为政府环境治理支出的重要方面，较多学者围绕环境转移支付的绿色效应进行研究，发现环境转移支付制度并没有对生态环境质量提升和产业转型升级产生显著影响（李国平、李潇，2017）。盛丽颖（2011）基于国家数据进行实证分析，发现财政政策具有显著的碳减排效应。

部分学者以单一的绿色财政政策分析其绿色发展效应。马双和海骏娇（2023）发现，不同区域维度的环境政策对经济绿色发展具有异质性影响，其中，城市层面的环境政策会提升绿色发展水平，而省份层面的环境政策具有反向作用。张文卿等（2023）提出，环境政策可使我国绿色全要素生产率增加，从而促进绿色发展。万攀兵等（2021）认为，政府制定环境技术标准可以实现污染排放强度降低和生产率提升的"双赢"，从而有助于推动企业绿色转型。另外，部分学者围绕绿色财政政策的绿色创新效应、产业升级效应、绿色竞争力等方面分析其绿色效应（王锋正等，2022；黄小勇、查育新，2022）。

从单一绿色财政政策的绿色发展效应来看，单一政策对经济绿色发展的影响作用较复杂，较难产生明显的促进作用。因此，研究如何合理实施绿色财政与税收政策组合对经济转型发展的影响效应成为学术界研究的热点。Greaker 和 Rosendahl（2008）发现，严格的环境规制政策和研发补贴政策是互补的，两者的同时实施可协调经济发展与环境保护。何小钢和王自力（2015）通过构建绿色技术创新诱发机制模型发现，研发补贴政策与环境规制政策存在明显的双重互动效应。童健等（2017）建立动态一般均衡模型进行模拟，发现三种绿色财政政策组合，即"环境保护税＋绿色技术研发补贴＋生产者绿色价格补贴""环境保护税＋绿色技术研发补贴＋政府绿色采购""环境保护税＋绿色技术研发补贴＋消费者绿色价格补贴"均可实现环境治理与经济增长的双重红利。

（三）绿色金融对经济绿色转型的影响研究

绿色金融作为我国政府在实施货币政策中对经济绿色转型发展的重要支撑，也是绿色转型的重要资金来源。绿色金融通常被认为是与绿色经济有关的金融活动，最早可追溯到1974年成立于联邦德国的全球第一家为环境项目提供优惠贷款的政策性环保银行。2016年，G20首次将绿色金融列入核心议题，认为绿色金融是指能够降低环境污染物的排放量，提高资源利用效率，减缓气候变化，并支持人类可持续发展的投融资活动，是一种将环境保护与经济活动相结合的新型金融模式。

关于绿色金融对绿色转型影响的相关研究，较多学者围绕绿色金融对绿色经济、绿色发展、产业绿色转型、企业绿色发展的影响等维度展开。部分学者围绕绿色金融对经济低碳发展（赵军、刘春艳，2020）、生态环境质量（Faulkender and Petersen，2006）、碳排放水平（郭希宇，2022）等的影响，研究发现，绿色金融可促进经济低碳发展，通过提供资金支持激励企业或机构进行绿色技术创新，改善环境质量，降低污染物排放，从而有效降低单位产值能耗。基于产业绿色转型视角，部分学者分析了绿色金融对节能环保产业、新能源产业、高污染产业和污染密集型产业等细分产业绿色转型的影响。朱建华等（2019）以贵州省为例，利用耦合度模型分析认为，绿色金融与循环经济两者的发展水平较低，耦合协调度大部分仅处于初级耦合阶段，上升幅度不大。董晓红和富勇（2018）利用耦合度模型分析认为，我国绿色金融与绿色经济发展处于高度协调耦合状态，从而推动经济可持续增长。王遥等（2019）从理论和实证上都证实了绿色金融能通过带动绿色技术创新来促进经济绿色发展。史代敏和施晓燕（2022）发现，绿色金融在促进经济高质量发展的同时提升了绿色发展水平。王馨和王营（2021）以绿色信贷作为绿色金融政策体系的重要组成部分，研究了绿色信贷的绿色技术创新效应，发现绿色信贷政策可以显著提升绿色创新的数量，但是对绿色创新的质量没有显著影响。

（四）数字化赋能对经济绿色转型的影响研究

从数据要素市场来看，随着数字技术的快速发展与实体经济的深度融合，数字化赋能成为经济高质量发展的驱动力，数字化赋能的经济效应逐渐受到学术界的广泛关注，一些学者分析了数字化对实体经济转型或创新发展的促进作用（田秀娟、李睿，2022；张微微等，2023）。关于数字化与经济绿色转型的相关文献较少，部分学者围绕数字化对产业尤其是工业绿色转型的影响展开研究。邓荣荣和张翱祥（2022）发现，数字经济可显著降低工业二氧化硫、工业废水和工业烟尘等各类环境污染物的排放，呈现"绿色效应"。王俊豪和周晟佳（2021）提出，数字产业发展可以通过技术效率的提升，促进整体产业技术升级。邓峰和任转转（2021）发现，信息网络发展可以推进工业绿色转型。戴翔和杨双至（2022）从数字化赋能角度，研究数字化投入对制造业绿色转型的驱动作用。关于数字化与环境治理的关系，相关学者认为数字经济发展可提升绿色生态效率和环境治理绩效，并且可通过强化环境规制水平和提升绿色技术创新水平来提升环境治理绩效（何维达等，2022）。在微观角度，部分学者从企业角度出发，考察数字化对企业全要素生产率（刘艳霞，2022）、企业绿色转型（王永进等，2017）、绿色技术创新（王锋正等，2022；林永佳等，2023）等的影响。

（五）经济绿色转型的其他影响因素研究

关于绿色转型或绿色发展的影响因素研究较广泛，一般是通过分析影响因素来探寻绿色转型的实现机制和变化原因，为实现绿色转型提供参考。除了上述重要影响因素，经济绿色转型受到多重驱动力的共同作用，涉及禀赋结构等自然地理因素，经济发展水平、对外开放程度、人力资本、教育水平、碳市场、市场化水平、产业结构、产业集聚、能源强度、技术创新、金融发展、绿色技术创新、公众行为、工业化水平等经济发展因素（Weina et al.，2016；Huang and Li，2017；史丹，2018；解学梅、朱琪玮，2021），以及政府支持、政府治理模式、环境规制、节能消费激励、雾霾治理等政策因素（何爱平、安梦天，2019；牛欢、严成樑，2021；王鹏、郭淑芬，2021）。

从政府政策角度来看，政府要加强生态文明制度和环境保护政策体系的顶层设计，制定环境管控政策倒逼绿色转型。环境规制是地方政府解决环境污染问题和实现经济绿色转型的重要手段，自然环境的外部性和公共性特征，仍需要政府适当的环境规制政策才可促进经济发展与环境保护的"双赢"（Chakraborty and Chatterjee，2017；李青原、肖泽华，2020）。环境规制在波特假说理论下可通过技术创新效应实现经济与环境绩效的双提升（Lanoie et al.，2008），从而促进经济绿色转型。但环境规制与经济绿色发展之间的关系始终是一个谜，部分学者通过实证分析发现，环境规制对经济绿色发展具有正向促进作用（张江雪等，2015）。但更多学者发现两者呈一种非线性关系。李斌等（2013）认为，环境规制对绿色全要素生产率的影响存在"门槛效应"。原毅军和谢荣辉（2016）发现，不同类型的环境规制对绿色经济发展水平的影响具有反向效应，因此需要不同类型环境规制的组合使用才可提高绿色经济水平。冯严超和王晓红（2018）发现，环境规制对中国绿色经济绩效具有显著的"门槛效应"，当前尚未达到倒"U"形曲线的拐点，即对绿色经济绩效有显著的提升作用。还有学者发现环境规制政策不利于经济绿色转型，会对环境造成进一步的损害，降低企业绩效水平（胡安军、钟方雷，2022）。除了环境规制，雷玉桃和孙菁靖（2021）研究发现，节能消费激励政策对制造业绿色效率具有负向抑制作用，因此节能消费激励政策的实施并没有对制造业绿色转型产生积极的推动作用。付瑶和何维达

（2021）从政府设立国家高新区的角度考察其绿色转型效应，发现国家高新区的设立不利于城市绿色转型发展。陈诗一和程时雄（2018）从雾霾治理角度进行研究，发现政府对雾霾的治理可提升经济绿色转型发展水平，雾霾污染水平的提升显著降低了城市的生态环境效率。Harrison 等（2017）以中国和印度为研究样本，讨论了发展中国家实施绿色产业政策的挑战和机遇，研究认为，绿色产业政策会促进绿色技术创新，鼓励传统产业以更环保的方式生产产品和提供服务。

在构建全国统一大市场的背景下，较多学者研究劳动力、技术、人力资本等市场要素对绿色转型的影响。关于技术创新对经济绿色转型的影响，较多学者认为创新可以促进经济转型升级，从而推动经济绿色转型（Grover，2013；Bowen and Hepburn，2014）。Gaputo 等（2016）认为，物联网技术可推动制造业实现价值创造、技术重振及产业结构调整。"十四五"规划强调，要"构建市场导向的绿色技术创新体系"。因此，绿色技术创新成为学术界讨论的热点，绿色创新推进经济绿色转型的研究逐渐丰富（Y. Sun and H. Sun，2021）。人力资本要素作为创新的重要支撑，对经济绿色转型具有重要的影响。苏科和周超（2021）发现，人力资本对绿色全要素生产率具有较强的推动力，但人力资本对科技创新的绿色发展效应具有显著的约束性影响。部分学者研究碳排放权交易市场的碳减排效应对经济绿色转型发展的重要影响（Hou et al.，2018；Jin et al.，2019）。在双循环背景下，对外投资是市场开放的重要渠道。朱东波和任力（2017）从外贸角度进行分析，发现外商投资水平的提升有助于推动工业绿色转型。

三 研究思路、内容与方法

（一）研究思路

本章基于"提出问题—理论分析—实证分析—解决问题"的主线展开研究。

（1）提出问题。《中华人民共和国国民经济和社会发展第十四个五年规划和 2035 年远景目标纲要》强调，要推动"经济社会发展全面绿色转型"。党的二十大报告进一步强调，加快发展方式绿色转型，推动经济社会发展绿色化、低碳化是实现高质量发展的关键环节。以此为出发点，本章选取绿色财政、绿色金融、数字化赋能三个重要因素，分析其对经济绿色转型的影响。

（2）理论分析。本章全面梳理学术界关于绿色财政、绿色金融、数字化赋能对绿色转型影响的相关研究，准确把握该领域的最新研究成果和局限性；在相关理论基础上，构建绿色财政、绿色金融、数字化赋能对经济绿色转型的理论分析框架。

（3）实证分析。本章通过构建经济绿色转型指数来衡量经济绿色转型发展水平，进一步研究绿色财政政策、绿色金融、数字化赋能对经济绿色转型的影响，研究其直接影响效应、间接影响效应、空间溢出效应、门槛效应、异质性影响效应等。

（4）解决问题。本章基于理论分析与实证结果，研究绿色财政政策、绿色金融、数字化赋能促进经济绿色转型的政策体系框架，进一步提出实现经济绿色转型的对策建议。

（二）研究内容

本章共分为四个部分。第一，引言。介绍研究意义，对经济绿色转型及其影响因素的相关文献进行梳理总结，从而提出研究思路、研究内容与方法。第二，理论分析。基于可持续发展理论、市场失灵理论、庇古理论等，分析绿色财政政策、绿色金融、数字化赋能对经济绿色转型影响的理论机理，并提出研究假设。第三，实证分析。采用面板模型、门槛回归模型、空间计量回归、分位数回归、中介效应模型等实证方法分析绿色财政政策、绿色金融、数字化赋能对经济绿色转型的直接和间接影响效应、空间溢出效应、门槛效应、异质性影响效应等。第四，结论与政策建议。基于理论与实证研究结果，归纳总结绿色财政政策、绿色金融、数字化赋能对经济绿色转型的影响效应，并进一步提出促进经济绿色转型的对策建议。

（三）研究方法

（1）文献分析法。先对经济绿色转型在学术界的相关内涵和实践路径进行分析并进行概念界定，然后从绿色财政政策、绿色金融和数字化赋能和其他因素角度研究其对经济绿色转型的影响。

（2）理论分析法。以庇古理论、科斯理论、市场失灵理论、可持续发展理论、波特假说理论等为基础，进一步分析绿色财政政策、绿色金融和数字化赋能对经济绿色转型的理论机制，并提出本章的研究假设。

（3）实证分析法。采用面板回归模型、空间计量模型、面板门槛模型、GMM 模型、工具变量法、中介效应模型、分位数回归等实证方法分析绿色财政政策、绿色金融和数字化赋能等因素对经济绿色转型的影响效应，包括线性效应、空间溢出效应、中介效应、门槛效应、协同效应等。

第二节　相关理论基础与分析框架

一　相关理论基础

（一）弱可持续发展与强可持续发展理论

1962 年，美国海洋生物学家 Rachel Carson 在《寂静的春天》中通过描绘一幅农药污染所导致的可怕景象，提出了环境污染可能给世界带来的灾难。自此，人们逐渐产生了环保意识，认为只考虑经济增长会导致资源环境逐步恶化。各国政府及社会组织开始倡议保护我们共同的家园，催生了可持续发展理念。1987 年，联合国世界环境与发展委员会（WECD）发表报告《我们共同的未来》，首次全面系统地阐释了可持续发展的内涵。关于可持续发展理念的差异，Pearce 等（1989）提出了弱可持续发展与强可持续发展理论，两者的分歧主要源于对自然资本替代性的认识存在差异。

弱可持续发展理论的核心观点是自然资本与人造资本之间可互相替代，只要自然资本和人造资本的总和保持不减少，维持服务流量的能力就不会降低。人造资本的增加可以替代和弥补自然资本的减少，强调人力资本和技术进步的作用。通过提高资源利用效率，开发新的替代资源，实现经济增长与资源消耗的脱钩。因此，弱可持续发展认为经济发展与生态环境可相互替代，不考虑资本存量的表现形式，只要未来的资本存量不发生减少，就认为实现了弱可持续发展。弱可持续发展强调社会的主观能动性，认为通过技术创新可应对自然资本的减少，通过增加其他资本维持资本总量的不变，更注重市场机制的自动调节来实现弱可持续发展。

强可持续发展理论认为自然资本具有无可替代性，这些与生命健康有关的自然资源存量的使用不能超过其再生能力。这类自然资本主要包括：提供地球生命支持功能的空气、水、全球气候、臭氧层等自然资本，生物多样性等独一无二且不可逆的自然资本，环境污染影响的无法用财富衡量的身体健康等自然资本，粮食安全和食品安全等自然资本。自然资本不能与其他形式的资本相互替代，自然资本内部不同形式的资本也不能完全相互替代。判断强可持续发展的标准是：关键自然资本的存量必须在一定的极限水平之上，因此对自然资本的使用一定要在自然极限之内，即保持在可再生与恢复的范围之内。强可持续发展强调自然资源和生态环境的极限性与硬约束，经济发展过程中不可超越自然资源环境承载力，仅仅依赖市场机制是无法实现强可持续发展的，还需要政府干预，通过制定严格的环境政策禁止自然资本的无限破坏，提升资源环境承载力。

（二）市场失灵理论

市场主体在快速发展过程中为追求自身利益，带来环境污染、生态破坏，这种负面效应称为"看不见的脚"，这只"看不见的脚"推进个人利益把公共利益"踢成碎片"，从而造成"市场失灵"，不利于绿色发展。绿色发展过程中导致市场失灵的原因主要包括环境资源公共品的外部性、绿色发展中的信息不对称和较高的交易成本等。

（1）生态环境的外部性与市场失灵。生态环境具有公共物品属性，即非竞争性与非排他性，经济发展过程中带来的环境污染是典型的负外部性问题，即私人成本与收益和社会成本与收益的不一致性。当环境污染产生负外部性时，污染排放企业产生的私人成本低于社会成本，其会扩大产品生产规模，从而导致生态环境恶化；反之，政府的环境法律法规、环境保护制度的建立，对绿色发展产生正外部性，导致社会收益大于私人收益。对于企业而言，私人收益小于社会收益，从而缩小生产规模，导致私人生产产品的规模小于社会最优规模。因此，外部性导致私人成本（或收益）与社会成本（或收益）出现背离，使得市场"天平"失衡，企业生产规模不再是社会最优生产规模，市场机制没有实现帕累托最优，出现市场失灵现象（张学刚，2017）。

（2）信息不对称与市场失灵。信息不对称现象使得市场无法有效配置资源，由信息不对称导致的市场失灵的原因主要分为两个方面。第一，政府环境管制的信息不对称。环境管制者因无法有效得到关于市场主体污染排放量和排放成本的具体数据，从而无法制定出对损害环境的市场主体的既公平又有效率的管理机制，污染企业为逃避环境污染惩罚，也会瞒报、漏报排污数据，从而导致市场失灵。第二，市场主体之间的信息不对称，主要包括道德风险与逆向选择。因为绿色产品的识别存在一定难度，所以消费者往往会购买价格较低的非绿色产品，而价格较高的绿色产品被驱逐出市场。同理，部分地区通过降低环境标准吸引投资，导致本来绿色发展水平较高的地区为促进经济发展不得不降低环境标准来抢夺投资，最终不利于绿色发展。

（3）交易成本与市场失灵。绿色发展过程中交易成本过高会导致以下后果：第一，环境产品产权界定不清晰，导致资源环境滥用和交易的无序进行，导致市场秩序出现混乱，造成市场失灵；第二，产权交易成本过高，使得环境权益交易市场不活跃，市场主体进行环境权益交易的动力不足，不利于绿色发展；第三，政府对市场主体的环境管制同样面临交易成本较高问题，使得环境政策的实施效应降低。

（三）庇古理论

20 世纪 30 年代，英国福利经济学家庇古首次提出，商品生产过程中存在社会成本与私人成本不一致的情况，生产者只考虑自身生产成本，在生产过程中对环境的负外部性不予以考虑，导致了企业的私人成本与社会成本的差异。这种差异被庇古称为边际净社会产品与边际净私人产品的差额。这个差额无法通过市场配置的方式消除，须通过国家政府以征税方式将污染排放的成本加到产品价格中，即给环境负外部性提供一个合理的负价格，这被称为庇古税，从而使得外部成本内部化，庇古理论成为政府干预环境经济的经典理论（庇古，2006）。下面通过简单的数学模型进行阐释。假设市场上：①企业为理性"经济人"；②市场为完全竞争市场；③污染外部成本为生产产品数量的函数，即 $EC = EC(Q)$；④不存在信息不对称现象。设 SNB 为社会效益，SC 为社会成本，NPB 为私人收益。$C(Q)$ 为对应产量 Q 时的生产成本，P 为单位产品价格。则满足：$SC(Q) = C(Q) + EC(Q)$，$SNB = PQ - C(Q) - EC(Q)$。

理性"经济人"满足社会效益最大化的目标，因此：

$$\frac{\mathrm{d}SNB(Q)}{\mathrm{d}Q} = P - \frac{\mathrm{d}C(Q)}{\mathrm{d}Q} - \frac{\mathrm{d}EC(Q)}{\mathrm{d}Q} = 0 \tag{1-1}$$

即有：

$$P = \frac{\mathrm{d}C(Q)}{\mathrm{d}Q} + \frac{\mathrm{d}EC(Q)}{\mathrm{d}Q} = \frac{\mathrm{d}SC(Q)}{\mathrm{d}Q} = MSC \qquad (1-2)$$

$$MNPB = P - \frac{\mathrm{d}C(Q)}{\mathrm{d}Q} = \frac{\mathrm{d}EC(Q)}{\mathrm{d}Q} = MEC \qquad (1-3)$$

可知，如果企业生产过程中存在环境负外部性，为满足社会效益最大化，那么边际私人收益（*MNPB*）＝边际外部成本（*MEC*），即满足征收税的市场价格恰好为治污的边际社会成本（*MSC*）。庇古提出，通过征税方式惩罚环境污染造成的负外部性成本，控制环境破坏。较多学者认为在市场失灵情况下，因企业会产生污染排放，资源配置效率降低（Kneese and Schulze，1985）。此时满足资源配置最优化的方式即为政府通过征收庇古税进行干预。

（四）波特假说理论

新古典经济学流派认为，控制环境污染会增加企业的生产成本，降低其竞争力。迈克尔·波特（Michael Porter）在1990年首次提出了"波特假说"（Porter，1990）。他认为环境政策可以促进企业创新，一方面，通过采用绿色低碳技术促进生产方式绿色转型，从而降低节能减排的成本；另一方面，通过创新产生的新技术或新产品占据更多的市场份额，从而获取绿色技术创新的额外收益。环境政策在激发企业创新活力的同时，也提高了其生产效率和产品质量，从而增强了企业竞争力。关于"波特假说"效应，学术界主要分为"弱波特假说"和"强波特假说"（Zhou et al.，2021）。"弱波特假说"认为，设计合理的环境政策可以引导企业绿色创新，节能减排降低的成本只能抵消合规成本，对企业经营绩效和竞争力的提升并没有显著影响。"强波特假说"则拓宽了企业发展视野，认为环境政策的创新补偿效应具有超额收益，能够提升企业经营绩效和竞争力。

二　理论分析框架

（一）绿色财政政策对经济绿色转型影响的理论分析

关于绿色财政政策对我国绿色发展的影响存在很多有待深入研究的议题。绿色财政政策分为税收收入政策和财政支出政策。税收收入政策主要指环境税收政策，我国目前的环境税收主要包括资源税、排污费、城市维护建设税等"近似"环境税种。最常见的与环境治理相关的税种即为环保税，后来被环境保护税替代。环境税收政策对经济绿色转型的作用主要体现在两个方面：一是"成本效应"，即政府通过环境治理来对企业污染行为进行征税，倒逼企业进行清洁生产、降低污染物排放，实现节能减排，从而促进绿色转型；二是"绿色悖论"效应（Sinn，2008），即环境税收不利于绿色发展。两者的反向作用使得环境税收政策对经济绿色转型发展的影响具有不确定性。《环境保护税法》的实施对经济绿色发展始终存在"环境困局"的悖论，具有明显的"掣肘效应"，即所谓的增长陷阱和污染陷阱：当税率较低时，因扩大产能可能加剧环境污染；但当税率过高时，可能会损害阶段性经济增长（Liao and Shi，2018）。因此，环境税对经济绿色转型发展的影响效应仍存在较大不确定性。财政支出政策主要包括环保财政支出、环境污染治理投资和政府绿色采购等（王昀、孙晓华，2017）。如果政府可充分掌握关于生态环境治理的相关信息和市场细节，并进行分类施策，则政府财政支出政策可促进经济绿色转型。但政府的环境污染治理投资因存在费用与预算约束，且较难依据市场条件进行灵活、合理调整，仅能通过"粗放式"污染治理投资来降低污染排放，因此投资效率可能没有显著提高（Porter and Linde，1995）。依据"绿色悖论"和"环境困局"，政府财政支出政策对企业投资可能会产生正向的杠杆效应和负向的挤压效应，两者对经济绿色转型的作用有待验证。

从需求侧角度来看，企业或生产者是否主动实施绿色转型，取决于外部环境规制的管控力度大小。企业在生产过程中为追求利润最大化，适当的外部环境规制压力会鼓励企业进行绿色技术创新，改进传统污染技术，利用技术创新产生的收益来降低环境规制成本，从而实现环境保护和产值增加的双重红利，促进经济绿色转型发展。但依据博弈理论，企业在生产过程中可能会将更多资金投入绿色产品的研发和生产中，从而削弱了用于研发清洁生产技术或降低污染的资金，对企业绿色转型产生不利影响。因此，绿色财政政策效应是否会引致经济绿色转型，取决于政策对企业全要素生产率和应用节能减污降碳技术的作用方向以及企业本身的博弈选择。考虑到我国地域广阔，地区间经济发展水平差异较大，且经济绿色转型的效应受多种因素影响，因此，绿色财政政策与经济绿色转型存在"门槛"的可能性较大。不同地区的经济发展水平是影响经济绿色转型发展的重要因素。政府绿色财政政策与经济绿色转型之间存在两种假说：一是"污染天堂"假说，即地方政府不惜环境污染代价提升经济发展水平，严重损害绿色发展效率，从而不利于绿色转型；二是"污染光环"假说，即地方政府为了地区经济发展，引进新技术，推动节能减排，促进经济绿色转型发展。因此，在经济发展水平的不同阶段，地方政府可能会采取不同的绿色财政政策。基于此，本章提出如下假设。

假设1：政府绿色财政政策对经济绿色转型发展具有非线性影响，且经济发展水平对绿色财政政策的经济绿色转型发展效应具有门槛特征。

我国不同地区资源禀赋水平、经济发展状态和生态环境承载水平均有较大差异，政府绿色财政政策的实施同样存在较大地区差异。对于生态环境良好的地区，绿色财政政策实施强度较小；而对于生态环境压力较大的地区，环境绩效考核倒逼地方政府加大绿色财政政策实施强度，在经济发展的过程中必须重视环境保护，最终导致绿色财政政策对不同地区经济绿色转型的影响效果产生差异，这种差异使得各地区通过市场机制配置资源效率也会有差别。另外，各地区资本、劳动、技术、资源等要素差异也会使得绿色财政政策在实施过程中要因地制宜，以经济发展为首要任务的地区和城市群要注重经济高质量发展，在资源环境承载力范围内发展经济；对于以环境保护为主要任务的重点生态功能区，政府的定位应是加强环境保护，绝不允许以牺牲环境为代价的经济发展。因此，绿色财政政策实施对经济绿色转型发展的影响效应具有地区差异性。基于此，本章提出如下假设。

假设2：绿色财政政策对经济绿色转型的影响效应具有地区异质性。

政府绿色财政政策可通过技术创新效应和产业升级效应产生中介效应，从而间接影响经济绿色转型发展。

第一，技术创新效应。政府的绿色财政政策倒逼企业进行技术创新，企业积极提升工艺水平、改造升级生产设备、加快实施智能制造工程和技改提升工程来促进绿色转型。绿色财政政策在实施过程中存在绿色双边效应。在初始阶段，企业因环境规制压力加大技术研发投入，从而提升生产治理成本，因治理效应的时滞性降低了企业收益，造成资源配置失衡。随着时间的推进，企业在度过转型初期慢慢实现规模收益后，创新补偿效应显现，从而对初期的成本损失产生弥补，推进经济绿色转型。

正如"波特假说"所言，在政策实施初期，企业污染治理成本增加，但同时，绿色财政政策也刺激企业进行绿色技术创新来提高生产效率，进而降低绿色税收支出，倒逼企业绿色转型。随着环境政策的不断创新，企业的生态环境保护意识逐渐增强，对环境污染的治理力度逐渐加大，绿色创新和绿色产业的边际收益迅速增加，创新投入强度增加，由治理环境污染和促进节能减排带来的效率损失逐步降低，促进经济绿色转型。

第二，产业升级效应。政府的绿色财政政策逐步向高技术产业、战略性新兴产业或绿色产业倾斜，抑制高污染、高能耗且生产效率低的传统制造业发展，引导高污染、高排放、高耗能的传统产业运用绿色技术、发展绿色产业，进行绿色转型升级。绿色财政政策实施力度越大，"双高"产业发展壁垒越高，传统企业进入难度越大，促使经济绿色转型。目前，我国大多数高污染企业仍以传统粗放型生产企业为主，在政府绿色财政政策的支持与激励下，企业因惧怕创新所面临的高风险、高成本转型压力逐步降低，而高环境污染成本现象逐步显现。随着环境成本的急速上升，企业为降低自身成本、获得利润，不得不重新调整自身成本收益结构，加大节能减排技术创新力度，减少资源浪费，提升资源利用效率，优化产业结构，推进产业升级。企业在环境成本外部压力下，加速技术升级迭代，提升产业转型速度，消除环境负外部性，实现环境成本内部化，实现节约集约生产方式，从而促进绿色转型。基于此，本章提出如下假设。

假设3：绿色财政政策可通过技术创新效应和产业升级效应推进经济绿色转型。

（二）绿色金融对经济绿色转型影响的理论分析

绿色金融一方面通过增加绿色投资和降低绿色产业融资成本，鼓励支持节能环保等绿色新兴产业发展；另一方面通过提高非绿色项目贷款利率和限制其贷款额度来抑制高污染、高耗能、高排放产业发展，提升投资回报率和资源配置效率，推进存量产业低碳绿色转型。绿色金融吸引更多资本、劳动力、土地、数据、绿色等要素资源向低碳环保、资本效率较高的绿色产业集中，通过释放绿色信号，推进更多金融资本要素向绿色技术创新或传统产业绿色转型等方向流动，从而推动产业绿色转型，支持发展绿色产业，促进经济、资源和环境协调可持续发展，推动经济绿色转型。

绿色金融政策偏向扶持低污染高技术绿色产业、抑制高耗能高排放传统产业，从而推动经济绿色转型。但在政府实施绿色金融政策的过程中，政策实施具有一定的时滞性，企业对政策的反应也会存在差异。在绿色金融政策实施初期，绿色金融规模较小，资金主要投入绿色产业，形成对传统"双高"产业的挤占，而我国目前仍以传统产业为主，对节能环保等绿色新兴产业的扶持处于培育阶段，绿色产业多为资本和技术密集型产业，具有投资周期长、成本高、见效慢的特点，绿色创新时滞较长，短时期内较难有明显经济效益（王营、冯佳浩，2022）。这个阶段，若绿色金融对绿色产业发展产生的正效益低于抑制高耗能产业产生的负效益，就会降低绿色全要素生产率，且抑制高耗能产业会导致大量落后产能迅速被淘汰，这时绿色金融对经济绿色转型的促进作用可能有限或不利于经济绿色转型。随着绿色金融政策的逐步实施，绿色金融规模迅速扩大，绿色产业的创新效率和经济效益因人力资本和物质资本的积累而不断提高，同时对高耗能、高污染产业的抑制作用逐渐增强，倒逼传统高耗能产业转型（Ji and Zhang, 2019）。此阶段，绿色金融对经济绿色转型的提升作用逐渐显现。从企业角度来看，在绿色金融政策实施初期，企业通过购买新技术和新设备应对环保要求，进而短时期内大幅提升企业成本，挤占企业生产效率，不利于绿色转型。随着绿色金融政策的实施与完善，企业进行智能化、绿色化改造后更易获得绿色资金，提升绿色转型动力，积极推行绿色生产和绿色制造，从而形成技术和资本优势，提升企业生产效率，进而提升绿色转型效率。

不同地区经济绿色转型、产业结构都存在较强的关联性，地理距离越近，产业和生产要素在地区之间的转移、扩散程度就越高，因而绿色转型程度呈现地区差异性。这些生产要素的流动与交换使得地区之间不再是孤立个体，空间溢出效应成为绿色金融驱动区域经济绿色转型不可忽略的因素。绿色金融资金在市场上自由流动，促进区域间的要素耦合，提升区域间绿色转型合作深度。邻近距离为绿色转型过程中的资金引入、人才交流等提供要素保障和便利。绿色金融发展与经济绿色转型会同时引领金融、技术、人才等市场需求的扩大，引致绿色产业比重逐步升高，地区间进行产业合作、技术研发、生产和交流，从而形成产业集群与产业链，促进产业转型升级。产业空间集聚为绿色金融促进经济绿色转型提供了有利条件。绿色发展也会存在不同地区的效仿和示范作用，从而有利于增强绿色转型的扩散作用。经济绿色转型发展水平相对较高的地区对周边绿色转型发展水平较低地区产生试点示范作用，周边区域通过学习和效仿实现绿色转型。基于此，本章提出如下假设。

假设 4：绿色金融对经济绿色转型具有正向促进作用、门槛效应和正向空间溢出效应。

金融机构通过制约"两高"项目的盲目扩张，使"两高型"产业或企业产生巨大的外在压力，迫使企业进行技术升级和改造。绿色金融政策引导更多资金流向绿色产业，缓解企业融资约束，鼓励企业进行创新，同时有利于企业提升生态效率和获得"声誉效应"，帮助企业获取自身发展所需的关键资源。另外，绿色金融政策通过向社会传递绿色信号，鼓励企业主动进行创新，提升绿色技术创新水平，加快开发绿色产品来应对未来绿色转型的压力，实现生产集约化和高效化（郭希宇，2022）。绿色金融政策通过营造企业绿色创新氛围推动企业投入产出要素向技术、资本密集型转变，在提升产能的同时实现绿色化发展，提高产品效益，推动经济绿色转型。绿色金融为企业提供多层次的融资渠道和服务方式，帮助企业提升绿色转型动力，实现创新发展，推动企业在生产过程中实现节能减排，提升资源利用效率，从而生产更多绿色产品，实现经济绿色转型（张璇等，2019）。基于此，本章提出如下假设。

假设 5：绿色金融可通过提升技术创新水平来促进经济绿色转型发展。

我国幅员辽阔，各地区市场化水平和资源禀赋水平都存在较大差异，这种差异使得各地区通过绿色金融配置资源的效率存在不同。因不同地区经济发展水平、生态环境承载水平等存在差异，绿色金融的实施效果会表现出显著差异性，使得绿色金融对不同地区经济绿色转型发展产生不同的影响效应。东部沿海地区经济较发达，绿色金融和经济绿色转型发展水平较高；而东北或西部偏远地区的绿色金融和经济绿色转型发展水平都较低，而且政府对不同地区经济绿色转型的政策倾向程度不同，使得绿色金融对经济绿色转型发展的影响产生地区差异性。绿色金融主要用于抑制高耗能、高污染产业，倒逼其转型升级，以及推进绿色产业发展进而推进经济绿色转型。不同地区工业化程度不同，传统重工业城市转型升级难度较大，而后工业化城市以战略性新兴产业、高技术产业为主，转型需求较低。因此，绿色金融对不同工业化程度地区的影响作用存在显著差异。基于此，本章提出如下假设。

假设6：绿色金融对经济绿色转型发展的影响效应具有区域和产业结构异质性。

（三）数字化赋能对经济绿色转型影响的理论分析

数据要素市场作为建设全国统一大市场的核心，通过融合数据、算法、应用场景，可推动传统劳动、资本等市场要素的数字化转型，实现全要素数字化，提升要素使用效率，加快劳动密集型等传统高耗能产业向技术密集型等新兴产业转化，从而提升绿色发展水平。数字化以信息和数据为关键要素，凭借人工智能、5G、云计算、互联网以及区块链等新型数字技术的应用，推动传统产业向智能化、绿色化转型。数字化技术借助其精准的信息检索、收集分析与专业评估能力，可解决信息不对称等问题，提升市场效率，通过定位与甄别，发现兼具较高投资价值与良好生态环境效益的绿色项目，支持传统产业绿色化改造。数字化技术可以对生产过程中的生态环境变化进行实时监控，有效控制污染源，减少资源浪费和污染物排放，提升经济绿色转型发展水平。工业互联网、物联网等数字化技术的投入使用，降低了产销对接、城乡联通、内外连接等交易成本，企业产出效率和技术水平实现提升，从而提高企业能源利用效率，减少能源消耗，加强企业绿色化改造，推动产业绿色转型。另外，通过移动互联网等技术，信息平台的共享使公众更易监督相关环境污染行为，督促政府和企业部门加大污染排放治理力度，推动经济绿色转型发展。

数字化通过交通、物流、信息等网络技术的互联互通，为生产、分配、流动、交换等提供便捷的市场空间，打破了传统要素资源流动的时间与空间限制、区域界线和市场分割，信息传递效率的提升使得不同地区间的空间距离大大缩短，不同区域间经济活动越发频繁，各类市场要素将跨时空进行高效、快速整合。市场要素传递和转移的广度与深度逐渐提升，实现不同区域的数据要素共享，从而形成网络化创新生态，对本地和周边地区的经济绿色转型都会产生影响，加快市场一体化进程。随着先进数字技术的迅速扩散，不同地区间信息传输、储存和处理能力大幅提升，处理成本迅速下降，数据流动性和可获取性大大提升，提高市场主体之间的信息对称性，打破不同地区之间的信息壁垒，提升信息在不同空间上的传播能力和效率，共同推动不同地区经济绿色转型发展。基于此，本章提出如下假设。

假设 7：数字化赋能对经济绿色转型具有正向促进作用和空间溢出效应。

数字化在数据要素流动过程中可通过促进人力资本的创新和积累，推动企业、政府和高校等合作机构提升研发效率，针对绿色技术屏障开展科研攻关，加快绿色技术创新（任保平、迟克涵，2023）。随着环境规制和环保技术标准的不断完善，企业进行绿色技术创新会在市场上增强竞争优势，提升竞争力，从而助推经济绿色转型。从生产者层面来看，数字化可通过数据共享和有效利用，对产品制造、设计研发、工艺流程和资源利用等环节进行优化和重组，推动生产要素和污染治理要素的优化配置，使企业获得梅特卡夫效应，降低企业边际创新成本，提升企业创新水平，为绿色创新提供技术支撑。政府通过实施环境规制政策，对企业进行实时监测，倒逼企业绿色生产，提升企业绿色技术创新意愿，从而增强企业绿色技术创新能力。技术的智能化、数字化等优点，为绿色技术创新提供了良好的环境条件，实现了不同要素的创新，从而助推了经济绿色转型。

数字化通过监测、收集、评估能源密集型产业的生产和制造大数据，有效降低其污染排放水平和生产能耗指标，为经济绿色转型提供可行的、可借鉴的路径（吴传清、孟晓倩，2022）。数字化通过优化能源消费市场，鼓励优化能源消费结构，企业通过主动开放式创新来优化和改善能源结构，推动经济绿色转型。但数字化技术的推广应用直接增加能耗强度，数字化赋能经济发展引致的较高能源需求会增加能耗，从而对经济绿色转型产生不利影响。数字化应用于电力能源行业会消耗大量电力能源，大量使用煤电增加了煤炭消耗，从而加剧碳排放，不利于经济绿色转型。基于以上分析，本章提出如下假设。

假设 8：数字化赋能可通过提升绿色技术创新水平推动经济绿色转型，数字化赋能可通过改变能源消费结构推进经济绿色转型。

在工业化进程中，全国统一大市场还未完全建立，不同地区和不同类型城市由于地理环境、资源禀赋、产业发展基础的不同，使得不同区域数字化水平存在较大差距，对经济绿色转型发展存在不同的影响。东部沿海等经济发达地区凭借良好的产业基础和技术创新水平，存在较大的绿色转型动力，"创新补偿"效应凸显，从而提升经济绿色转型发展水平。而对于经济发展水平相对较低的西部部分城市或东北地区而言，其市场化水平较低，工业基础较为薄弱，高耗能高污染企业较多，产业还是以传统粗放式发展和数量型增长为主。一方面，数字化转型推动产业产能过度增加，增加污染物排放；另一方面，技术创新存在"瓶颈"，治污成本无法通过产能增加收益来补偿。这些地区仍处于经济快速发展时期，存在以牺牲环境为代价换取经济效益的动力。数字化对这些地区经济绿色转型发展水平的提升作用可能有限。随着数字化水平的提升，企业创新能力逐步提高，企业会有意识地提升绿色技术创新水平从而促进经济绿色转型。基于此，本章提出如下假设。

假设9：数字化赋能对经济绿色转型发展的影响效应存在区域异质性。

综上，绿色财政、绿色金融、数字化影响经济绿色转型的理论分析框架如图1－1所示。

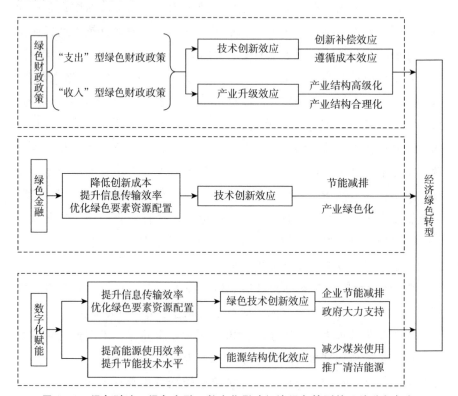

图1－1　绿色财政、绿色金融、数字化影响经济绿色转型的理论分析框架

第三节　绿色财政政策影响经济绿色转型的
实证研究

党的二十大报告提出，完善支持绿色发展的财税政策。绿色财政作为推动经济绿色转型发展的重要支撑体系，仅依赖市场行为可能存在失灵，因此需要政府的环境政策进行行政干预，政府的绿色财政政策对经济绿色转型发展具有重要的推动作用。国家统计局数据显示，我国地方财政节能环保支出从 2008 年的 1385.15 亿元增加到 2021 年的 5251.36 亿元，增长幅度接近 3 倍，其中 2019 年节能环保支出达到顶峰 6969.01 亿元，占财政支出的比重达 3.42%。然而随着资源消耗的日益增加、生态环境问题的频繁出现，我国经济绿色转型进入了艰难攻关且势在必行的时期。如何实施与完善现行绿色财政政策，推动经济绿色转型发展仍然是实现经济高质量发展和建设美丽中国的重大难题。因此，研究绿色财政政策如何在新发展格局下推动实现经济绿色转型，具有重要意义。

一　研究方法

模型 1：为考察绿色财政政策对经济绿色转型的直接影响效应，本节构建如下基准模型：

$$EGT_{it} = \alpha_0 + \alpha_1 FT_{it} + \alpha_2 Control_{it} + \mu_i + \nu_t + \varepsilon_{it} \qquad (1-4)$$

其中，EGT 为经济绿色转型发展水平。FT 代表绿色财政政策，其中包括三个变量：EP 表示政府财政环境保护支出，EI 表示政府环境污染治理投资总额，$fees$ 表示环境税收总额。前面两个体现了环境财政支出政策，最后一个体现了环境税收收入政策。i 表示地区，t 表示年份，$Control_{it}$ 表示一系列控制变量，μ_i 和 ν_t 分别表示地区和时间效应，ε_{it} 表示随机误差项。

模型 2：为考察绿色财政政策对经济绿色转型的非线性影响，依据 Hansen（1999）提出的门槛回归模型，本节构建如下非线性单门槛回归模型：

$$EGT_{it} = \beta_0 + \beta_1 FT_{it} \times I(ADJ_{it} \leq \theta) + \beta_2 FT_{it} \times I(ADJ_{it} > \theta) + \beta_3 Control_{it} + \mu_i + \nu_t + \varepsilon_{it}$$

$$(1-5)$$

依据不同的研究变量和实际情况，可能存在多重门槛，因此本节在上述单一门槛的基础上构建双门槛、三门槛等模型。以双门槛为例，模型如下：

$$EGT_{it} = \gamma_0 + \gamma_1 FT_{it} \times I(ADJ_{it} \leq \theta_1) + \gamma_2 FT_{it} \times I(\theta_1 < ADJ_{it} \leq \theta_2) +$$
$$\gamma_3 FT_{it} \times I(ADJ_{it} > \theta_2) + \gamma_4 Control_{it} + \mu_i + \nu_t + \varepsilon_{it} \quad\quad (1-6)$$

其中，ADJ 为门槛变量，其他变量含义同上。

二　变量选取与数据来源

（一）变量说明

（1）被解释变量。经济绿色转型发展水平（EGT）。为了全面展示不同地区经济绿色转型发展水平，从生产绿色转型（产业转型、绿色创新）、生态绿色转型（污染控制、低碳发展、环境质量）和生活绿色转型（基础设施、绿色消费）"三生"空间视角构建三位一体的经济绿色转型发展水平评价指标体系，系统体现经济发展、生态环境与资源承载力之间的关系及未来绿色转型潜力，该体系共包含 7 个二级指标、19 个三级指标（见表 1-1）。为克服综合指数法的缺陷，避免指标之间由可替代性导致的"一俊遮百丑"的弊端，参考石敏俊等（2021）的研究，本节采用效用函数合成法确定权重，突出"短板"因素的制约作用。

表 1-1　经济绿色转型发展水平评价指标体系

一级指标	二级指标	三级指标（单位）	属性
A1 生产绿色转型	B1 产业转型	C1 第三产业增加值占 GDP 比重（%）	+
		C2 高技术产业占比（%）	+
		C3 高耗能产业占比（%）	-
	B2 绿色创新	C4 绿色专利数（件）	+
		C5 研究与试验发展经费投入强度（%）	+
A2 生态绿色转型	B3 污染控制	C6 单位 GDP 工业废水排放量（万吨/亿元）	-
		C7 单位 GDP 工业固体废弃物排放量（万吨/亿元）	-
		C8 单位 GDP 二氧化硫排放总量（万吨/亿元）	-
		C9 单位耕地面积化肥施用量（吨/公顷）	-
		C10 单位耕地面积农药使用量（吨/公顷）	-
	B4 低碳发展	C11 碳排放强度（万吨/亿元）	-
		C12 单位 GDP 能耗（吨标准煤/万元）	-
	B5 环境质量	C13 PM2.5 年均浓度（微克/米^3）	-

一级指标	二级指标	三级指标（单位）	属性
A3 生活绿色转型	B6 基础设施	C14 森林覆盖率（%）	+
		C15 生活垃圾无害化处理率（%）	+
		C16 人均公园绿地面积（平方米）	+
		C17 建成区绿化覆盖率（%）	+
	B7 绿色消费	C18 每万人拥有公交车辆（标台）	+
		C19 人均用水量（立方米）	−

（2）核心解释变量。绿色财政政策主要包括三个变量：财政环境保护支出（*EP*）、环境污染治理投资总额（*EI*）、环境税收总额（*fees*）。我国自 2007 年开始把环境保护支出纳入财政支出并单列，本节选取环境保护财政支出占总支出的比重作为财政环保支出的政策变量。环保补贴政策用环境污染治理投资总额表示。环境污染治理投资主要指"工业污染治理投资、城镇环境基础设施投资和'三同时'项目完成资金"，参考魏建和黄晓光（2021）的研究，本节选取工业污染治理投资总额中的"污染治理项目本年完成投资总额"来表示环境污染治理投资额。环境税收总额用于衡量收入型环境政策，鉴于数据可得性，本节选用上市公司排污费/环境保护税收支出进行衡量，考察其对经济绿色转型的影响效应。

（3）中介变量。中介变量主要包括技术创新效应（*RD*）和产业升级效应（*Ins*）。*RD* 以 R&D 经费支出强度表示，计算公式为 R&D 经费内部支出/GDP。*Ins* 参考干春晖等（2011）的研究，从产业结构高级化和产业结构合理化两个方面度量，具体计算方法如下。

①产业结构高级化（*HS*），采用第三产业与第二产业增加值之比来衡量，是一个正向指标。②产业结构合理化（*RS*），采用泰尔指数衡量，即：

$$RS = \sum_{i=1}^{n} (Y_i/Y)\ln\left(\frac{Y_i/Y}{L_i/L}\right), i = 1,2,3 \tag{1-7}$$

其中，Y 是产值，L 是从业人员数，i 是各产业部门，n 是产业部门数。RS 是一个逆向指标。

（4）控制变量。参考相关文献，本节选取如下控制变量：经济发展水平（*pgdp*），以各地区人均 GDP 来衡量，并以 2010 年为基期进行平减，进行取对数处理；政府干预（*Gov*），以政府财政支出占 GDP 比重衡量；外资水平（*FDI*），以货物进出口总额占 GDP 比重衡量；城镇化水平（*urb*），以城镇化率进行衡量，即城镇人口占总人口比重；工业化水平（*Ind*），以各省份第二产业增加值占 GDP 比重衡量。

（二）数据来源及处理

基于数据可得性，本节采用全国 30 个省区市（不包括港澳台和西藏）2010—2020 年面板数据。相关数据来自《中国统计年鉴》《中国环境统计年鉴》《中国能源统计年鉴》，以及相关省份统计年鉴、锐思数据库、EPS 数据库等。缺失数据采用插值法进行补齐。本节主要变量的描述性统计如表 1 - 2 所示。

表 1 - 2　主要变量的描述性统计

变量	均值	标准差	最小值	最大值	中位数
EGT	0.3812	0.0159	0.1654	0.8088	0.3613
EI	2.6286	1.1524	- 3.0449	4.9530	2.7160
fees	7.7260	3.0527	- 1.1559	11.2471	7.9574
EP	0.0302	0.0001	0.0118	0.0681	0.0285
FDI	0.2714	0.0940	0.0076	1.5482	0.1400
Gov	0.2475	0.0106	0.1058	0.6430	0.2235
pgdp	5.4341	7.4558	1.3119	16.4889	4.7362
urb	0.5836	0.0157	0.3381	0.8960	0.5685
Ind	0.4367	0.0078	0.1580	0.5900	0.4501
HS	1.1878	0.4706	0.4996	5.2968	1.0085
RS	0.1574	0.0107	0.0000	0.4915	0.1544
RD	1.6469	1.2718	0.3401	6.4444	1.3679

三　实证结果及分析

（一）基准回归结果

本节对基准回归模型进行 Hausman 检验，检验结果的 p 值小于 0.01，拒绝原假设，因而选取固定效应模型进行回归分析。表 1 - 3 模型（1）至模型（6）分别显示了三种绿色财政政策对经济绿色转型的直接影响效应。模型（1）和模型（2）为加入控制变量前后环境污染治理投资总额对经济绿色转型的影响。模型（3）和模型（4）为加入控制变量前后环境税收总额对经济绿色转型的影响。模型（5）和模型（6）为加入控制变量前后财政环保支出对经济绿色转型的影响。

（1）环境污染治理投资总额对经济绿色转型的影响效应。不论是否加入控制变量，环境污染治理投资总额对经济绿色转型都呈现不显著的负向影响。这说明政府环境污染投资对经济绿色转型没有产生直接影响效应，可能存在更复杂的非线性关系，需要进一步验证。政府环境污染的治理投资虽然从总体上降低了环境污染物排放，但从整体来看，并没有推进经济绿色转型，实际上属于一种"粗放式"投入。政府只是加大环境治理投资，但是忽略投资成效，频繁将资金投向重复性或无效项目，导致资金出现一定程度的错配，财政支出政策的绿色转型效应不明显。

（2）环境税收总额对经济绿色转型的影响效应。不论是否加入控制变量，环境税收总额对经济绿色转型都具有显著的抑制作用，形成了"绿色悖论"，可能使寻租、过度管制导致的激励扭曲现象出现。这说明当政府收取环境保护税时，对企业而言因缴纳税费成本低于绿色转型成本，因此其选择缴纳税费而不选择进行产业绿色转型，甚至纳税成本挤占了一部分绿色转型成本，导致经济绿色转型发展水平下降。另外，环境税费对企业经营产生成本压力，对其绿色投资存在挤出效应，促使企业与政府合谋，引发"洗绿"事件，不利于经济绿色转型。因此，政府在增强绿色政策导向作用的同时，应优化绿色财政政策的配置效率，构建支持绿色转型的协同激励机制。

（3）财政环保支出对经济绿色转型的影响效应。不论是否加入控制变量，政府财政环保支出对经济绿色转型都具有显著的提升作用，且提升程度较大，形成"倒逼效应"。加入控制变量后，财政环保支出对经济绿色转型的影响系数为 0.8281，说明财政环保支出政策对经济绿色转型的"成本效应"大于"绿色悖论"。政府通过财政环保补贴的激励作用，鼓励企业开发新能源、提高能源利用效率，鼓励退耕还林还草，促进绿色转型。财政环保支出赋予企业在绿色转型方面更大的自主决策权，可提供更大的专用性投资激励，从而促进经济绿色转型。上述研究对假设 1 进行了部分验证。

　　从控制变量来看，不同绿色财政政策的控制变量影响效应差异不大，说明控制变量对经济绿色转型的影响效应是一致的。不同绿色财政政策下，经济发展水平对经济绿色转型都具有显著的促进作用，经济发展水平的提升增强了人们对生态环境治理的能力和意识，人们更愿意为经济绿色转型付费，绿色转型的"红利效应"超过了环境污染带来的"成本效应"，助推经济绿色转型发展。工业化水平的提升不利于经济绿色转型，第二产业发展主要依赖能源投入和资源消耗，第三产业发展对经济绿色转型的促进效应较强，因此第二产业占比提升不利于经济绿色转型。外资水平对经济绿色转型的影响效应为负。城镇化率的提高显著促进了经济绿色转型，城镇化水平提升有助于人力资本水平提升，使人们的生态环保意识增强，从而促进经济绿色转型。政府干预对经济绿色转型的影响系数显著为正，财政支持鼓励企业加快绿色转型升级。

表 1 - 3　基准回归结果

变量	模型（1）EGT	模型（2）EGT	模型（3）EGT	模型（4）EGT	模型（5）EGT	模型（6）EGT
EI	- 0. 0027 （- 0. 73）	- 0. 0014 （- 0. 86）				
$fees$			- 0. 0084 *** （- 3. 60）	- 0. 0045 *** （- 4. 69）		
EP					1. 0645 *** （3. 03）	0. 8281 *** （5. 78）
$pgdp$		0. 0822 *** （6. 85）		0. 0824 *** （7. 32）		0. 0870 *** （7. 83）
Ind		- 0. 1039 *** （- 2. 90）		- 0. 0722 ** （- 2. 05）		- 0. 1097 *** （- 3. 24）
FDI		- 0. 0310 ** （- 2. 12）		- 0. 0364 ** （- 2. 57）		- 0. 0109 （- 0. 76）
urb		0. 3037 *** （3. 79）		0. 3461 *** （4. 46）		0. 2807 *** （3. 70）
Gov		0. 1618 *** （3. 17）		0. 1743 *** （3. 56）		0. 1708 *** （3. 56）

续表

变量	模型（1） EGT	模型（2） EGT	模型（3） EGT	模型（4） EGT	模型（5） EGT	模型（6） EGT
常数项	0.4187*** （41.89）	0.2128*** （4.60）	0.4761*** （26.35）	0.2281*** （5.15）	0.3794*** （20.36）	0.1872*** （4.31）
个体固定效应	是	是	是	是	是	是
时间固定效应	是	是	是	是	是	是
N	330	330	330	330	330	330
R^2	0.0018	0.8420	0.0415	0.8527	0.0285	0.8578

注：***、**分别表示在 $p < 0.01$、$p < 0.05$ 时有统计学意义，括号内为检验 t 值。

（二）门槛回归结果

通过基准回归可知，政府环境污染治理投资对经济绿色转型发展可能具有非线性影响，因此本节构建门槛回归模型进行检验。本节借鉴 Hansen（1999）的研究方法，首先进行面板门槛存在性检验，采用 Bootstrap 自助法，反复抽样 300 次。本节以经济发展水平作为门槛变量进行门槛效应检验，结果显示，政府环境污染治理投资对经济绿色转型具有显著的单一门槛效应，单一门槛值为 7.6267。而环保税和政府财政环保支出对经济绿色转型都不存在显著的门槛效应，检验和回归结果分别如表 1-4 和表 1-5 模型（1）所示。

表 1-5 模型（1）显示，政府环境污染治理投资对经济绿色转型存在显著的门槛效应，当经济发展水平不超过门槛值 7.6267 时，政府环境污染治理投资对经济绿色转型的影响系数显著为 -0.0025，不利于经济绿色转型。随着经济发展水平的提升，政府环境污染治理投资对经济绿色转型的影响从负向逐步转为正向，影响系数为 0.0043，说明政府环境污染治理投资的影响效应与当地经济发展水平有直接关系。当经济发展水平较低时，政府对企业的环境污染治理投资产生了"绿色悖论"，企业并没有将其用于环境治理，而是用来扩大产能，增加能源投入，因而不利于经济绿色转型。当经济发展水平较高时，政府环境污染治理投资能够推动经济绿色转型，政府鼓励企业进行技术改造，提升绿色发展效率，促进经济绿色转型。

为进一步验证不同的绿色财政政策对经济绿色转型的影响效应大小，

本节分别以核心解释变量本身作为门槛变量进行门槛效应检验，检验结果如表1-4和表1-5所示。环境税收和财政环保支出对经济绿色转型存在单一门槛效应，门槛效应回归结果如表1-4和表1-5模型（2）和模型（3）所示，环境税收对经济绿色转型具有边际效应递增的非线性影响，随着环境税收的增加，环保税对经济绿色转型的负向影响逐渐变大，说明我国目前环保税的实施仍然不利于经济绿色发展，且税费越高，其对经济绿色转型的负向效应就会越大，说明我国不可单一地通过加征环保税方式来推动经济绿色转型。财政环保支出对经济绿色转型具有边际效应递减的正向促进作用，随着财政环保支出强度的增加，其对经济绿色转型发展的促进作用逐步减弱，说明虽然环保支出可促进经济绿色转型，但不能一味地增加环保支出，同样需要配合其他政策共同发挥作用，才可最大限度地促进经济绿色转型发展。假设1部分成立。

表1-4　门槛变量检验与门槛值估计

变量	门槛检验	指标	门槛变量（$pgdp$）	门槛变量（EI）	门槛变量（$fees$）	门槛变量（EP）
EI	单门槛检验	F统计量 p值	26.2300 0.0300	5.7600 0.6200		
	双门槛检验	F统计量 p值	7.0100 0.6367			
$fees$	单门槛检验	F统计量 p值	11.1400 0.3800		18.2400 0.0833	
	双门槛检验	F统计量 p值			12.1600 0.1600	
EP	单门槛检验	F统计量 p值	19.1000 0.1533			17.2300 0.0767
	双门槛检验	F统计量 p值				12.4700 0.1633

表1-5　门槛回归结果

变量	模型（1） EGT	模型（2） EGT	模型（3） EGT
门槛变量	$pgdp$	$fees$	EP

续表

变量	模型（1） EGT	模型（2） EGT	模型（3） EGT
门槛值 z	7.6267	7.8084	0.0434
$EI \times I (ADJ \leqslant z)$	-0.0025^{*} （-1.66）		
$EI \times I (ADJ > z)$	0.0043^{**} （2.23）		
$fees \times I (ADJ \leqslant z)$		-0.0021^{*} （-1.84）	
$fees \times I (ADJ > z)$		-0.0036^{***} （-3.63）	
$EP \times I (ADJ \leqslant z)$			1.3682^{***} （6.89）
$EP \times I (ADJ > z)$			0.9973^{***} （6.79）
Control	控制	控制	控制
常数项	0.2108^{***} （4.73）	0.2165^{***} （4.98）	0.1567^{***} （3.63）
个体固定效应	是	是	是
时间固定效应	是	是	是
N	330	330	330
R^2	0.8546	0.8594	0.8646

注：$***$、$**$、$*$ 分别表示在 $p < 0.01$、$p < 0.05$ 和 $p < 0.10$ 时有统计学意义，括号内为检验 t 值。

（三）稳健性检验

（1）面板分位数回归。面板分位数回归是用来分析核心解释变量的异质性影响。如表 1-6 所示，在经济绿色转型发展水平较低的区间，环境污染治理投资总额和财政环保支出对经济绿色转型都有明显的促进作用，但随着经济绿色转型发展水平的提高，环境污染治理投资的积极作用逐渐消失，但财政环保支出的积极作用呈现稳定增强的趋势。这说明随着经济绿色转型发展水平的提高，可以逐步加大财政环保支出，但环境污染治理投资额的多少需要进一步验证。在经济绿色转型发展水平较低的区间，环境税收对经济绿色转型发展表现为负向效应，随着经济绿色转型发展水平的提高，负向作用逐步消失，但并没有表现出正向作用，说明环境税的收取税率需要进一步探索和验证。

表 1 - 6　面板分位数回归结果

分位值	EI	fees	EP	Control
0.25	0.0145*** (3.23)	-0.0029* (-1.69)	1.1240*** (5.76)	控制
0.50	-0.0027 (-0.58)	-0.0031*** (-2.86)	1.2227*** (3.91)	控制
0.75	-0.0007 (-0.25)	-0.0017 (-0.94)	1.9986*** (5.92)	控制

注：***、*分别表示在 $p<0.01$、$p<0.10$ 时有统计学意义，括号内为检验 t 值。

（2）内生性处理。为解决遗漏变量和反向因果等原因造成的内生性问题，参考孙振清等（2021）的研究，本节选取河流面积（River）作为绿色财政政策的工具变量进行 2SLS 回归，结果如表 1 - 7 所示，影响效应与前文一致。

表 1 - 7　内生性检验结果

变量	模型（1）		模型（2）		模型（3）	
	第一阶段 EI	第二阶段 EGT	第一阶段 fees	第二阶段 EGT	第一阶段 EP	第二阶段 EGT
EI		-0.0321 (-1.21)				
fees				-0.0160** (-2.21)		
EP						0.3475* (1.84)
River	0.1231* (1.96)		0.4844*** (4.63)		0.0155** (2.17)	
Control	控制	控制	控制	控制	控制	控制
常数项	-0.6280 (-0.58)	0.1871*** (3.42)	1.6534 (0.86)	0.2208*** (3.97)	0.0397*** (2.71)	0.4604 (0.48)

续表

变量	模型（1）		模型（2）		模型（3）	
	第一阶段 EI	第二阶段 EGT	第一阶段 fees	第二阶段 EGT	第一阶段 EP	第二阶段 EGT
N	330	330	330	330	330	330
R^2	0.4638	0.7290	0.3541	0.7277	0.1097	0.7982

注：***、**、*分别表示在 $p < 0.01$、$p < 0.05$、$p < 0.10$ 时有统计学意义，括号内为检验 t 值。

（四）异质性分析

为考察不同的绿色财政政策对经济绿色转型的区域异质性，本节将全国分为东部、中部、西部和东北地区四大板块考察其异质性，回归结果如表 1-8 所示。

从环境污染治理投资对经济绿色转型影响的异质性分析来看，东部、中部和东北地区的政府环境污染治理投资对经济绿色转型的影响与全样本是一致的，同样表现出不显著，但西部地区呈现出显著的负向影响。这说明政府环境污染治理投资在东部、中部和东北地区的实施效果仍有待验证，但在西部地区不建议实施此项单一的环境补贴政策。这是因为西部偏远地区经济发展水平较低，生态文明意识较弱，政府环境污染治理投资并没有激发企业或民众的环境保护意识，从而不会提升经济绿色转型发展水平。

从环境税收总额对经济绿色转型影响的异质性分析来看，东部、中部和东北地区环保税对经济绿色转型均呈现显著的负向作用，与全样本是一致的。西部地区影响系数不显著，原因可能是西部地区产业规模变化较小，产业结构转型升级速度较慢，环保税对经济绿色转型的影响效应不显著。从影响效应的绝对值大小来看，环保税对东部、中部和东北地区经济绿色转型的影响效应表现为东北＞中部＞东部，环保税对东北地区经济绿色转型的负向影响最大，东北地区产业结构较落后，产业转型升级难度较大，征收环保税明显增加了企业经营成本，更加抑制了企业转型动力，从而不利于经济绿色转型。东北地区产业转型面临较大的挑战，要想改变东北绿色转型落后现状，需要在全社会形成绿色发展意识，加大政府环保政策倾斜力度，切实提升东北地区经济绿色转型发展水平。

从财政环保支出对经济绿色转型影响的异质性分析来看，东部、中部和东北地区的财政环保支出明显可以驱动经济绿色转型，且东部地区经济绿色转型的驱动效应最强，但西部地区财政环保支出阻碍了经济绿色转型。原因可能是东部地区产业规模较大、产业结构较稳定，随着一些高耗能、高污染产业逐步从东部向西部转移，西部地区产业污染排放明显增加，东部地区"双高"产业逐步迁出，从而经济绿色转型程度较高。西部地区环境政策体系不完善，政府执行力度较小，使得环保支出政策的经济绿色转型效应呈现负效应。假设 2 得到验证。

表 1 - 8　地区异质性分析回归结果

变量	东部地区			中部地区		
	模型（1）	模型（2）	模型（3）	模型（4）	模型（5）	模型（6）
EI	0.0015 (0.45)			- 0.0006 (- 0.18)		
$fees$		- 0.0059*** (- 2.64)			- 0.0093*** (- 2.77)	
EP			1.4538*** (2.97)			1.0582*** (3.65)
$Control$	控制	控制	控制	控制	控制	控制
常数项	0.0083 (0.07)	0.0180 (0.17)	0.4992*** (14.63)	- 0.1475* (- 1.71)	0.0796 (1.14)	- 0.1250* (- 1.68)
R^2	0.7668	0.7884	0.7616	0.9442	0.9278	0.9554
变量	西部地区			东北地区		
	模型（7）	模型（8）	模型（9）	模型（10）	模型（11）	模型（12）
EI	- 0.0114** (- 2.02)			- 0.0026 (- 0.61)		
$fees$		0.0045 (0.21)			- 0.0132*** (- 3.05)	
EP			- 2.1198*** (- 3.78)			1.0357** (2.15)
$Control$	控制	控制	控制	控制	控制	控制
常数项	0.3980*** (23.07)	0.1675*** (3.73)	0.4373*** (21.20)	0.1213 (0.71)	0.4688*** (13.30)	0.0963 (1.16)
R^2	0.9065	0.9016	0.9040	0.8590	0.8910	0.9066

注：***、** 和 * 分别表示在 $p < 0.01$、$p < 0.05$ 和 $p < 0.10$ 时有统计学意义，括号内为检验 t 值。

（五）中介效应分析

本节进一步分析绿色财政政策是否可通过产业升级效应和技术创新效应影响经济绿色转型。构建如下中介回归模型：

$$EGT_{it} = \alpha_0 + \alpha_1 FT_{it} + \alpha_2 Control_{it} + \mu_i + \nu_t + \varepsilon_{it} \qquad (1-8)$$

$$Med_{it} = \beta_0 + \beta_1 FT_{it} + \beta_2 Control_{it} + \mu_i + \nu_t + \varepsilon_{it} \qquad (1-9)$$

$$EGT_{it} = \gamma_0 + \gamma_1 FT_{it} + \gamma_2 Med_{it} + \gamma_3 Control_{it} + \mu_i + \nu_t + \varepsilon_{it} \qquad (1-10)$$

Med 主要通过产业升级效应和技术创新效应进行表征。β_1 反映绿色财政政策对中介变量的影响，γ_1 反映绿色财政政策对经济绿色转型的直接效应，β_1 与 γ_2 的乘积反映绿色财政政策通过中介变量促进经济绿色转型的中介效应（Burki and Dahlstrom，2017）。表 1-9、表 1-10、表 1-11 分别展示了环境污染治理投资、环境税收和财政环保支出对经济绿色转型的中介效应回归结果。

从产业升级效应来看，环境污染治理投资和环境税收对产业结构高级化的影响系数均显著为负，而财政环保支出对产业结构高级化的影响系数显著为正，说明环境污染治理投资和环境税收并没有通过提升产业高级化水平推动经济绿色转型，这种"粗放式"的投入并没有实现产业转型，而政府财政环保支出能够通过提升产业结构高级化水平来促进经济绿色转型。从产业结构合理化来看，环境税收对产业结构合理化没有产生显著影响，但环境污染治理投资和财政环保支出能促进产业结构合理化，从而助推经济绿色转型。

从技术创新效应来看，环境污染治理投资的技术创新效应系数不显著，实施环境税收政策反而不利于技术创新，财政环保支出增加可提升技术创新水平。这说明环境污染治理投资对经济绿色转型的影响机制不可通过技术创新来实现。当前，我国对生态环境治理的要求主要是行政手段干预，在环境政策自上而下逐级落实的过程中存在信息不对称等风险问题，导致环境政策的实施效率降低，因此出现不显著的情况。未来可通过建立碳排放权交易市场等市场化机制将减排困难的高耗能、高污染企业或治污成本较高的企业逐出市场，推动经济绿色转型发展。环境税收政策对技术创新的影响效应显著为负，说明"收入型"环境政策增加企业资金使用成本，使得企业可创新资金减少，从而抑制研发投入，进而抑制创新。政府财政环保支出可通过提升技术创新水平来促进经济绿色转型，政府财政对环境保护的支持可以通过鼓励企业创新来推动经济绿色转型发展。企业通过加大技术研发投入，提升绿色技术创新水平，将绿色财政政策的规模"挤出效应"转化为资本"创新效应"，促进区域经济绿色转型发展。

表 1-9　环境污染治理投资对经济绿色转型的中介效应回归结果

变量	HS	EGT	RS	EGT	RD	EGT
EI	-0.0993*** (-6.27)	0.0011 (0.66)	-0.0113*** (-2.84)	-0.0024* (-1.67)	0.0056 (0.34)	-0.0006 (-0.39)
HS		0.0187*** (3.49)				
RS				-0.0600*** (-2.67)		
RD						0.0366*** (8.33)
Control	控制	控制	控制	控制	控制	控制
常数项	-0.9311*** (-3.59)	0.0658** (2.55)	0.0933* (1.67)	0.1043*** (4.03)	0.7324* (1.77)	0.2004*** (5.45)
个体固定效应	是	是	是	是	是	是
时间固定效应	是	是	是	是	是	是
N	330	330	330	330	330	330
R^2	0.7445	0.8284	0.0442	0.8413	0.5353	0.8546

注：***、** 和 * 分别表示在 $p<0.01$、$p<0.05$ 和 $p<0.10$ 时有统计学意义，括号内为检验 t 值。

表 1-10　环境税收对经济绿色转型的中介效应回归结果

变量	HS	EGT	RS	EGT	RD	EGT
fees	-0.0194*** (-3.01)	-0.0030*** (-2.97)	-0.0024 (-0.95)	-0.0041*** (-4.21)	-0.0214** (-2.20)	-0.0028*** (-3.06)
HS		0.0141*** (2.72)				
RS				-0.0514** (-2.37)		
RD						0.0358*** (8.15)

续表

变量	HS	EGT	RS	EGT	RD	EGT
Control	控制	控制	控制	控制	控制	控制
常数项	4.2845*** (15.80)	0.0986*** (3.75)	0.0645 (1.12)	0.0999*** (3.87)	0.7684* (1.88)	0.2014*** (5.61)
个体固定效应	是	是	是	是	是	是
时间固定效应	是	是	是	是	是	是
N	330	330	330	330	330	330
R^2	0.8918	0.8379	0.0226	0.8486	0.5528	0.8607

注：***、** 和 * 分别表示在 $p<0.01$、$p<0.05$ 和 $p<0.10$ 时有统计学意义，括号内为检验 t 值。

表 1-11　财政环保支出对经济绿色转型的中介效应回归结果

变量	HS	EGT	RS	EGT	RD	EGT
EP	2.6717** (2.23)	0.8663*** (5.62)	-0.7875** (-2.00)	0.8296*** (5.51)	2.7612* (1.74)	0.7670*** (5.48)
HS		0.0181*** (3.75)				
RS				-0.0366* (-1.69)		
RD						0.0342*** (8.23)
Control	控制	控制	控制	控制	控制	控制
常数项	3.6076*** (12.55)	0.0411* (1.71)	0.0562 (1.05)	0.0222 (0.97)	0.4744 (1.08)	0.1914*** (5.60)
个体固定效应	是	是	是	是	是	是
时间固定效应	是	是	是	是	是	是
N	330	330	330	330	330	330
R^2	0.8648	0.8410	0.0350	0.8490	0.5368	0.8671

注：***、** 和 * 分别表示在 $p<0.01$、$p<0.05$ 和 $p<0.10$ 时有统计学意义，括号内为检验 t 值。

第四节　绿色金融影响经济绿色转型的实证研究

"十四五"规划提出，要加快发展绿色金融，推动绿色低碳发展，促进"经济社会发展全面绿色转型"。2016 年 8 月，中国人民银行等 7

部门印发的《关于构建绿色金融体系的指导意见》提出，为环保、节能、清洁能源、绿色交通、绿色建筑等领域的投融资项目提供金融服务，从而为经济绿色转型发展提供资金支持，助推经济绿色增长。为促进地区绿色金融发展，2017年和2019年，国务院分别将浙江、江西、广东、贵州、新疆和甘肃的六省九区作为试点，建设绿色金融改革创新试验区，鼓励发展绿色金融，这标志着我国绿色金融改革正式实施。近年来，我国绿色金融产品种类日益丰富，绿色信贷、绿色保险、绿色债券等产品体系已逐步形成，碳金融、绿色信托、绿色资产证券化等新型产品崭露头角（王遥等，2019）。绿色金融市场规模迅速扩大，中国人民银行发布的数据显示，截至2021年末，我国本外币绿色信贷余额接近16万亿元，存量规模居全球第一位；绿色债券余额超过1万亿元，居世界第二位。绿色金融通过建立一种绿色投融资激励机制，促使资金流向低污染低排放产业，提高投资收益率与资金可得性，加强对节能环保等绿色产业的金融支持，实现经济绿色发展。绿色金融是为解决绿色环保产业和项目融资而进行的金融创新，但目前我国绿色金融发展是否对区域经济绿色转型发展产生了促进作用，绿色金融发展规模对经济绿色转型发展的影响效应是否存在门槛效应和空间溢出效应，以及绿色金融资金是否得到高效利用，都是亟须解决的重要问题。

一　研究方法

（一）基准回归模型

为考察绿色金融发展水平对经济绿色转型的影响，本节设定如下基准模型：

$$EGT_{it} = \alpha_0 + \alpha_1 GF_{it} + \alpha_2 Control_{it} + \mu_i + \nu_t + \varepsilon_{it} \qquad (1-11)$$

其中，EGT为被解释变量，表示经济绿色转型发展水平。GF为绿色金融发展水平。$Control$为一系列控制变量，相关变量说明见上文。i和t分别表示地区和年份，ε_{it}表示随机误差项。

（二）空间计量模型

我国不同地区的绿色金融发展水平与经济绿色转型发展水平存在明显的差异，因此本部分在基准模型的基础上建立空间杜宾模型来验证上文提出的假设。

$$EGT_{it} = \beta_0 + \delta W \times EGT_{it} + \beta_1 GF_{it} + \beta_2 W \times GF_{it} + \sum_{i=1}^{k} X_{it}\gamma_{it} + WX\theta + \mu_{it}$$

$$(1-12)$$

其中，EGT 和 GF 变量含义同上，δ 表示当地经济绿色转型发展水平对邻近地区经济绿色转型发展水平的影响。X 为控制变量矩阵，W 为空间权重矩阵。

关于空间权重矩阵的构建，本节选取反距离平方矩阵表示各省份之间的空间关系作为权重，具体公式如下：

$$w_{ij} = \begin{cases} \dfrac{1}{d_{ij}^2}, i \neq j \\ 0, i = j \end{cases}$$

$$(1-13)$$

其中，d_{ij} 表示省份 i 与 j 之间的距离。

（三）门槛回归模型

基准回归模型可以考察绿色金融与经济绿色转型的关系是否显著，但在我国不同区域经济发展水平和生态环境质量差距较大的情况下，绿色金融可能对经济绿色转型产生非线性影响。基于此，本节建立如下门槛回归模型进行实证分析：

$$EGT_{it} = \beta_0 + \beta_1 GF_{it} \times I(GF_{it} \leq \theta) + \beta_2 GF_{it} \times I(GF_{it} > \theta) +$$
$$\beta_3 Control_{it} + \mu_i + \nu_t + \varepsilon_{it}$$

$$(1-14)$$

其中，GF_{it} 既为门槛变量，又是核心解释变量绿色金融发展水平。$I(\cdot)$ 为示性函数。式（1-14）考虑的是单门槛情形，可根据门槛检验结果扩展至双门槛或多门槛模型。

二　变量说明与数据选取

（一）变量选取

（1）被解释变量：经济绿色转型发展水平（EGT），具体计算方法见上文。

（2）核心解释变量：绿色金融发展水平（GF）。《关于构建绿色金融体系的指导意见》指出，绿色金融体系主要包括绿色信贷、绿色债券、绿色股票指数和相关产品、绿色发展基金、绿色保险、碳金融等多种金融业态。基于此，依据数据可得性，本节选取绿色信贷、绿色保险、绿色债券、绿色基金和绿色权益5个一级指标构建绿色金融评价指标体系，利用时空极差熵权法计算权重，合成绿色金融发展水平综合指标，以分析其对经济绿色转型的影响。关于绿色信贷指标的衡量，参考《中国银行业社会责任报告》，结合数据可得性，本节采用节能环保项目信贷总额占信贷总额的比重来衡量。绿色保险指标采用环境污染责任保险推广程度来表征，具体用环境污染责任保险收入占总保费收入的比重来衡量。绿色债券采用绿色债券发展程度来表征，具体用绿色债券发行总额占所有债券发行总额的比重来衡量。绿色基金采用绿色基金市值占所有基金总市值的比重来度量。绿色权益以绿色权益发展深度来标识，主要用碳排放权、用能权、排污权交易额占权益市场交易总额的比重来度量。针对缺失数据，采用插值法进行补齐。具体指标说明如表1–12所示。

表1–12 绿色金融评价指标体系

一级指标	二级指标及说明	属性
绿色信贷	环保项目信贷发展程度 = 节能环保项目信贷总额/信贷总额	+
绿色保险	环境污染责任保险推广程度 = 环境污染责任保险收入/总保费收入	+
绿色债券	绿色债券发展程度 = 绿色债券发行总额/所有债券发行总额	+
绿色基金	绿色基金占比 = 绿色基金市值/所有基金总市值	+
绿色权益	绿色权益发展深度 = 碳排放权、用能权、排污权交易额/权益市场交易总额	+

（3）中介变量：技术创新水平（RD），本节选取研发投入强度作为技术创新的代理变量。

（4）控制变量。参考相关文献，本节选取如下变量作为控制变量：①金融发展水平（Fin），以各地区金融业增加值占GDP比重来衡量；②地方政府规模（Gov），以政府财政支出占地区GDP比重来衡量；③环境规制强度（$Envir$），以工业环境污染治理投资总额取对数来衡量；④技术市场（$Tech$），以技术市场成交额占GDP比重来衡量；⑤对外开放水平（FDI），以货物进出口总额占GDP比重来衡量，货物进出口总额按照当年美元汇率的平均值折算为人民币；⑥城镇化水平（urb），可通过投资、消费渠道影响经济绿色发展，故使用城镇化率来衡量。

（二）数据来源与处理

2003 年，赤道原则由国际主要金融机构制定，而我国直到 2008 年才开始采纳赤道原则，绿色金融理念逐步开始得到各相关机构的认同，绿色金融发展开始逐步铺开。结合数据可得性，本节选取 2008—2020 年全国 30 个省区市（不包括港澳台和西藏）的数据。相关数据主要来自同花顺数据库、国泰安数据库、国务院发展研究中心信息网、《中国保险年鉴》、《中国环境统计年鉴》、《中国统计年鉴》、《中国能源统计年鉴》、《中国金融年鉴》、国家统计局官网、中国清洁发展机制网。表 1 - 13 显示了主要变量的描述性统计。

表 1 - 13　主要变量的描述性统计

变量	样本量	均值	标准差	最小值	中位数	最大值
GF	390	0.7150	0.0067	0.5619	0.7160	0.8790
EGT	390	0.3732	0.0155	0.1654	0.3553	0.8088
Fin	390	0.0630	0.0010	0.0141	0.0581	0.1991
Gov	390	0.2401	0.0102	0.0874	0.2181	0.6430
Envir	390	2.7269	0.7829	0.0465	2.7600	4.9600
Tech	390	0.0135	0.0007	0.0002	0.0050	0.1750
FDI	390	0.2793	0.1046	0.0076	0.1366	1.6976
urb	390	0.5703	0.0173	0.2911	0.5550	0.8960
RD	390	1.5913	1.2279	0.2227	1.2716	6.4444

三　实证结果及分析

（一）基准回归分析

本节对基准回归模型进行 Hausman 检验，检验结果的 p 值小于 0.01，拒绝原假设，因而选取固定效应模型进行回归分析，结果如表 1 - 14 模型（1）和模型（2）所示。不论是否加入控制变量，绿色金融对经济绿色转型的影响系数均显著为正，说明绿色金融可以显著提升经济绿色转型发展水平。绿色金融的资金导向功能发挥了作用，积极引导金融机构向节能环保等绿色项目进行投融资。绿色金融的发展减少对高耗能行业的资金支持，提升其融资成本，倒逼产业转型，取消高耗能产品生产，发展绿色产品，推动产品绿色化、环保化，实现绿色生产，通过激励绿色投资促进经济绿色转型发展。绿色金融的发展推动企业加快技术研发，提升生产效率，加快绿色转型，提升绿色全要素生产率，从而推进经济绿色转型。假设4部分得到验证。

　　从控制变量的回归结果来看，金融发展水平对经济绿色转型的影响系数不显著。原因可能是金融发展为我国经济增长提供资金支持，但对传统产业和绿色产业的支持并没有进行区分，可能既促进了传统产业的发展，不利于经济绿色转型，同时推动了绿色产业发展，助推经济绿色转型，两者融合并没有产生明显的影响。城镇化率对经济绿色转型的影响系数显著为0.4467，城镇化水平的提升增强了公众的绿色环保意识，推动了经济绿色转型。对外开放水平对经济绿色转型的影响显著为负，说明全球化导致我国承接部分国外非环境友好型产业，不利于经济绿色转型。政府支出对经济绿色转型的影响具有不确定性，原因可能是政府支出主要用于促进经济快速发展，但对经济绿色转型的效果仍未得到体现，对绿色发展针对性不强。技术市场对经济绿色转型的影响显著为负，原因可能是目前我国技术市场发展制度和政策仍不完善，技术政策对推动绿色转型的靶向性不强，技术只用来扩大产能，从而造成环境污染，抑制经济绿色转型。环境规制强度的系数不显著，原因可能是污染治理的成效有较长的时间滞后性，当期影响并没有显现。另外，环境污染治理投资主要是事后监督处理，并没有从根本上解决经济绿色转型问题。

表1-14　绿色金融对经济绿色转型的影响效应分析结果

变量	模型（1） EGT	模型（2） EGT	模型（3） EGT
GF	0.5239 *** （41.68）	0.2659 *** （7.45）	0.1413 * （1.91）
Fin		-0.0285 （-0.26）	-0.3741 *** （-2.88）
urb		0.4467 *** （8.94）	-0.1728 *** （-3.72）
FDI		-0.0420 *** （-3.46）	0.1129 *** （9.14）

续表

变量	模型（1） EGT	模型（2） EGT	模型（3） EGT
Gov		0.0179 (0.45)	0.0045 (0.16)
Tech		− 0.3394 ** (− 2.35)	1.7406 *** (17.91)
Envir		0.8567 (0.69)	2.1006 (1.27)
W × GF			0.3571 * (1.71)
W × EGT			0.3640 * (1.76)
常数项	0.0247 *** (2.73)	− 0.0328 ** (− 2.29)	− 0.4174 ** (− 2.52)
个体固定效应	是	是	是
时间固定效应	是	是	是
N	390	390	390
R^2	0.8288	0.8647	0.8963

注：***、**和*分别表示在 $p < 0.01$、$p < 0.05$ 和 $p < 0.10$ 时有统计学意义，括号内为检验 t 值。

（二）空间效应分析

本节采用全局 Moran's I 来检验经济绿色转型发展水平和绿色金融发展水平的空间相关性，Moran's I 的定义如下：

$$\text{Moran'I} = \frac{\sum_{i=1}^{N} \sum_{j=1}^{N} W_{ij}(x_i - \bar{x})(x_j - \bar{x})}{S^2 \sum_{i=1}^{N} \sum_{j=1}^{N} W_{ij}} \quad (1-15)$$

其中，S^2 为区域经济绿色转型发展水平或绿色金融发展水平变量的方差。x_i 为城市 i 的经济绿色转型发展水平或绿色金融发展水平，$\bar{x}$ 为城市经济绿色转型发展水平或绿色金融发展水平的均值，W 为空间权重矩阵，计算方式同上文。

全局 Moran's I 的取值范围是 [−1，1]，当 0 < Moran's I ≤ 1 时，说明各地区经济绿色转型发展水平和绿色金融发展水平具有空间正相关性，

即趋于空间集聚特征。若 Moran's I 等于 0，则说明经济绿色转型发展水平和绿色金融发展水平不存在空间自相关。当 $-1 \leqslant$ Moran's I <0 时，说明经济绿色转型发展水平和绿色金融发展水平具有空间负相关性，数值越小说明空间分异性越强。

利用 Matlab 计算经济绿色转型和绿色金融发展水平的空间 Moran's I 指数，结果如表 1 - 15 所示。结果显示，经济绿色转型发展水平与绿色金融发展水平均具有显著的空间相关性，且伴随概率均 $\leqslant 0.01$，通过了 1% 的显著性检验，表明两者在空间分布上具有集聚性质。

表 1 - 15　绿色金融与经济绿色转型发展水平的空间 Moran'I 指数

年份	EGT	GF	年份	EGT	GF
2008	0.0610	0.0113	2015	0.0603	0.0244
2009	0.0534	0.0467	2016	0.0517	0.0283
2010	0.0571	0.0530	2017	0.0632	0.0418
2011	0.0570	0.0494	2018	0.0625	0.0417
2012	0.0582	0.0528	2019	0.0804	0.0247
2013	0.0606	0.0142	2020	0.0658	0.0139
2014	0.0573	0.0128			

空间计量回归分析结果如表 1 - 14 模型（3）所示，绿色金融对经济绿色转型的影响系数显著为正，估计值为 0.1413，说明绿色金融对本地区经济绿色转型有显著的正向促进作用。绿色金融政策的实施为企业提供绿色转型的信号效应，从而促进本地企业加强绿色低碳发展，促进绿色转型。经济绿色转型的空间滞后项系数显著为正，表明相邻省份经济绿色转型会对本地区产生正向推动作用。这说明不同地区经济绿色转型发展具有效仿作用，一个地区在加快创新和产业转型的同时会带动周边地区实施相似政策。地区之间技术共享、信息流通、资金流动与人才共享等要素市场化水平的提升，可助推不同地区经济绿色转型。

进一步通过偏微分分解法分析空间溢出效应的直接和间接效应，本节将绿色金融对经济绿色转型的空间效应进行分解，结果如表 1 - 16 所示。不论是直接效应还是间接效应，绿色金融对经济绿色转型的影响系数均显著为正。从间接效应来看，绿色金融发展水平的系数估计值为0.2165，说明绿色金融发展同样对周边地区经济绿色转型产生正向推动作用。其原因可能是：第一，绿色金融发展带动了地区之间资本、技术、人力等要素流动，提升了邻近地区间的合作强度，提升了经济绿色转型发展水平；第二，本地区的绿色金融发展不仅促进了企业本身经济绿色转型，同时为产业链上下游企业提供了资金支撑，实现全产业链协同推进和共同发展，通过产业链实现产业集群的绿色发展，实现绿色转型的正向空间溢出效应；第三，绿色金融在促进本地区经济绿色转型的同时，对其他地区的绿色转型产生了示范与辐射效应，其他地区进行效仿，助推绿色转型。在总效应方面，绿色金融发展水平的系数估计值显著为0.3436，是直接效应与间接效应之和，说明绿色金融对总体经济绿色转型有显著的正向促进作用，假设 4 部分成立。

表 1 - 16 空间计量模型的效应分解

效应类别	变量	系数	t 值
直接效应	GF	0.1271***	3.07
间接效应	GF	0.2165*	1.68
总效应	GF	0.3436*	1.72

注：***、*分别表示在 $p < 0.01$、$p < 0.10$ 时有统计学意义。

（三）稳健性检验

（1）内生性分析。为解决遗漏变量和反向因果等原因造成的内生性问题，本节选取绿色金融滞后一期变量作为绿色金融的工具变量（IV）进行 2SLS 回归，结果如表 1 - 17 模型（1）所示。从第一阶段回归结果可以看出，本节选取的工具变量是有效的；第二阶段回归结果显示，绿色金融对经济绿色转型具有促进作用，和上文结果一致。为解决可能存在的自相关性和异方差问题，本节进一步采用系统 GMM 方法，对基准模型进行重新回归，以验证模型检验结果的稳健性。表 1 - 17 模型（2）结果显示，绿色金融对经济绿色转型发展的影响系数仍显著为正，并没有发生明显的变化。

表 1 - 17　稳健性检验结果

变量	模型（1）2SLS		模型（2）GMM	模型（3）EGT	模型（4）W_1	模型（5）W_2
	第一阶段 GF	第二阶段 EGT				
GF		0.4657** (11.36)	0.5346*** (11.02)		0.1162*** (2.95)	0.1913*** (2.58)
did				0.0176*** (2.64)		
IV	0.1113*** (6.04)					
Control	控制	控制	控制	控制	控制	控制
W×GF					1.8434** (2.08)	0.1057*** (9.40)
W×EGT					0.9850*** (3.67)	0.2090** (2.40)
常数项	0.8256*** (28.05)	0.0289 (1.25)	-0.0059 (-0.22)	0.0054 (0.31)	0.1279*** (3.26)	0.1610*** (3.07)
个体固定效应	是	是	是	是	是	是
时间固定效应	是	是	是	是	是	是
N	360	360	360	390	390	390
R^2	0.8587	0.8397	0.8382	0.8409	0.9772	0.9770

注：***、** 分别表示在 $p < 0.01$、$p < 0.05$ 时有统计学意义，括号内为检验 t 值。

（2）更换核心解释变量。本节将绿色金融改革创新试验区作为准自然实验进行双重差分检验，将 2017 年 6 月试点的广东、浙江、江西、贵州和新疆 5 省区作为实验组，其余省作为对照组，因政策发布时间为 2017 年 6 月，将 2018 年及以后 5 省区绿色金融政策变量（did）设置为 1，其余设置为 0。稳健性检验结果如表 1 - 17 模型（3）所示，绿色金融政策实施对经济绿色转型的影响系数仍显著为正，结果稳健。

（3）更换空间权重矩阵。为进一步验证绿色金融对经济绿色转型的空间溢出效应，本节重新选取邻接矩阵（W_1）和距离倒数矩阵（W_2）作为空间权重矩阵，重新进行空间计量模型回归，结果如表 1 - 17 模型（4）和模型（5）所示，结果仍然是稳健的。

（四）异质性分析

为考察不同地区绿色金融对经济绿色转型的影响效应，本节将全国分成东部、中部、西部和东北四大板块进行区域异质性分析，回归结果如表 1 - 18 模型（1）至模型（4）所示。结果显示，绿色金融对四大板块经济绿色转型的影响系数都显著为正，呈现空间差异格局，具体影响效应大小为：东部 > 东北 > 中部 > 西部。东部地区经济发展水平较高，绿色金融发展速度较快，当地企业生态文明建设思想较浓厚，绿色金融发展可直接带动经济绿色转型发展，边际作用显著。西部地区绿色金融对经济绿色转型发展的促进作用最小，西部地区因特殊的地理位置与资源禀赋，传统高耗能、高污染产业占比较高，绿色金融发展对传统产业绿色转型提出了较高要求，抑制了传统产业的粗放式发展，因此对经济绿色转型的影响效应会大大降低。中部和东北地区的绿色金融发展水平对经济绿色转型的影响效应差异不大。中部和东北地区大部分城市是政策洼地，绿色金融的政策效应并不明显，因此影响效应介于东部地区和西部地区之间。中西部地区虽然经济实现快速发展，部分城市 GDP 增速超过东部地区，但因其自身经济发展水平较低，缺乏先进的管理理念和成熟的制度机制，自身绿色产业的"造血能力"不足，产品单一，导致绿色金融对经济绿色转型的促进效应较弱。因此，在发展中西部绿色金融的过程中，应注重丰富绿色金融产品种类，优化区域内部优势资源，充分发挥 PPP 模式的作用，打造自身绿色金融优势，支持实现更快速的经济绿色转型。

绿色金融主要是通过提供资金来促进传统产业转型升级和绿色新兴产业发展，进而推进经济绿色转型，因此绿色金融对经济绿色转型发展的影响效应在不同工业化程度的地区可能存在差异。本节将全国按照第二产业占比高低进行地区异质性分析，2008—2020 年第二产业占比平均值在中位数以上的地区为"二产较高地区"，在中位数以下的地区为"二产较低地区"。具体的回归结果如表 1 - 18 模型（5）和模型（6）所示，绿色金融对经济绿色转型发展的影响系数均在 1% 的水平下显著，但在第二产业占比较低的地区中影响系数更大。原因可能是绿色金融限制高污染、高排放行业贷款，而"双高"行业以第二产业为主，我国"双高"行业占比较高，目前绿色金融发展水平仍然较低，第二产业占比较高的区域因转型需要较长时滞，绿色金融发展限制其经济发展，从而对经济绿色转型的促进作用减弱。假设 6 得到验证。

表 1 - 18　异质性分析结果

变量	模型（1）东部地区	模型（2）中部地区	模型（3）西部地区	模型（4）东北地区	模型（5）二产较低	模型（6）二产较高
GF	0.4471*** (6.43)	0.3003*** (6.92)	0.1273*** (2.81)	0.3386*** (2.77)	0.3034*** (5.23)	0.2275*** (4.92)
urb	0.3350*** (3.85)	0.4650*** (5.91)	0.4687*** (7.51)	0.3599 (1.14)	0.4518*** (5.47)	0.4791*** (6.39)
FDI	0.0393* (1.73)	0.1859*** (3.17)	0.0446* (1.68)	-0.1929* (-2.00)	-0.0459*** (-2.76)	-0.0390* (-1.78)
Fin	-0.4284* (-1.66)	0.3650* (1.83)	0.1919* (1.71)	-1.0327** (-2.35)	-0.1530 (-0.84)	0.0402 (0.28)
Gov	-0.2072* (-1.88)	-0.4361*** (-5.12)	-0.0183 (-0.50)	0.3627*** (3.30)	0.0862 (1.30)	-0.0396 (-0.85)
Envir	4.5431 (0.77)	-7.1143*** (-4.11)	-1.6192 (-1.46)	6.6425 (0.78)	3.7683 (1.13)	0.2880 (0.24)
Tech	1.3592*** (5.84)	-0.2116 (-0.58)	-1.1416 (-0.75)	-0.2491 (-0.46)	-0.5130** (-2.32)	-0.1025 (-0.55)
常数项	-0.0632 (-1.43)	-0.0114 (-0.51)	0.0290* (1.70)	-0.1161 (-0.82)	-0.0662** (-2.20)	-0.0188 (-1.00)
R^2	0.7117	0.9383	0.9142	0.8849	0.8275	0.9071

注：***、** 和 * 分别表示在 $p<0.01$、$p<0.05$ 和 $p<0.10$ 时有统计学意义，括号内为检验 t 值。

（五）中介效应分析

为考察绿色金融对经济绿色转型的中介效应，本节在模型中加入技术创新的中介变量，构建如下中介效应模型：

$$EGT_{it} = \alpha_0 + \alpha_1 GF_{it} + \alpha_2 Control_{it} + \mu_i + \nu_t + \varepsilon_{it} \tag{1-16}$$

$$RD_{it} = \beta_0 + \beta_1 GF_{it} + \beta_2 Control_{it} + \mu_i + \nu_t + \varepsilon_{it} \tag{1-17}$$

$$EGT_{it} = \gamma_0 + \gamma_1 GF_{it} + \gamma_2 RD_{it} + \gamma_3 Control_{it} + \mu_i + \nu_t + \varepsilon_{it} \tag{1-18}$$

其中，RD 表示技术创新的中介变量。β_1 反映绿色金融对中介变量技术创新的影响，γ_1 反映绿色金融对经济绿色转型的直接效应，β_1 与 γ_2 的乘积反映绿色金融通过中介变量促进经济绿色转型的中介效应。

中介效应回归结果如表 1 - 19 模型（2）和模型（3）所示。由模型（2）可知，绿色金融对技术创新的影响系数为 2.1031，绿色金融发展显著提升了研发投入水平；由模型（3）可知，技术创新对经济绿色转型的影响效应为 0.0252。由系数的显著性可知，技术创新在绿色金融影响经济绿色转型发展过程中存在部分中介效应，且中介效应为 0.0530（= 2.1031 × 0.0252），占总效应的比重为 19.93%。绿色金融通过推动企业加大研发投入和技术创新力度，构建产业链条、技术研发平台、人才培养平台和技术贸易平台、创新共同体等方式，互通有无、优势互补，使企业积极开发新技术和绿色环保产品，推动企业向绿色、低碳方向发展，降低能耗水平，促进经济绿色转型。假设 5 得到验证。

表 1 - 19　中介效应回归结果

变量	模型（1） EGT	模型（2） RD	模型（3） EGT
GF	0.2659 *** (7.45)	2.1031 *** (6.25)	0.2129 *** (5.82)
RD			0.0252 *** (4.59)
Control	控制	控制	控制
常数项	- 0.0328 ** (- 2.29)	0.0831 (0.62)	- 0.0349 ** (- 2.51)
个体固定效应	是	是	是
时间固定效应	是	是	是
N	390	390	390
R²	0.8647	0.6362	0.8724

注：***、** 分别表示在 $p < 0.01$、$p < 0.05$ 时有统计学意义，括号内为检验 t 值。模型（1）为基准模型回归结果。

（六）门槛回归结果分析

借鉴 Hansen（1999）的研究方法，本节以绿色金融发展水平为门槛变量，首先对面板门槛的存在性进行检验，采用 Bootstrap 自助法，反复抽样 300 次以后，结果显示，绿色金融发展水平仅显著通过了单一门槛检验，未通过多重门槛检验。单门槛回归结果如表 1 - 20 所示，随着绿色金融发展水平的提升，绿色金融对经济绿色转型发展具有显著的正向影响，且呈现边际效应递增的非线性特征。绿色金融门槛值为 0.5636，当绿色金融发展水平小于等于 0.5636 时，绿色金融对经济绿色转型发展的影响系数为 0.1721；当绿色金融发展水平高于 0.5636 时，影响系数为 0.2490，弹性系数变大。这说明绿色金融发展水平的提升在一定程度上增强了对经济绿色转型的影响效应。原因可能是：绿色金融支持节能环保项目和环境治理工程，前期为购置新设备或研发新技术，用于节能减排和治理污染领域以适应绿色转型要求的资金投入量较高。当绿色金融发展水平较低时，企业面临资金不足问题，加重企业负担，从而影响到产业转型。同时，企业融资成本的增加会阻碍企业产品研发和创新，因此企业绿色转型动力不足，对经济绿色转型的促进作用较小。随着绿色金融发展水平的提升，绿色金融规模逐渐扩大，推动更多企业加快创新步伐和提升研发投入水平，优先使用绿色技术开发和生产绿色产品，产生了"创新补偿效应"，对经济绿色转型的促进作用逐步加大。假设 5 部分成立。

表 1-20　门槛回归结果

变量	EGT
门槛变量	GF
门槛值 z	0.5636
$GF_{it} \times I(GF_{it} \le z)$	0.1721 *** (4.06)
$GF_{it} \times I(GF_{it} > z)$	0.2490 *** (7.07)
Control	控制
常数项	-0.0295 ** (-2.10)
N	390
个体固定效应	是
时间固定效应	是
R^2	0.8703

注：*** 、** 分别表示在 $p < 0.01$、$p < 0.05$ 时有统计学意义，括号内为检验 t 值。

第五节 数字化赋能影响经济绿色
转型的实证研究

党的二十大报告提出，打造具有竞争力的数字产业集群。《数字中国建设整体布局规划》提出，要加快数字化绿色化协同转型。随着互联网、云计算、物联网等数字技术和移动支付、电子商务、共享经济等一批新业态的广泛应用，数字化成为助推经济高质量发展的新动能。通过产业数字化，推动数字技术在经济绿色转型发展中实现应用。企业作为市场化过程中的重要主体，在推进市场化进程中，实现企业绿色发展是经济绿色转型发展的核心，数字化是实现企业绿色转型的重要推动力。因此，数字化赋能区域经济绿色转型是新时期建设全国统一大市场和实现建设美丽中国目标的根本要求。

一 研究方法

（一）基准回归模型

为考察数字化水平对经济绿色转型的直接影响，本节设定如下基准模型：

$$EGT_{it} = \alpha_0 + \alpha_1 Dige_{it} + \alpha_2 Control_{it} + \mu_i + \nu_t + \varepsilon_{it} \tag{1-19}$$

其中，EGT 为经济绿色转型发展水平，$Dige$ 为数字化水平，$Control$ 为一系列控制变量，相关变量说明见上文。μ_i 和 ν_t 分别表示地区和时间效应，ε_{it} 为随机干扰项。

（二）空间计量模型

因数据、技术等市场要素的自由流动机制，数字化往往是全空间域、普遍联系的，不能孤立地看待某一地区的数字化水平。不同地区的数字化水平通常存在空间效应，故本节建立空间杜宾模型如下：

$$EGT_{it} = \beta_0 + \delta W \times EGT_{it} + \beta_1 Dige_{it} + \beta_2 W \times Dige_{it} + \sum_{i=1}^{k} X_{it}\gamma_i + WX\theta + \mu_{it}$$

$$\tag{1-20}$$

其中，EGT 和 $Dige$ 变量含义同上，δ 表示当地经济绿色转型发展水平对邻近地区经济绿色转型发展水平的影响。X 为控制变量矩阵，W 为空间权重矩阵，使用全国 282 个地级及以上城市的地理距离作为权重。其余变量含义见上文。

二 变量说明与数据来源

(一) 变量说明

(1) 被解释变量。经济绿色转型发展水平（EGT），利用上文建立的评价指标体系测算 282 个地级及以上城市的经济绿色转型发展水平来衡量。

(2) 核心解释变量：数字化水平（$Dige$）。因数字产业化和产业数字化是数字化发展的核心和主要部分，参考赵涛等（2020）的研究，本节从数字基础设施、数字产业化、产业数字化三个维度建立指标体系，采取组合赋权法确定权重，进而测算城市数字化水平，具体指标如表 1－21 所示。

表 1－21   数字化水平评价指标体系

一级指标	二级指标	属性
数字基础设施	每百人移动电话用户数	+
	每百人互联网宽带接入用户数	+
数字产业化	信息传输、计算机服务和软件业从业人员占比	+
	人均电信业务收入	+
产业数字化	数字普惠金融指数（服务业数字化）	+

(3) 中介变量。① 绿色技术创新水平（Gp）：采用绿色实用新型专利申请量和绿色发明专利申请量两项之和取对数来衡量。② 能源消费结构（Ene）：基于城市数据可得性，采用各地区煤炭消费量占 GDP 的比重来表示。

(4) 控制变量。参考相关文献，本节选取以下控制变量：① 经济发展水平（$pgdp$），以人均 GDP 取对数来衡量；② 工资水平（$wage$），以职工平均工资取对数来衡量；③ 人口规模（POP），以城市人口密度来衡量；④ 政府支出强度（Gov），用地方财政支出占 GDP 比重来表示；

⑤产业结构（*Ind*），以第二产业增加值占 GDP 比重来衡量；⑥外商投资水平（*FDI*），用实际利用外商直接投资总额取对数来表示；⑦基础设施发展水平（*Infra*），以人均道路面积来衡量。所有价格数据均以 2008年为基期进行平滑处理。

（二）数据来源及处理

本节以全国 282 个地级及以上城市 2011—2020 年面板数据为样本进行分析，相关数据主要来源于《中国工业统计年鉴》、《中国城市统计年鉴》、《中国统计年鉴》、相关城市统计年鉴、中国研究数据服务平台（CNRDS）等。数字普惠金融指数用北京大学数字金融研究中心和蚂蚁金服集团共同编制的中国数字普惠金融指数来表示。缺失数据采用插值法进行补齐。相关变量的描述性统计如表 1 – 22 所示。

表 1 – 22　相关变量描述性统计

变量	均值	标准差	最小值	最大值	极差
EGT	0.6163	0.0008	0.4749	0.7648	0.2899
Dige	0.1366	0.0043	0.0104	0.5406	0.5302
pgdp	10.7235	0.3290	8.7729	13.0557	4.2828
wage	10.9118	0.1112	8.5088	12.1283	3.6195
POP	0.0441	0.0012	0.0005	0.2927	0.2922
Gov	0.2033	0.0107	0.0439	0.9155	0.8716
Ind	0.4609	0.0118	0.1170	0.8934	0.7764
FDI	0.0167	0.0003	0.0000	0.1978	0.1978
Infra	2.7839	0.1847	0.3148	4.0955	3.7807
Gp	5.1881	2.7989	0.0000	10.4536	10.4536
Ene	0.0921	0.2921	0.0041	6.2571	6.2530

三　实证结果及分析

（一）基准回归结果分析

本节采用似然比和 Hausman 检验进行模型选择比较，结果显示，应采用固定效应模型进行估计，结果如表 1 – 23 所示。模型（1）和模型（2）为加入控制变量前后数字化水平对经济绿色转型的线性影响，加入控制变量后，数字化水平对经济绿色转型发展的影响系数为 0.0182，数字化水平的提升可以显著促进经济绿色转型发展。数字化利用人工智能、移动互联网等技术加快数据等要素的流动，为构建全国统一大市场提供技术支撑，完善市场运行机制，提升全要素生产率，推动劳动密集型等传统高耗能产业向技术密集型等新兴产业转化，从而提升绿色转型发展水平。企业通过数字化转型，在提高产能的同时会增强绿色发展意识，促进产业转型升级，提升经济绿色转型发展水平。假设 7 得到部分验证。

从模型（2）控制变量的回归结果来看，经济发展水平和工资水平对经济绿色转型发展的影响系数显著为正，随着经济发展水平和工资水平的提升，人们生活水平逐步提升，全社会绿色转型氛围浓厚，助推经济绿色转型发展。人口密度对经济绿色转型的影响系数显著为正，人口增加意味着人力资本水平的提升，可为经济发展提供人才支持，从而提升技术水平，进而促进经济绿色转型发展。政府支出强度的影响系数显著为正，政府资金支持可加大绿色创新研发投入，进而促进绿色转型。第二产业占比对经济绿色转型发展的影响系数显著为负，说明第二产业仍以高污染、高耗能产业为主，第二产业占比增加不利于经济绿色转型发展，因此有序发展第三产业是未来提升经济绿色转型发展水平的有效措施。外商直接投资对经济绿色转型发展的影响系数为 0.0413，且在 5% 的水平下显著。其影响机制为，通过外商投资的"示范效应"与本国的"学习效应"提升企业绿色绩效，从而促进经济绿色转型发展。基础设施发展水平对经济绿色转型发展的影响系数显著为正，说明基础设施为区域经济绿色发展提供了良好的环境。

表 1 - 23   数字化赋能对经济绿色转型的直接影响效应

变量	模型（1） EGT	模型（2） EGT	模型（3） EGT	模型（4） EGT
Dige	0.2946*** (64.64)	0.0182** (2.35)	0.0183* (1.91)	0.0255*** (2.99)
pgdp		0.0226*** (18.14)		0.0201*** (14.33)
wage		0.0214*** (15.17)		0.0119*** (7.06)

续表

变量	模型（1） EGT	模型（2） EGT	模型（3） EGT	模型（4） EGT
POP		0.0583*** (2.62)		0.3087*** (7.57)
Gov		0.0170*** (3.08)		0.0061 (1.06)
Ind		-0.0715*** (-16.31)		-0.0556*** (-11.51)
FDI		0.0413** (2.41)		0.0568*** (3.53)
Infra		0.0029*** (3.47)		0.0038*** (4.64)
W×Dige			0.0944* (1.71)	0.7640* (1.76)
W×EGT			0.9430*** (84.31)	1.2621*** (5.50)
个体固定效应	是	是	是	是
时间固定效应	是	是	是	是
常数项	0.5759*** (464.11)	0.1560*** (11.14)	0.0284 (0.32)	0.1467* (1.75)
N	2820	2820	2820	2820
R²	0.6152	0.7636	0.7229	0.9246

注：***、** 和 * 分别表示在 $p < 0.01$、$p < 0.05$ 和 $p < 0.10$ 时有统计学意义，括号内为检验 t 值。

（二）空间溢出效应分析

我国目前不同城市的地理区位不同，其物质条件、绿色生产生活环境、资源禀赋、生态资源、环境绩效都存在差异，这不仅影响其自身的经济绿色转型发展水平，还会影响到其他领域的经济绿色转型发展水平。因此本节对数字化与经济绿色转型发展水平的空间自相关性进行度量。同上文，本节利用 Moran's I 进行空间相关性检验，利用 Matlab 计算经济绿色转型发展水平和数字化水平的空间 Moran's I 指数，结果如表 1 – 24 所示。从中可以看出，各年份经济绿色转型发展水平与数字化水平均具有显著的空间相关性，且伴随概率均≤0.01，通过了 1% 的显著性检验，表明两者在空间分布上具有集聚性质。

表 1 – 24   因变量和核心解释变量的空间 Moran'I 指数

年份	EGT	Dige	年份	EGT	Dige
2011	0.0358	0.0194	2016	0.0208	0.0786
2012	0.0317	0.0975	2017	0.0253	0.0860
2013	0.0251	0.0849	2018	0.0249	0.0863
2014	0.0191	0.0870	2019	0.0250	0.0690
2015	0.0228	0.0844	2020	0.0288	0.0610

空间杜宾模型回归结果如表 1 – 23 模型 （3） 与模型 （4） 所示，不论是否加入控制变量，数字化对经济绿色转型发展的影响系数均显著为正，同样具有正向的空间溢出效应。由模型 （4） 可知，本地数字化发展对周边地区经济绿色转型的影响系数显著为 0.7640，说明数字化可推动周边城市的经济绿色转型。数字化水平提升对经济发展产生较强的规模集聚效应和扩散效应，加速要素市场的流动，优化本地和周边城市的市场化配置，从而推动周边城市经济绿色转型。周边城市的经济绿色转型对本地区经济绿色转型发展的影响系数为 1.2621，具有显著的正向影响，表明相邻城市经济绿色转型会对本地区产生正向推动作用。这说明不同地区经济绿色转型发展具有效仿作用，一个地区在加快创新和产业绿色转型的同时会带动周边地区实施相似政策，地区之间绿色要素的流动推动经济绿色转型发展。

进一步，本节通过偏微分法分析空间溢出效应中的直接效应和间接效应。直接效应分析能够反映数字化对本地区经济绿色转型的影响效果，间接效应分析能够反映数字化对其他地区经济绿色转型的影响效果。因此，间接效应分析结果可以对数字化水平对经济绿色转型影响的空间溢出效应进行解释。将数字化对经济绿色转型影响的空间效应进行分解，结果如表 1 – 25 所示。数字化对经济绿色转型的直接效应、间接效应和总效应分别为 0.0232、0.3386 和 0.3618，且均是显著的。这说明数字化不仅能促进本地区经济绿色转型发展，数字化水平的提升还具有空间扩散作用，对周边城市经济绿色转型发展亦具有显著的促进作用。原因可能是数字化水平的提升会对周边地区产生效仿作用，周边地区政府会产生攀比效应，通过行政手段或加大财政投入来推动其经济绿色转型发展。

假设 7 得到部分验证。

表 1 – 25 空间计量模型的效应分解

效应类别	变量	系数	t 值
直接效应	*Dige*	0.0232***	2.77
间接效应	*Dige*	0.3386*	1.73
总效应	*Dige*	0.3618*	1.85

注：***、* 分别表示在 $p < 0.01$、$p < 0.10$ 时有统计学意义。

（三）稳健性检验

（1）改变空间权重矩阵。为进一步验证数字化水平对经济绿色转型发展的空间效应，本节构建经济地理空间权重矩阵（W_1）和人均 GDP 差值倒数空间权重矩阵（W_2）替代前文的地理距离空间权重矩阵。其中，经济地理空间权重矩阵 W_1 的非对角线元素为各城市间地理距离倒数与该城市人均 GDP 占 282 个地级及以上城市人均 GDP 比重的乘积，对角线元素为 0；人均 GDP 差值倒数空间权重矩阵 W_2 的非对角线元素为两个城市人均 GDP 差值的倒数。回归结果如表 1 – 26 模型（1）和模型（2）所示，从中可以发现系数符号和显著性并没有发生明显变化。

（2）分阶段回归法。2015 年 7 月，《国务院关于积极推进"互联网 +"行动的指导意见》的发布意味着数字经济的发展上升到国家战略高度，从 2016 年开始规模快速扩大。基于此，本节将样本按时间划分为 2011—2015 年和 2016—2020 年，得出如表 1 – 26 模型（3）和模型（4）所示的分样本回归结果。从中可以看出，在 2011—2015 年数字化发展对经济绿色转型具有负向抑制作用，原因可能是 2015 年之前，国家对数字化发展不够重视，且生态文明思想意识较为薄弱，国家提升数字化水平的主要目的是提高产能，通过技术创新实现生产规模的扩大，并不是主要用于绿色转型，企业在扩大产能的同时也增加了污染物排放，因此不利于经济绿色转型发展。2016—2020 年，数字化可显著提升经济绿色转型发展水平，且回归系数相比基准回归明显变大，说明随着"互联网 +"发展水平的提升，数字化水平提升、生态文明思想意识逐渐增强，企业在加快数字化转型、扩大产能的同时注重绿色发展，从而推动经济绿色转型发展。

　　（3）剔除直辖市和省会城市重新进行回归，结果如表 1 - 26 模型
（5）所示。从中可以看出，数字化对经济绿色转型的影响系数仍然显著
为正，进一步验证了结论的稳健性。

表 1 - 26　稳健性检验结果

变量	模型（1）W_1	模型（2）W_2	模型（3）2011—2015 年	模型（4）2016—2020 年	模型（5）
Dige	0.0306*** (3.40)	0.0177** (2.11)	-0.0210* (-1.91)	0.0490*** (3.96)	0.0150*** (2.97)
$W \times Dige$	0.0026*** (7.34)	0.0221* (1.80)			
$W \times EGT$	1.0000*** (5.51)	0.8000** (2.18)			
Control	控制	控制	控制	控制	控制
常数项	-0.1539 (-0.53)	-0.4559*** (-4.37)	0.3024*** (14.16)	0.0077 (0.31)	-0.2769* (-1.86)
N	2820	2820	1410	1410	2520
个体固定效应	是	是	是	是	是
时间固定效应	是	是	是	是	是
R^2	0.6970	0.7365	0.4263	0.6064	0.7236

　　注：***、** 和 * 分别表示在 $p < 0.01$、$p < 0.05$ 和 $p < 0.10$ 时有统计学意义，括号内为
检验 t 值。

　　（4）内生性讨论。在数字化影响经济绿色转型时，经济绿色转型发
展水平的提升和绿色转型需求的增加，倒逼企业进行数字化转型，从而
反向影响数字化水平。如果数字化与经济绿色转型存在双向因果关系，
可能会引发估计偏误或非一致性。因此，本部分采用如下两种方法。一
是为缓解经济发展水平较高的城市在数字化的应用上存在的"先发优
势"，参考赵涛等（2020）的方法，设定城市固定效应、城市与年份交
互效应，以排除数字化技术应用带来的宏观系统环境的变化。回归结果
如表 1 - 27 模型（1）所示，数字化对经济绿色转型的估计系数仍然显著
为正，没有发生较大变化，说明估计结果基本稳健。二是利用工具变量法
解决内生性问题，采用数字化水平的滞后一项作为工具变量（*IV*），利用
两阶段最小二乘法（2SLS）进行估计。回归结果如表 1 - 27 模型（2）所

示，第一阶段的回归结果表明，该工具变量是一个有效工具变量；第二阶段回归结果表明，数字化对经济绿色转型仍具有显著促进作用，说明考虑内生性后结论仍是稳健的。

表1-27　内生性检验结果

变量	模型（1）排除宏观因素		模型（2）2SLS	
			第一阶段 Dige	第二阶段 EGT
Dige	0.0330*** (3.94)	0.0393*** (4.14)		0.0263** (2.02)
IV			0.8767*** (36.94)	
Control	控制	控制	控制	控制
常数项	0.1533*** (9.77)	0.0554*** (2.59)	-0.0396 (-1.13)	0.0708*** (2.84)
城市固定效应	是	是	否	否
城市×年份	否	是	否	否
N	2820	2820	2538	2538
R²	0.9249	0.6578	0.9312	0.6309

注：***、**分别表示在 $p<0.01$、$p<0.05$ 时有统计学意义，括号内为检验 t 值。

（四）异质性分析

为更细致地考察数字化水平对不同区域经济绿色转型发展的影响，本部分将全国282个地级及以上城市分成东部、中部、西部和东北地区四大板块进行异质性分析，结果如表1-28所示。东部和中部地区数字化对经济绿色转型的影响系数均显著为正，分别为0.0221和0.0364，说明中部地区数字化水平提升对经济绿色转型的影响效应最大，实施数字化发展战略有助于推动经济绿色转型。中部地区产业价值链大部分处于中低端水平，产业高端化、智能化水平较低，此时提高数字化水平会对经济绿色发展产生明显的带动作用，企业生产效率和能源效率会显著提升，绿色红利效应明显，降低污染排放，促进经济绿色转型。东部地区数字化发展水平较高，数字化对经济绿色转型的红利效应呈现减弱的态势，且东部地区以战略性新兴产业为主，本身绿色化水平较高，促进作用因而减弱。西部地区数字化对经济绿色转型的影响效应不显著，原因可能是西部地区较多城市是资源富集地区，数字化水平提升的同时产业能源需求上升，能源开采量大幅增加，能源消耗增加，因此在提升产业绿色发展效率的同时引致能源需求增加，两者对经济绿色转型产生对立影响，从而影响效应不显著。东北地区数字化水平提升对经济绿色转型发展的影响效应呈现先下降后上升的"U"形趋势，当数字化水平较低时，数字化发展不利于经济绿色转型，随着数字化水平的提升，其对经济绿色转型的促进作用逐渐显现。原因可能是东北地区目前产业结构较落后，经济效益较差。当数字化水平较低时，东北地区企业在推进智能化的过程中努力扩大产能，提升自身生产力，绿色转型意识较差，在提高生产力的过程中增加能源消耗和污染物排放，因此不利于经济绿色转型。当数字化水平逐渐提升时，东北地区企业在扩大产能的同时逐步增强生态文明和环境保护意识，注重环境保护，减少生产过程中的能耗和污染，从而推动经济绿色转型发展。假设9得到验证。

表1-28　地区异质性分析结果

变量	模型（1）东部地区	模型（2）中部地区	模型（3）西部地区	模型（4）东北地区	模型（5）东北地区
$Dige$	0.0221* （1.68）	0.0364*** （2.77）	0.0260 （1.62）	-0.0292 （-1.17）	-0.2975*** （-4.09）
$Dige^2$					0.7149*** （4.01）
$pgdp$	0.0152*** （6.88）	0.0195*** （7.29）	0.0284*** （11.01）	0.0199*** （4.42）	0.0177*** （3.31）
$wage$	0.0262*** （8.30）	0.0204*** （6.83）	0.0127*** （5.48）	0.0233*** （4.98）	0.0333*** （5.95）
POP	0.3891*** （8.52）	-0.4145*** （-11.70）	0.5336* （1.91）	0.0177 （0.12）	-1.4856* （-1.84）
Gov	-0.0097 （-0.65）	-0.0250* （-1.66）	0.0010 （0.10）	0.0531*** （4.42）	0.0646*** （4.61）
Ind	-0.1007*** （-8.46）	-0.1080*** （-13.43）	-0.0546*** （-7.15）	-0.0397*** （-2.88）	-0.0309* （-1.87）

续表

变量	模型（1）东部地区	模型（2）中部地区	模型（3）西部地区	模型（4）东北地区	模型（5）东北地区
FDI	0.0526 （1.60）	0.0171 （0.56）	0.0440 （0.66）	0.0238 （0.75）	0.0133 （0.43）
Infra	−0.0036** （−2.14）	0.0046*** （3.15）	0.0084*** （5.57）	−0.0014 （−0.52）	−0.0015 （−0.53）
常数项	0.2020*** （6.55）	0.2239*** （9.48）	0.1606*** （6.05）	0.1539*** （3.29）	0.1145* （1.76）
个体固定效应	是	是	是	是	是
时间固定效应	是	是	是	是	是
N	860	800	830	330	330
R^2	0.8051	0.8705	0.7418	0.5636	0.5961

注：***、**和*分别表示在 $p < 0.01$、$p < 0.05$ 和 $p < 0.10$ 时有统计学意义，括号内为检验 t 值。

（五）中介效应分析

为研究数字化水平对经济绿色转型的具体影响机制，本部分选取绿色技术创新和能源消费结构两种影响机制进行中介效应分析，构建如下中介效应模型：

$$EGT_{it} = \alpha_0 + \alpha_1 Dige_{it} + \alpha_2 Control_{it} + \mu_i + \nu_t + \varepsilon_{it} \quad (1-21)$$

$$Med_{it} = \beta_0 + \beta_1 Dige_{it} + \beta_2 Control_{it} + \mu_i + \nu_t + \varepsilon_{it} \quad (1-22)$$

$$EGT_{it} = \gamma_0 + \gamma_1 Dige_{it} + \gamma_2 Med_{it} + \gamma_3 Control_{it} + \mu_i + \nu_t + \varepsilon_{it} \quad (1-23)$$

其中，Med 为中介变量，主要包括绿色技术创新水平（Gp）和能源消费结构（Ene）。β_1 反映数字化水平对中介变量的影响，γ_1 反映数字化水平提升对经济绿色转型的直接效应，β_1 与 γ_2 的乘积反映数字化通过中介变量促进经济绿色转型的中介效应。

（1）表 1−29 模型（2）、模型（3）显示了数字化通过推进绿色技术创新影响经济绿色转型的中介效应结果。由模型（2）可知，数字化对绿色技术创新的影响效应为 4.0391，数字化水平提升可显著促进绿色技术创新。由模型（3）可知，绿色技术创新对经济绿色转型的影响系数显著为 0.0072。由系数的显著性可知，绿色技术创新存在部分中介效应。数字化发展通过技术支持鼓励企业进行创新，推动传统产业转型升级，支持发展节能环保、清洁生产、清洁能源等绿色产业，推动绿色创新。数字化水平提升通过推动企业绿色技术创新，使企业革新技术、改进工艺，扩大环保产业发展规模，降低能源消耗，减少碳排放，促进经济绿色转型。

（2）表1-29模型（4）、模型（5）显示了数字化通过改变能源消费结构影响经济绿色转型的中介效应结果。由能源消费结构的中介效应可知，数字化发展可显著改善能源消费结构，但影响系数仅为-0.0013，说明提升作用有限。原因是我国能源消费结构仍以传统的煤炭为主，能源转型技术水平要求较高，目前数字化水平较低，提升数字化水平对能源结构优化的意义较小。能源结构优化可显著提升经济绿色转型发展水平是毋庸置疑的。数字化通过优化能源消费结构来推进经济绿色转型的中介效应较低，说明我国目前数字化水平还较低，仅依赖数字化发展来优化能源消费结构难度较大，未来要加快绿色技术研发，提高非化石能源比重，推动技术攻关，优化能源消费结构。假设8成立。

表1-29 中介效应回归结果

变量	模型（1）EGT	模型（2）Gp	模型（3）EGT	模型（4）Ene	模型（5）EGT
Dige	0.0182** (2.35)	4.0391*** (9.49)	0.0229*** (2.85)	-0.0013*** (-3.57)	0.0206*** (2.63)
Gp			0.0072* (1.88)		
Ene					-1.7266*** (-4.06)
Control	控制	控制	控制	控制	控制
常数项	0.1560*** (11.14)	-12.4750*** (-16.07)	0.1624*** (10.72)	0.4278** (2.22)	0.1589*** (11.33)
个体固定效应	是	是	是	是	是
时间固定效应	是	是	是	是	是
N	2820	2820	2820	2820	2820
R^2	0.7636	0.6220	0.7704	0.0207	0.7633

注：***、**和*分别表示在$p < 0.01$、$p < 0.05$和$p < 0.10$时有统计学意义，括号内为检验t值。模型（1）为基准回归结果。

第六节　研究结论与政策启示

一　研究结论

在人与自然和谐共生的现代化背景下，经济绿色转型发展是实现区域经济高质量发展的核心动力与现实要求，要加快发展方式绿色转型。本章分别以全国30个省区市（不包括港澳台和西藏）和282个地级及以上城市为研究对象，研究绿色财政政策、绿色金融、数字化赋能对经济绿色转型的影响。主要结论如下。

（1）政府实施不同的绿色财政政策对经济绿色转型发展的影响效应存在较大差异。政府财政环保支出对经济绿色转型发展具有显著提升作用。政府环境污染治理投资对经济绿色转型发展呈现不显著的负向影响，但存在门槛效应，当经济发展水平小于等于门槛值7.6267时，政府环境污染治理投资对经济绿色转型发展的影响系数显著为负。随着经济发展水平的提升，政府环境污染治理投资对经济绿色转型发展的影响从负向逐步转为正向。环境税收政策对经济绿色转型发展具有显著的抑制作用，形成了"绿色悖论"。不同地区绿色财政政策对经济绿色转型的影响效应存在区域异质性。不同绿色财政政策通过产业升级效应和技术创新效应对经济绿色转型发展所产生的效应存在差异。

（2）绿色金融对经济绿色转型具有正向促进作用和正向空间溢出效应。区域异质性分析显示，绿色金融对四大板块经济绿色转型发展的影响系数均显著为正，影响效应大小为：东部＞东北＞中部＞西部。绿色金融对经济绿色转型发展的影响效应在第二产业占比较低的地区较大。中介效应分析显示，绿色金融通过推动企业加大研发投入和技术创新，使企业向绿色、低碳方向发展，促进经济绿色转型发展。门槛回归结果显示，随着绿色金融发展水平的提升，绿色金融对经济绿色转型具有显著的正向影响，且呈现边际效应递增的非线性特征。

（3）数字化水平提升对经济绿色转型发展具有正向促进作用和正向空间溢出效应。数字化发展不仅对本地经济绿色转型具有正向空间溢出效应，同样可推动周边城市的经济绿色转型。区域异质性分析显示，东部和中部地区数字化对经济绿色转型发展具有促进作用，西部地区数字化对经济绿色转型发展的影响效应不显著，东北地区数字化对经济绿色转型发展的影响效应呈现先下降后上升的"U"形趋势。数字化可通过推动绿色技术创新和优化能源消费结构来促进经济绿色转型发展。

二　政策启示

第一，因地制宜合理完善绿色财政政策。单一的财政政策对经济绿色转型的影响效应表现出一定的差异性，但合理、适宜的财政政策可有效推动经济绿色转型。政府可通过采取补偿转型成本、环境保护立法等措施健全重污染企业退出机制，通过适度提高电价、实施惩罚性水价、停止新增信贷、收回已发放贷款等方式倒逼重污染企业退出或通过环保创新降低污染排放，实现经济绿色转型。政府可申请中央财政奖励资金、主要污染物减排专项资金、环境保护专项资金等财政补贴来淘汰落后产能，以享受税收、土地、信贷、财政补贴等政策优惠，加快绿色技术创新。加大财政绿色支出，引导资金投向新能源、城市交通、绿色建筑等领域，落实环保、节能、节水、资源综合利用等税收优惠政策。运用绿色财政政策激励绿色产品生产与消费。借鉴PPP模式，设置环保专项基金，优化绿色财政政策组合，通过对绿色技术创新体系的研发补贴和生产者绿色价格补贴之间的合理配置，实现经济增长和环境治理的协调发展。依据地区差异化，实施差异化绿色财政政策，避免政策"一刀切"。对于经济发展水平较高、生态绿色转型发展水平较低的地区，如上海、南京、广州等城市，应实施较严格的绿色财政政策，倒逼企业通过绿色技术创新进行绿色转型，实现经济与环境协调发展。加大环境污染治理投资，合理采用绿色财政政策使投入资金得到高效利用。加快推进源头污染治理，从根本上解决企业生产污染排放问题，实现绿色生产。对于经济发展水平较低、生态绿色转型发展水平较高的地区，如丽江、丽水、普洱等城市，其创新水平较低，且较多地区属于重点生态功能区，此类地区政府要以实现"绿水青山就是金山银山"为目标，优化完善绿色财政政策，因此要积极构建生态产业或绿色产业体系，积极申报生态产品价值实现机制试点，促进经济绿色转型。

第二，加快优化完善绿色金融政策体系。绿色金融政策要积极配合绿色产业政策、服务于节能环保政策，建立适当的激励和约束机制来解决项目的环境外部性问题，共同促进经济"绿色化"。围绕"绿色"，以"创新"为基底，在"新政策、新思想、新业态、新中介、新平台、新支撑"六新模式下发展绿色金融来支持经济绿色转型。开发多元化绿色金融产品，调动生态融资积极性。实现绿色信贷向清洁能源（核电、水电、太阳能和光伏发电）项目进行倾斜，推出绿色信用卡、绿色消费贷、绿色汽车贷、绿色建筑按揭贷款等新型绿色信贷产品。建立绿色股票指数，发展绿色资产证券化和绿色债券，引导绿色相关企业到资本市场融资。鼓励保险机构开发创新绿色保险产品，利用区块链、大数据等技术，在绿色新产品供给、保险覆盖广度和深度、风险数据测度与优化、绿色创新支持机制等方面持续发力。开发气候投融资产品，增强碳市场服务实体经济的能力。有序推广绿色金融改革创新试验区试点示范，把生态补偿与生态产品价值实现机制作为重要推广内容进行先行先试，并在全国范围内推广。设立专门的政策性绿色金融机构，发展政府与社会资本合作的绿色发展基金，实施向绿色金融发展水平较低的地区进行倾斜的资金支持政策。

第三，加快推动数字化转型。积极发挥数字化在建设全国统一大市场中的关键作用，加快培育数据和技术要素市场，以数字化助推经济绿色转型。积极推动城市数字化、智能化转型，推动工业化、信息化和绿色化协同发展。加快城市基础设施建设，推进城市环境信息数据平台的构建，以数字化带动经济绿色转型发展。加快5G通信、数据中心等新型基础设施建设，深化数字技术在经济绿色转型中的引领作用。实现信息化与绿色化深度融合，贯通生产、分配、流通、消费等环节，积极引导数字技术与传统产业融合发展，将数据要素应用到企业绿色生产与开发的核心环节，促进数据与绿色要素市场流通，实现各环节、各技术互联互通的无障碍的新业态和新模式。因"企"制宜推进数字化转型，以数字化促进提质、增效、降本、降耗等绿色发展。引导企业利用大数据采集生产和管理流程中的关键数据，开展全要素"智能化 + 绿色化"改造。鼓励企业间建立技术研发创新平台、绿色技术创新平台，开展绿色、低碳、节能、环保等技术攻关。企业可加快构建安全、高效、灵活的工业互联网设施和平台。鼓励和引导高校、科研机构与企业开展多方位产业数字化转型技术合作，深度挖掘专精特新、科技型企业和垄断性龙头企业等的数字化与绿色技术的创新和协同发展潜力。应用大数据、人工智能、云计算、区块链、物联网等数字技术推动经济绿色转型发展，加快智能制造与绿色制造试点示范。推动数字技术应用于"绿色化"过程，合力推动经济绿色转型。

参考文献

庇古：《福利经济学》，商务印书馆，2006。

陈诗一、程时雄：《雾霾污染与城市经济绿色转型评估：2004～2016》，《复旦学报》（社会科学版）2018 年第 6 期。

戴翔、杨双至：《数字赋能、数字投入来源与制造业绿色化转型》，《中国工业经济》2022 年第 9 期。

邓峰、任转转：《信息网络、高技术产业集聚与工业绿色转型》，《经济经纬》2021 年第 3 期。

邓荣荣、张翱祥：《中国城市数字经济发展对环境污染的影响及机理研究》，《南方经济》2022 年第 2 期。

董晓红、富勇：《绿色金融和绿色经济耦合发展空间动态演变分析》，《工业技术经济》2018 年第 12 期。

冯严超、王晓红：《环境规制对中国绿色经济绩效的影响研究》，《工业技术经济》2018 年第 11 期。

付伟、罗明灿：《山地林业资源优化利用研究》，《中国人口·资源与环境》2016 年第 S1 期。

付瑶、何维达：《国家高新区对城市绿色转型的影响——基于资源型城市与非资源型城市的对比》，《南京财经大学学报》2021 年第 2 期。

干春晖、郑若谷、余典范：《中国产业结构变迁对经济增长和波动的影响》，《经济研究》2011 年第 5 期。

郭希宇：《绿色金融助推低碳经济转型的影响机制与实证检验》，《南方金融》2022 年第 1 期。

何爱平、安梦天：《地方政府竞争、环境规制与绿色发展效率》，《中国人口·资源与环境》2019 年第 3 期。

何维达、温家隆、张满银：《数字经济发展对中国绿色生态效率的影响研究——基于双向固定效应模型》，《经济问题》2022 年第 1 期。

何小钢、王自力:《能源偏向型技术进步与绿色增长转型——基于中国 33 个行业的实证考察》,《中国工业经济》2015 年第 2 期。

胡安军、钟方雷:《环境规制、企业家精神与区域经济绿色转型升级》,《统计与决策》2022 年第 22 期。

黄海峰:《中国绿色转型之路》,南京大学出版社,2016。

黄建欢:《区域异质性、生态效率与绿色发展》,中国社会科学出版社,2016。

黄小勇、查育新:《中国环境政策创新对城市绿色竞争力的影响研究》,《中国软科学》2022 年第 8 期。

雷玉桃、孙菁靖:《节能消费激励政策能否引领制造企业绿色转型?》,《产业经济研究》2021 年第 3 期。

李斌、彭星、欧阳铭珂:《环境规制、绿色全要素生产率与中国工业发展方式转变——基于 36 个工业行业数据的实证研究》,《中国工业经济》2013 年第 4 期。

李国平、李潇:《国家重点生态功能区的生态补偿标准、支付额度与调整目标》,《西安交通大学学报》(社会科学版)2017 年第 2 期。

李青原、肖泽华:《异质性环境规制工具与企业绿色创新激励——来自上市企业绿色专利的证据》,《经济研究》2020 年第 9 期。

林永佳、杨畅、蔡幸:《企业数字化转型与绿色创新能力升级——基于网络效应的分析》,《现代财经(天津财经大学学报)》2023 年第 2 期。

刘纯彬、张晨:《资源型城市绿色转型内涵的理论探讨》,《中国人口·资源与环境》2009 年第 5 期。

刘艳霞:《数字经济赋能企业高质量发展——基于企业全要素生产率的经验证据》,《改革》2022 年第 9 期。

马双、海骏娇:《技术关联、环境政策与区域绿色发展》,《科学学研究》2023 年第 7 期。

牛欢、严成樑:《环境税收、资源配置与经济高质量发展》,《世界经济》2021 年第 9 期。

秦雪征、章政:《浅析绿色发展模式在我国的实现路径》,《北京大学学报》(哲学社会科学版)2016 年第 2 期。

任保平、迟克涵:《数字经济背景下中国式现代化的推进和拓展》,《改革》2023 年第 1 期。

盛丽颖:《中国财政政策碳减排效应实证分析》,《经济与管理研究》2011 年第 7 期。

石敏俊等:《中国经济绿色发展:理念、路径与政策》,中国人民大学出版社,2021。

石敏俊、徐瑛:《中国经济绿色发展的现状与实现路径》,《环境保护》2018 年第 10 期。

史代敏、施晓燕：《绿色金融与经济高质量发展：机理、特征与实证研究》，《统计研究》2022 年第 1 期。

史丹：《绿色发展与全球工业化的新阶段：中国的进展与比较》，《中国工业经济》2018 年第 10 期。

苏科、周超：《人力资本、科技创新与绿色全要素生产率——基于长江经济带城市数据分析》，《经济问题》2021 年第 5 期。

孙振清、成晓斐、谷文姗：《异质性环境规制对工业绿色发展绩效的影响》，《华东经济管理》2021 年第 8 期。

田秀娟、李睿：《数字技术赋能实体经济转型发展——基于熊彼特内生增长理论的分析框架》，《管理世界》2022 年第 5 期。

童健、武康平、薛景：《我国环境财税体系的优化配置研究——兼论经济增长和环境治理协调发展的实现途径》，《南开经济研究》2017 年第 6 期。

万攀兵、杨冕、陈林：《环境技术标准何以影响中国制造业绿色转型——基于技术改造的视角》，《中国工业经济》2021 年第 9 期。

王锋正、赵宇霞、夏嘉欣：《异质环境政策、高管风险偏好与绿色技术创新——基于中国重污染上市公司的实证研究》，《科研管理》2022 年第 11 期。

王俊豪、周晟佳：《中国数字产业发展的现状、特征及其溢出效应》，《数量经济技术经济研究》2021 年第 3 期。

王鹏、郭淑芬：《正式环境规制、人力资本与绿色全要素生产率》，《宏观经济研究》2021 年第 5 期。

王馨、王营：《绿色信贷政策增进绿色创新研究》，《管理世界》2021 年第 6 期。

王遥、潘冬阳、彭俞超等：《基于 DSGE 模型的绿色信贷激励政策研究》，《金融研究》2019 年第 11 期。

王营、冯佳浩：《绿色债券促进企业绿色创新研究》，《金融研究》2022 年第 6 期。

王永进、匡霞、邵文波：《信息化、企业柔性与产能利用率》，《世界经济》2017 年第 1 期。

王昀、孙晓华：《政府补贴驱动工业转型升级的作用机理》，《中国工业经济》2017 年第 10 期。

魏建、黄晓光：《中国环境财政政策组合推动工业绿色转型的作用机制研究》，《中山大学学报》（社会科学版）2021 年第 2 期。

吴传清、孟晓倩：《长江经济带数字化转型对制造业绿色发展影响研究》，《南通大学学报》（社会科学版）2022 年第 6 期。

肖金成、王旭阳：《以绿色发展理念推动生态优势向经济优势转化》，《环境保护》2018 年第 6 期。

解学梅、朱琪玮：《企业绿色创新实践如何破解"和谐共生"难题?》，《管理世界》
　　2021 年第 1 期。

解振华、潘家华：《中国的绿色发展之路》，外文出版社，2018。

许宪春、任雪、常子豪：《大数据与绿色发展》，《中国工业经济》2019 年第 4 期。

杨志江、罗掌华：《我国经济增长方式绿色转型的驱动因素研究》，《科学管理研究》
　　2019 年第 1 期。

于连超、张卫国、毕茜：《环境保护费改税促进了重污染企业绿色转型吗？——来自
　　〈环境保护税法〉实施的准自然实验证据》，《中国人口·资源与环境》2021 年
　　第 5 期。

原毅军、谢荣辉：《环境规制与工业绿色生产率增长——对"强波特假说"的再检
　　验》，《中国软科学》2016 年第 7 期。

张江雪、蔡宁、杨陈：《环境规制对中国工业绿色增长指数的影响》，《中国人口·资
　　源与环境》2015 年第 1 期。

张微微、王曼青、王媛等：《区域数字经济发展如何影响全要素生产率？——基于创
　　新效率的中介检验分析》，《中国软科学》2023 年第 1 期。

张文卿、董景荣、张海涛等：《环境政策促进中国绿色全要素生产率提升的机制、困
　　境与对策——基于创新模式选择视角》，《经济评论》2023 年第 1 期。

张璇、李子健、李春涛：《银行业竞争、融资约束与企业创新——中国工业企业的经
　　验证据》，《金融研究》2019 年第 10 期。

张学刚：《我国环境污染成因及治理对策研究：基于"政府—市场"的视角》，经济
　　科学出版社，2017。

赵军、刘春艳：《绿色金融政策推动了低碳发展吗？——以"一带一路"沿线中国重
　　点省域为例》，《金融与经济》2020 年第 5 期。

赵涛、张智、梁上坤：《数字经济、创业活跃度与高质量发展——来自中国城市的经
　　验证据》，《管理世界》2020 年第 10 期。

朱东波、任力：《环境规制、外商直接投资与中国工业绿色转型》，《国际贸易问题》
　　2017 年第 11 期。

朱建华、王虹吉、郑鹏：《贵州省循环经济与绿色金融耦合协调发展研究》，《经济地
　　理》2019 年第 12 期。

Bowen, A., Hepburn, C., "Green Growth: An Assessment," *Oxford Review of Econom-
　　ic Policy* 30 (2014): 407 - 422.

Burki, U., Dahlstrom, R., "Mediating Effects of Green Innovations on Interfirm Cooper-
　　ation," *Australasian Marketing Journal* 25 (2017): 149 - 156.

Chakraborty, P., Chatterjee, C., "Does Environmental Regulation Indirectly Induce Upstream Innovation? New Evidence from India," *Research Policy* 46 (2017): 939 – 955.

Faulkender, M., Petersen, M. A., "Does the Source of Capital Affect Capital Structure," *Review of Financial Studies* 1 (2006): 45 – 79.

Gaputo, A., Marzi, G., Pellegrini, M. M., "The Internet of Things in Manufacturing Innovation Processes Development and Application of a Conceptual Framework," *Business Process Management Journal* 22 (2016): 383 – 402.

Giddings, B., Hopwood, B., O'Brien, G., "Environment, Economy and Society: Fitting Them Together into Sustainable Development," *Journal of Economy Development Environment and People* 2 (2013): 9 – 14.

Greaker, M., Rosendahl, K. E., "Environmental Policy with Upstream Pollution Abatement Technology Firms," *Journal of Environmental Economics and Management* 56 (2008): 246 – 259.

Grover, R. B., "Green Growth and Role of Nuclear Power: A Perspective from India," *Energy Strategy Reviews* 1 (2013): 255 – 260.

Hansen, B. E., "Threshold Effects in Non-dynamic Panels: Estimation, Testing, and Inference," *Journal of Econometrics* 93 (1999): 345 – 368.

Harrison, A., Martin, L. A., Nataraj, S., "Green Industrial Policy in Emerging Markets," *Annual Review of Resource Economics* 9 (2017): 253 – 274.

Hou, J., Teo, T. S. H., Zhou, F., et al., "Does Industrial Green Transformation Successfully Facilitate a Decrease in Carbon Intensity in China? An Environmental Regulation Perspective," *Journal of Cleaner Production* 184 (2018): 1060 – 1071.

Huang, J. W., Li, Y. H., "Green Innovation and Performance: The View of Organizational Capability and Social Reciprocity," *Journal of Business Ethics* 145 (2017): 309 – 324.

Iradian, G., "What Explains the Rapid Growth in Transition Economies?" *IMF Staff Papers* 56 (2009): 811 – 851.

Jin, P. Z, Peng, C., Song, M. L., "Macroeconomic Uncertainty, High-level Innovation, and Urban Green Development Performance in China," *China Economic Review* 55 (2019): 1 – 18.

Ji, Q., Zhang, D. Y., "How Much Does Financial Development Contribute to Renewable Energy Growth and Upgrading of Energy Structure in China?" *Energy Policy* 128 (2019): 114 – 124.

Kneese, A. V., Schulze, W. D., "Ethics and Environmental Economics," *Handbook of Natural Resource and Energy Economics* 1 (1985): 191 – 220.

Lanoie, P., Patry, M., Lajeunesse, R., "Environmental Regulation and Productivity:

Testing the Porter Hypothesis," *Journal of Productivity Analysis* 30 (2008): 121 – 128.

Liao, X. , Shi, X. R. , "Public Appeal, Environmental Regulation and Green Invest-ment: Evidence from China," *Energy Policy* 119 (2018): 554 – 562.

Pargal, S. , Wheeler, D. , "Informal Regulation of Industrial Pollution in Developing Countries: Evidence from Indonesia," *Journal of Political Economy* 104 (1996): 1314 – 1327.

Pearce, D. , Markandya, A. , Barbier, E. B. , *Blueprint for a Green Economy* (Earth-scan Publications Ltd. , 1989).

Porter, M. E. , Linde, C. V. D. , "Towards a New Conception of the Environment Com-petitiveness Relationship," *Journal of Economic Perspectives* 9 (1995): 97 – 118.

Porter, M. E. , "The Competitive Advantage of Nations," *Harvard Business Review* 68 (1990): 73 – 93.

Sinn, H. W. , "Public Policies Against Global Warming: A Supply Side Approach," *International Tax and Public Finance* 15 (2008): 360 – 394.

Sunikka, M. , "Energy Efficiency and Low-carbon Technologies in Urban Renewal," *Building Research and Information* 34 (2006): 521 – 533.

Sun, Y. , Sun, H. , "Green Innovation Strategy and Ambidextrous Green Innovation: The Mediating Effects of Green Supply Chain Integration," *Sustainability* 13 (2021): 4876 – 4895.

Weina, D. , Gilli, M. , Mazzanti, M. , et al. , "Green Inventions and Greenhouse Gas Emission Dynamics: A Close Examination of Provincial Italian Data," *Environmental Economics & Policy Studies* 18 (2016): 247 – 263.

Zhou, Q. , Zhong, S. , Shi, T. , et al. , "Environmental Regulation and Haze Pollu-tion: Neighbor-companion or Neighbor-beggar?" *Energy Policy* 151 (2021): 112183.

第二章　区域生态福利绩效评估研究[*]

本章聚焦区域生态福利绩效，构建"水平测度—空间差异—时间收敛—影响因素—提升路径"的分析框架，采用全局 Super – SBM 模型测算全国 31 个省区市（不包括港澳台）的生态福利绩效水平，利用 Dagum 基尼系数分解来刻画区域差异构成，测度 α、β 收敛来研究时间变化趋势，运用空间杜宾模型系统分析影响因素，进而提出提升生态福利绩效的实践路径。

第一节　引言

《管子·立政》篇有云："草木植成，国之富也。"自古以来，朴素而睿智的生态思想便指明，生态保护和社会发展并不存在矛盾对立，而是辩证统一的关系。生态福利绩效，即自然消耗转化为福利产出的效率，便是这一辩证关系的学理探讨。

一　研究背景与研究意义

中国经济已由高速增长阶段转向高质量发展阶段，正处于转变发展方式、优化经济结构、转换增长动力的攻坚期。面临资源约束趋紧、环境污染加剧、生态环境退化等一系列问题，协调生态保护与社会发展迫在眉睫。

（一）研究背景

2013 年 4 月 8 日至 10 日，习近平总书记在海南考察时指出，"良好生态环境是最公平的公共产品，是最普惠的民生福祉"，党和国家一直高度重视如何走出一条人与自然和谐共生的可持续发展道路这一时代课题。

---

[*] 本章核心内容是在武汉大学张诗凝 2023 年的硕士学位论文基础上整理提炼完成。

2005 年，中央人口资源环境工作座谈会首次界定生态文明这一概念；
2007 年，党的十七大报告首次将建设生态文明写入党代会的政治报告；
2022 年，党的二十大报告进一步要求"全方位、全地域、全过程加强生
态环境保护""坚持在发展中保障和改善民生"。经济增长的最终目标应
是社会福祉增加。传统经济学家简单地认为，以 GDP 为代表的经济增长
是福利增加的充要条件。然而，资源环境投入所带来的经济效率提升、
社会产出扩大，未如预期那样同步带来社会福利水平的提升。现实生活
中，随着经济水平的不断提升，民生问题逐渐凸显，如教育分配不公、
就业形势严峻、医疗水平有待提升、社会保障亟待完善等。由此可见，
仅从经济角度测度产出的生态效率，存在经济高速增长掩盖深层次环境
和民生问题的缺陷。而生态福利绩效在传统生态效率的基础上更进一步，
以福利水平代替经济增长作为产出，测度生态环境投入转化为人类福祉
的效率，统筹推进环境保护和民生福祉提升。

　　生态福利绩效刻画了自然消耗转化为福利水平的效率，是环境保护
和社会发展的有机统一，相关理论背景涉及投入维度的生态视角和产出
维度的福利视角两个方面。从生态资源投入视角看，正如美国生态学家
Daly（1974）综合生态学、经济学和伦理学提出的"稳态经济学"这一
概念，经济系统作为生态系统的子系统，存在最优规模，即稳态经济
（Daly，1997；Victor，2010）。随着经济系统相对生态系统的不断扩张，
自然资本相对稀缺，对经济增长和社会发展的制约性逐渐凸显（诸大建、
张帅，2014），从而过渡到"满的世界"（Daly，2010）。与在"空的世
界"经济增长与社会福利高度相关不同，在"满的世界"中，经济增长
并不必然会带来福利水平的提升，进而对提高社会福利的实践路径提出
新的要求，即提高生态福利绩效（Daly，2013）。从社会福利产出视角
看，增进民生福祉是社会发展的终极目的。阿马蒂亚·森的现代福利经
济学观点为提升民生福祉提供了行之有效的理论支持，将只重视效率的
福利经济学重新引回以人为本的正确道路上，促使社会福利成为一个涵
盖收入、健康、教育、权力、环境等维度的综合概念，与生态福利绩效
的内涵相一致。

　　（二）问题提出

　　本章聚焦生态福利绩效，科学客观地测度生态福利绩效，分析中国

生态福利绩效存在怎样的地区分异特征与收敛趋势规律，研究生态福利绩效影响因素，探讨提高生态福利绩效行之有效的政策建议。

（三）研究意义

本章具有以下研究意义。

（1）理论意义。其一，优化生态效率评价体系。关注生态福利绩效这一话题，将福利水平纳入产出指标体系，规避因经济高速增长而掩盖民生福祉未有效改善提升等深层次问题。其二，完善生态福利绩效差异分析视角。从时间维度入手，学术界主要侧重于生态福利绩效空间特征分析，着眼于地区差异随时间收敛趋势的研究较少，本章在这一方面进行补充完善。其三，采取空间计量经济学视角。在研究生态福利绩效影响因素时，仅部分学者考虑空间溢出效应，本章采用空间计量模型加以优化。

（2）实践意义。生态文明建设是解决环境污染、资源短缺等问题的必由之路，而提高生态福利绩效则是协调生态保护和社会发展的有效方式。探究生态福利绩效的客观测度、空间差异、时间收敛以及影响因素，为提高生态福利绩效探究可行路径，助力提高生态环境质量和社会民生福祉。

二　相关文献综述

"生态福利绩效" 概念起源于美国生态学家 Daly。Daly（1974）指出，实现可持续发展的根本路径在于提升稳态经济体的最终效率，即在一定吞吐量下生产的商品服务所带来人类福利水平的提高。中国相关研究滥觞于 2008 年诸大建教授团队，界定生态福利绩效的概念内涵和指标体系，探讨其实践意义及其与经济增长的关系。目前，关于生态福利绩效的研究还处于开始阶段，主要涉及水平测度、地区差异和影响因素三个方面。

（一）生态福利绩效的水平测度

提高生态福利绩效是破解可持续发展受制于生态退化、环境污染、资源枯竭等一系列问题的关键，而客观准确地测度生态福利绩效是探索提升路径的先决条件，显得尤为重要。目前，学术界测度生态福利绩效的方法主要有函数法、比值法和指标体系法三类。

采用函数法测算生态福利绩效的思路：通过环境投入对福利产出回归并取残差，残差项为正则意为生态投入一定的情况下福利产出较大，即生态福利绩效较高，反之亦然。Knight 和 Rosa（2011）以生态足迹代表生态投入，对以主观幸福满意度刻画的福利产出进行回归，通过残差项是否显著为正（或为负）刻画全球 105 个国家生态福利绩效水平。

采用比值法测算生态福利绩效的思路：以生态消耗为分母，以福利水平为分子。该比值的含义为单位生态资源投入所带来的社会福利产出。衡量福利水平的指标包括客观指标和主观指标两大类：客观指标涉及出生时预期寿命、婴儿死亡率等单一指标（臧漫丹等，2013）和以人类发展指数（HDI）为代表的综合指数（王圣云等，2020）两类；主观指标指人们对生活质量基于情感和认知做出的整体评价，通常通过问卷调查的方式进行数据收集（Ng，2008）。衡量生态消耗的指标多采用 Rees（1992）提出的生态足迹，即满足消费和吸纳排放所需的土地和水等资源投入总量。

采用指标体系法综合测度生态福利绩效的思路：分别构建生态投入和福利产出指标，通过 SFA 等参数估计法（Dietz et al.，2009）或 DEA（龙亮军等，2017）和 SBM（郭炳南、卜亚，2018）等非参数估计法测度效率水平。生态投入指标往往涉及资源消耗和环境污染两大维度，福利产出指标通常涉及经济发展水平、教育水平和健康状况三大客观维度。

（二）生态福利绩效的地区差异

生态福利绩效与地区发展水平和资源禀赋息息相关，学术界关于生态福利绩效的空间特征研究可以分为空间差异和空间关联两大类，其中空间关联涉及空间相关、空间集聚和空间网络等内容。

测算地区差异的方法主要有变异系数、基尼系数、核密度估计、标准椭圆、马尔可夫链、冷热点分析等。关于相对差异，变异系数可以度量逐年差异。徐志雄等（2021）的研究表明，黄河流域省域、地市层面生态福利绩效发展不均，相对差异逐年增大。关于绝对差异，主要选用核密度估计加以研究。邓远建等（2020）发现，生态福利绩效水平总体呈现显著下降态势，省际绝对差距进一步扩大。关于动态差异，标准椭圆能较好地衡量空间差异的演进规律和方向特征。肖黎明和肖沁霖

（2021）针对黄河流域的研究显示，生态福利绩效的重心逐渐向东南方向移动，落在山西临汾附近，意为东部城市生态福利绩效的综合水平总体高于西部城市。马尔可夫链通过计算转移概率，阐释生态福利绩效区域差异与阶段特征。林木西等（2019）的研究显示，低水平和高水平地区呈现锁定效应，而中低水平、中高水平地区则表现出明显的转移性特征。

就空间相关而言，程广斌和王朝阳（2022）测算中国省域生态福利绩效莫兰指数，指出其存在显著的空间外溢性。就空间集聚而言，方时娇和肖权（2019）的研究表明，中国生态福利绩效具有空间集聚态势，具体表现为东部地区发展水平较高，呈高值集聚态势，中西部地区呈低值集聚特征。就空间网络而言，刘煜和刘跃军（2021）借助社会网络分析法刻画生态福利绩效网络特征，结果显示，空间关联较普遍，空间关联网络呈现复杂化、多线程的特征，网络中不存在孤立的省份。

（三）生态福利绩效的影响因素

为探讨提升生态福利绩效的实践路径，需以科学系统的影响因素研究为前提。学术界关于生态福利绩效影响因素的研究维度可以归纳为政府行为、经济因素、社会因素等，研究方法主要有杜宾模型、门槛效应模型、中介效应模型、差分广义矩估计等。

经济增长并不必然会带来福利水平的提升，但经济因素仍是影响生态福利绩效的首要因素。其一，经济规模扩大是提升生态福利绩效的重要原因，我国已迈过"环境库兹涅茨曲线"拐点（张彦博等，2022）；其二，工业化在促进经济发展的同时由于高污染、高排放而增大环境压力，影响生活质量，对生态福利绩效产生负面影响（郭炳南等，2021）；其三，对外开放在增加资源消耗和环境污染的同时，带动地区基础设施建设、改善医疗状况、提高受教育水平，对生态福利绩效的影响尚不统一（朱金鹤、庞婉玉，2022）。

由于政府行为有助于缓解信息不对称等市场失灵问题，所以其是影响生态福利绩效的重要一环。首先，行政等级与资源调配作用高度相关，因而高行政等级的城市在经济增长、生态效率提升、社会福利增加等方面具有比较优势（臧漫丹等，2022）；其次，政府监管力度体现为加强环境法规、政策的颁布，通过"成本效应"限制经济产出，进而抑制生态福利绩效提升（张彦博等，2022）；再次，政府竞争，即吸引要素流入而展开的一系列经济行为，短期有利于提升生态福利绩效，但长期负面效应更大（魏鹏等，2022）；最后，财政分权赋予地方政府更多的支出责任，倒逼地方政府优化行为目标，这一变化体现在降低能源消耗、注重环境保护、提高居民福利等逐项责任落实中，由此提高生态福利绩效（解垩、陈昕，2022）。

社会发展水平也对生态福利绩效的变化起到至关重要的作用。其一，公众作为最广泛的社会群体，是环境污染的直接受害者，是环境保护的重要力量，但张彦博等（2022）的回归结果表明，公众参与环境监督和治理并不显著影响生态福利绩效，可能原因在于参与低效、方式间接、信息不对称等；其二，城镇化促使劳动力向城镇转移，提高居民生活质量，理论上带动生态福利绩效水平提升，但由于"拥挤效应"的存在，最终结果具有不确定性（李成宇等，2019）；其三，绿化水平虽能提高生态资本存量，但由于其见效缓慢，并不利于生态福利绩效的提高（魏鹏等，2022）。

（四）总体评议

综观学术界现有关于生态福利绩效的研究，其主要聚焦于生态福利水平测度、空间特征、影响因素等维度，且取得了一定进展，但仍有待从以下几个方面深入拓展。

（1）生态福利绩效测度方法有待优化。学术界测度生态福利绩效主要有比值法、函数法和指标体系法，相比前两者，指标体系能反映生态系统综合水平，但目前效率测算方法主要是 DEA、SBM 和 SFA，未从全局角度展开测算。

（2）生态福利绩效特征分析有待深入。学术界分析生态福利绩效特征多从空间差异、空间关联和空间网络等层面入手，较少关注时间层面的收敛特征，缺少对偏离均值时间变化趋势、趋于各自稳态或同一水平等问题的探讨。

（3）生态福利绩效影响因素有待系统研究。学术界在探究生态福利绩效影响因素时，多从创新驱动、绿色金融、数字经济、财政失衡等单一角度切入，缺乏对影响生态福利绩效因素的整体探讨。

三　研究思路、内容和方法

（一）研究思路

聚焦生态福利绩效这一话题，基于上述政策梳理和文献综述，本章构建"水平测度—空间差异—时间收敛—影响因素—提升路径"的分析框架，从测度全国省域生态福利绩效水平开始，基于空间差异和时间收敛分析比较特征与变化，再采用空间计量模型综合系统地探讨影响生态福利绩效的因素，并提出实践路径。本章具体思路如下。

首先，以 2011—2021 年全国 31 个省区市（不包括港澳台）生态福利绩效为研究对象，从资源消耗和环境污染两个维度构建投入指标，从经济、教育、医疗三个方面构建产出指标，采用全局 Super – SBM 模型测算生态福利绩效水平。

其次，基于空间视角，采用 Dagum 基尼系数分解，研究中国生态福利绩效差异构成，分析区域间差异和区域内差异分别有何特征。

再次，基于时间视角，测算 α、β 收敛情况和速率，探讨全国整体和四大板块是否存在偏离均值、收敛于各自稳态或同一水平的时间变化趋势。

复次，涵盖城镇化率、创新水平、产业结构、开放水平、环境规制和政府干预等维度，采用空间计量模型，系统研究影响生态福利绩效的因素及其作用机理，分解直接效应和间接效应。

最后，基于上述研究，探讨提升生态福利绩效的实践路径。

（二）研究内容

为实现上述研究思路，本章共分为四节，具体内容安排如下。

第一节引言。从梳理政策背景和理论背景入手，提出围绕生态福利绩效这一话题所研究的问题与研究意义，综述相关研究进展，提出研究思路、内容与方法。

第二节省域生态福利绩效的时空演变分析。首先，采用全局 Super-SBM 模型测度中国省域生态福利绩效水平；其次，使用 Dagum 基尼系数分解探讨空间差异特征；最后，利用 α、β 收敛刻画时间变化趋势。

第三节省域生态福利绩效的影响因素研究。运用空间杜宾模型，从城镇化率、创新水平、产业结构、开放水平、环境规制和政府干预六大维度探讨影响中国省域生态福利绩效的因素，详细分析直接效应和间接效应传导机制。

第四节研究结论与政策启示。从水平测度、空间特征、时间趋势、影响因素四大方面梳理研究结论，进而结合影响因素分析提出政策建议。

（三）研究方法

为完成上述研究内容，本章所用研究方法如下。

（1）文献研究法。聚焦生态福利绩效这一主题，回顾基础理论，关注实证研究的主要方法、空间维度、时间尺度、主要结论等内容，梳理总结研究进展。

（2）实证研究法。首先，用全局 Super – SBM 模型测度中国省域生态福利绩效水平；其次，使用 Dagum 基尼系数分解研究空间差异及其构成；再次，测算 α、β 收敛研究时间趋势；最后，选取空间杜宾模型分析影响因素。

（3）比较研究法。分别从全国、四大板块和省域尺度，研究生态福利绩效的空间差异和时间收敛特征，比较影响因素及其作用机理。

第二节　省域生态福利绩效的时空演变分析

在采用全局 Super – SBM 模型测度中国省域生态福利绩效水平的基础上，本节使用 Dagum 基尼系数分解探讨空间差异特征，利用 α、β 收敛刻画时间变化趋势。

一　省域生态福利绩效测算

（一）测算方法与数据来源

生态福利绩效（Ecological Welfare Performance，*EWP*）的测度是本章实证研究的基础，从资源消耗和环境污染维度刻画投入，从经济、教育和健康维度刻画产出，采用规模报酬不变的全局 Super – SBM 模型，使用 2011—2021 年全国 31 个省区市（不包括港澳台）的数据度量生态福利绩效水平。

目前，学术界关于生态福利绩效的测度方法主要有函数法（Knight

and Rosa，2011）、比值法（诸大建、张帅，2014）和指标体系法（龙亮军等，2017）三类。现实中复杂的生态系统往往具有多种资源投入和活动产出，使用指标体系法更能综合准确地反映生态福利绩效的真实水平。

采用指标体系法测度生态福利绩效的一般思路是：分别从资源消耗和环境污染两方面构建生态投入指标，从经济、教育、健康三方面构建福利产出指标。借鉴已有研究，基于科学性、系统性和可操作性等原则，本章构建如表 2-1 所示的指标体系来测度生态福利绩效水平。

表 2-1　生态福利绩效（*EWP*）评价指标体系

阶段	一级指标	二级指标	三级指标（单位）
投入	资源消耗	水资源消耗	人均用水量（立方米）
		能源消耗	人均用电量（千瓦时）
		土地资源消耗	人均建设用地面积（平方公里）
	环境污染	废水排放	人均废水中化学需氧量排放量（吨）
		废气排放	人均废气中二氧化硫排放量（吨）
		固废排放	人均一般工业固体废弃物排放量（吨）
产出	福利水平	经济发展	人均 GDP（元）
		健康状况	人均拥有卫生技术人员数（人）
		教育水平	平均受教育年限（年）

本章以 2011—2021 年全国 31 个省区市（不包括港澳台）生态福利绩效为研究对象，数据来源于《中国统计年鉴》《中国环境统计年鉴》《中国教育统计年鉴》，部分缺失数据用移动平均法补齐。生态福利绩效指标体系的数据说明与变量描述性统计如表 2-2 所示。

表 2-2　生态福利绩效（*EWP*）指标体系的数据说明与变量描述性统计

变量名称	单位	均值	标准差	最小值	最大值
人均用水量	立方米	513.32	414.12	161.20	2657.39
人均用电量	千瓦时	5020.76	3041.39	769.26	16487.5
人均建设用地面积	平方公里	4.10e5	1.38e5	1.44e5	9.01e5

变量名称	单位	均值	标准差	最小值	最大值
人均废水中化学需氧量排放量	吨	0.0137	0.0119	0.0016	0.1449
人均废气中二氧化硫排放量	吨	0.0104	0.0115	0.0001	0.3063
人均一般工业固体废弃物排放量	吨	3.64	4.90	0.09	30.17
人均 GDP	元	55671	28772	16024	187526
人均拥有卫生技术人员数	人	0.0064	0.0017	0.0027	0.0155
平均受教育年限	年	9.17	1.12	4.22	12.68

平均受教育年限（AYS）参考陈钊等（2004）的做法进行测度，具体计算如公式（2-1）所示。其中，P 代表当年各学历段人口数。

$$AYS = \frac{6 \times P_{小学} + 9 \times P_{初中} + 12 \times P_{高中} + 16 \times P_{大专及以上}}{P_{6岁及以上}} \tag{2-1}$$

本章采用 Super-SBM 模型测算生态福利绩效（EWP），具体计算如公式（2-2）所示。

$$\min EWP = \frac{1 + \dfrac{1}{m}\sum_{i=1}^{m} s_i^- / x_{ik}}{1 - \dfrac{1}{s}\sum_{r=1}^{s} s_r^+ / y_{rk}}$$

$$\text{s.t.} \sum_{j=1,j \neq k}^{n} x_{ij}\lambda_j - s_i^- \leqslant x_{ik}(i = 1,2,\cdots,m) \tag{2-2}$$

$$\sum_{j=1,j \neq k}^{n} y_{rj}\lambda_j + s_r^+ \geqslant y_{rk}(r = 1,2,\cdots,s)$$

$$\lambda_j \geqslant 0, j = 1,2,\cdots,n(j \neq k), s_i^- \geqslant 0, s_r^+ \geqslant 0$$

其中，EWP 为所求相对效率值；x、y、m、s 分别为输入变量、输出变量、投入指标个数、产出指标个数；s_i^-、s_r^+ 分别为投入、产出的松弛变量；λ_j 为权重向量，$\sum \lambda_j = 1$ 表示规模报酬可变。

（二）生态福利绩效测算结果说明

本节基于全国 31 个省区市（不包括港澳台）2011—2021 年的面板数据，以所有省份所有年份构造一个共同生产前沿面，采用全局 Super-SBM 模型测度生态福利绩效水平，结果如表 2-3 所示。所测得结果代表相对效率，$EWP > 1$，意为该地区生态福利相对有效；反之，则相对无效。

　　生态福利相对有效的省级行政单位有 14 个。其中，东部地区仅 1/5 地区生态福利相对有效，分别是北京和上海。2011—2021 年，北京生态福利相对有效的年份为 8 年，上海为 5 年。中部地区有 2/3 地区生态福利相对有效，即湖南、河南、山西、江西，2011—2021 年，其生态福利绩效水平高于 1 的年份分别为 9 年、8 年、5 年、1 年。西部地区半数省份生态福利相对有效，分别是陕西、云南、重庆、贵州、四川、西藏。2011—2021 年，陕西生态福利绩效水平高于 1 的年份有 9 年，其余省份均不超过 5 年。东北地区仅吉林 2011 年生态福利相对有效，整体水平较低。

表 2－3　2011—2021 年中国 31 个省区市生态福利绩效水平

省区市	2011 年	2013 年	2015 年	2017 年	2018 年	2019 年	2020 年	2021 年	均值排名	增速排名
北京	0.885	1.057	1.006	1.021	1.008	1.028	1.005	1.336	1	2
天津	0.319	0.390	0.291	0.350	0.358	0.374	0.321	0.315	22	18
河北	0.545	0.525	0.561	0.605	0.674	0.872	0.655	0.691	13	4
山西	1.021	0.605	0.578	1.005	1.004	1.000	0.848	1.009	6	17
内蒙古	0.161	0.151	0.158	0.220	0.233	0.248	0.174	0.195	29	7
辽宁	0.186	0.201	0.204	0.248	0.263	0.268	0.220	0.232	28	6
吉林	0.437	0.464	0.457	0.799	0.541	0.489	0.453	0.430	15	19
黑龙江	0.442	0.434	0.375	0.462	0.438	0.426	0.348	0.331	19	25
上海	0.591	1.016	0.629	1.036	0.720	1.004	1.004	1.023	8	1
江苏	0.239	0.245	0.242	0.269	0.280	0.291	0.274	0.283	27	8
浙江	0.331	0.390	0.352	0.384	0.392	0.431	0.349	0.359	21	10
安徽	0.452	0.385	0.418	0.454	0.466	0.431	0.407	0.409	18	21
福建	0.417	0.377	0.402	0.442	0.415	0.420	0.434	0.432	20	12
江西	1.005	0.634	0.464	0.444	0.439	0.439	0.422	0.441	14	30
山东	0.307	0.307	0.258	0.319	0.326	0.332	0.274	0.296	24	20
河南	1.011	0.744	0.848	1.015	1.004	1.016	1.012	1.008	4	14
湖北	0.453	0.451	0.511	0.575	0.550	0.467	0.410	0.368	17	22
湖南	1.017	0.784	1.006	1.018	0.930	1.029	1.024	1.008	2	16

省区市	2011 年	2013 年	2015 年	2017 年	2018 年	2019 年	2020 年	2021 年	均值排名	增速排名
广东	0.291	0.294	0.290	0.341	0.345	0.324	0.304	0.312	23	11
广西	0.537	0.445	0.452	0.580	0.533	0.545	0.541	0.606	16	9
海南	1.015	0.784	0.622	1.020	1.003	1.000	1.001	1.007	5	15
重庆	0.827	0.447	0.514	1.005	0.559	0.569	0.463	0.411	12	28
四川	1.008	0.718	0.626	0.692	0.626	0.609	0.528	0.494	10	29
贵州	1.031	0.766	0.729	0.644	0.610	0.694	0.692	0.675	9	27
云南	1.010	0.650	0.550	1.007	1.005	1.007	0.872	1.012	7	13
西藏	1.109	0.731	0.718	0.648	0.537	0.490	0.432	0.333	11	31
陕西	1.020	1.002	0.902	0.841	1.005	1.024	1.008	0.766	3	24
甘肃	0.259	0.255	0.237	0.304	0.304	0.336	0.288	0.327	25	5
青海	0.324	0.221	0.183	0.283	0.320	0.316	0.229	0.227	26	26
宁夏	0.092	0.096	0.100	0.124	0.124	0.129	0.128	0.137	31	3
新疆	0.188	0.141	0.132	0.155	0.161	0.160	0.137	0.144	30	23

注：2011—2017 年仅展示奇数年测度结果。

中国整体和四大板块生态福利绩效变化趋势如图 2－1 所示。从全国整体尺度看，生态福利绩效平均水平呈现"下降—上升—波动下降"的变化规律，年均降幅 1.08%。2011—2015 年，中国整体生态福利绩效水平不断下降，从 2011 年的 0.598 下降至 2015 年的 0.478，年均降幅 5.45%；2015—2017 年，中国整体生态福利绩效逐年上升，从 2015 年的 0.478 增长至 2017 年的 0.591，年均增幅 11.19%；2017—2021 年，中国整体生态福利绩效有所波动但未呈现明显增减趋势，年均变化幅度为 2.40%。

从四大板块尺度看，一方面，四大板块生态福利绩效相对差异较为稳定；另一方面，其各自变化趋势不尽相同。基于区域间差异维度，中部地区生态福利绩效相对有效，东部和西部地区次之，东北地区生态福利绩效处于较低水平。其中，早期西部地区生态福利较东部地区相对有效，但增幅较小，以致被东部地区赶超并逐渐拉开差距。从各区域变动趋势来看，东部地区生态福利绩效呈现波动上升的趋势，从 2011 年的 0.494 增长至 2021 年的 0.605，年均增速 2.05%；中部地区整体效率高于全国均值，年均增速低于全国水平，变动趋势与全国平均水平大体一致，呈现"下降—上升—下降"的规律；西部地区整体效率与全国平均水平接近，发展趋势一致；东北地区仅 2015—2017 年出现生态福利绩效波动提升，其余年份保持稳定或逐年下降。

生态福利绩效呈现波动上升的省区市有上海、北京、宁夏、河北、甘肃、辽宁、内蒙古、江苏、广西、浙江、广东，除北京、上海外，其余增速较高省份的生态福利绩效水平相对较低；生态福利绩效波动下降的省区市是湖北、新疆、陕西、黑龙江、青海、贵州、重庆、四川、江西、西藏；其余省份生态福利绩效水平较为稳定。

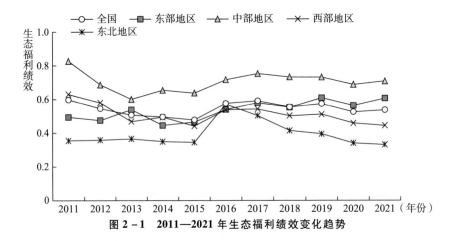

图 2 – 1　2011—2021 年生态福利绩效变化趋势

二　省域生态福利绩效的空间差异

(一) 测算方法

基于空间视角，本节采用 Dagum (1997) 提出的基尼系数分解法分析中国整体和四大板块生态福利绩效差异及其构成。

Dagum 基尼系数的基本定义如公式 (2 – 3) 所示。

$$G = \sum_{j=1}^{k} \sum_{h=1}^{k} \sum_{i=1}^{n_j} \sum_{r=1}^{n_h} |EWP_{ji} - EWP_{hr}|/2n^2\mu \qquad (2 – 3)$$

$$\mu_h \leqslant \cdots \leqslant \mu_j \leqslant \cdots \leqslant \mu_k$$

其中，k 表示所分区域数 (取值为 4)，n 表示全国所测度省份数，n_j (n_h) 为地区 j (h) 内省份数，EWP_{ji} (EWP_{hr}) 表示地区 j (h) 内省份 i

（r）的生态福利绩效水平。μ 为四大板块所有省份生态福利绩效均值，μ_j 为区域 j 内所有省级行政单位生态福利绩效均值。区域 j 的基尼系数和区域 j 和 h 间的基尼系数分别用公式（2－4）、公式（2－5）测算。

$$G_{jj} = \sum_{i=1}^{n_j} \sum_{r=1}^{n_j} \mid EWP_{ji} - EWP_{ir} \mid / 2n_j{}^2 \mu_j \qquad (2-4)$$

$$G_{jh} = \sum_{i=1}^{n_j} \sum_{r=1}^{n_h} \mid EWP_{ji} - EWP_{hr} \mid / n_j n_h (\mu_j + \mu_h) \qquad (2-5)$$

根据 Dagum 基尼系数分解方法，可将总体基尼系数 G 分解为组内差异贡献（G_w）、组间净值差异贡献（G_{nb}）和超变密度贡献（G_t），三者满足 $G = G_w + G_{nb} + G_t$，具体表达式为：

$$G_w = \sum_{j=1}^{k} G_{jj} \rho_j \delta_j \qquad (2-6)$$

$$G_{nb} = \sum_{j=2}^{k} \sum_{h=1}^{j-1} D_{jh} G_{jh} (\rho_j \delta_h + \rho_h \delta_j) \qquad (2-7)$$

$$G_t = \sum_{j=2}^{k} \sum_{h=1}^{j-1} (1 - D_{jh}) G_{jh} (\rho_j \delta_h + \rho_h \delta_j) \qquad (2-8)$$

$$D_{jh} = (d_{jh} - p_{jh}) / (d_{jh} + p_{jh}) \qquad (2-9)$$

$$d_{jh} = \int_0^\infty \mathrm{d} F_j(y) \int_0^y (y - x) \mathrm{d} F_h(x) \qquad (2-10)$$

$$P_{jh} = \int_0^\infty \mathrm{d} F_h(y) \int_0^y (y - x) \mathrm{d} F_j(x) \qquad (2-11)$$

其中，$\rho_j = \dfrac{n_j}{n}$，$\delta_j = \dfrac{n_j \mu_j}{n \mu}$，$d_{jh}$ 为区域 j 和 k 中所有 $EWP_{ji} - EWP_{hr} > 0$ 的数学期望；p_{jh} 为超变一阶矩阵，意为区域 j 和 h 间的交互作用；F_j（F_h）为区域 j（h）的累计密度分布函数。本节基于所测得的全国 31 个省区市（不包括港澳台）2011—2021 年的生态福利绩效水平，测算 Dagum 基尼系数及其分解。

（二）生态福利绩效总体差异及其分解结果

2011—2021 年，中国生态福利绩效水平总体差异较为稳定，略呈上涨趋势，总体基尼系数增长 2.54%。其中，2011—2019 年波动下降，从 0.315 下降至 0.285，年均降幅 1.24%；2019—2021 年逐年上升，从 0.285 上升至 0.323，年均增幅 6.46%。

中国整体生态福利绩效差异分解结果如图 2－2 所示。首先，区域内差距平均贡献整体差距的 28.40%，区域内差距贡献率较为稳定，最大值为 2013 年的 29.49%，最小值为 2011 年的 27.23%；其次，区域间差距平均造成整体差距的 30.31%，区域间差距贡献率呈现先下降后上升的"U"形特征，最大值为 2011 年的 40.28%，最小值为 2016 年的 17.10%；最后，超变密度，即四大板块交叉重叠对总体差距的影响平均带来整体差距的 41.30%，超变密度贡献率表现出先增大后减小的倒"U"形特征，最大值为 2016 年的 54.26%，最小值为 2011 年的 32.48%。

综上，造成 2011—2021 年中国生态福利绩效整体差距的因素中，超变密度带来的影响最大，区域间差距平均贡献率次之，区域内差距贡献率最低。通过逐年分析可以看出，区域内差距对总体差距的贡献率较为稳定，区域间差距贡献率和超变密度贡献率分别呈现先减后增和先增后减的态势，表现为超变密度逐渐取代区域间差异的主导地位之后又被区域间差异取代主导地位的动态变化过程。

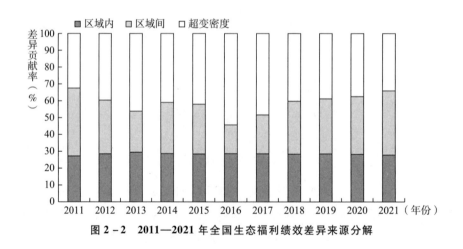

图 2-2 2011—2021 年全国生态福利绩效差异来源分解

(三) 生态福利绩效区域内差异

图 2-3 反映了四大板块和全国整体区域内基尼系数，西部地区组内差距最大，东部地区次之，中部和东北地区相对较小。

东部地区内部生态福利绩效差异波动上升，增幅为 17.78%。2011—2014 年，东部地区区域内差异从 0.270 降低至最低水平 0.230，降幅为 14.81%；2021 年增加至最高水平 0.318，2014—2021 年增幅为 38.26%。东部地区生态福利绩效处于全国平均水平，增速略高于全国整体增速，表现出伴随生态福利绩效提升内部差距逐渐扩大但仍低于全国整体差异的发展特征。

中部地区内部生态福利绩效差异同样波动上升，增幅为 43.14%，是四大板块中变动幅度最大的区域。2011—2013 年，中部地区区域内差异从 0.153 降低至组内差距最低水平 0.134，降幅为 12.42%；2013—2021 年，区域内差异波动增加，扩大至 0.219，增幅为 63.43%。中部地区生态福利相对有效，区域内差距相对较小，但呈现出区域内差距逐步扩大的发展规律，意味着中部地区各省份未能实现均衡发展。

西部地区生态福利绩效组内差异波动下降，降幅为 3.39%。2011—2014 年，西部地区生态福利绩效组内基尼系数逐步上升，2014 年达到组内差异最高水平 0.362，增幅为 6.26%；2014—2018 年波动下降，达到组内差异最低水平 0.308，降幅为 14.92%；2018—2021 年波动上升，但仍低于 2011 年水平。西部地区生态福利绩效处于全国平均水平，区域内差异最大但波动下降，体现出均衡发展的区域特征。

东北地区生态福利绩效组内差异波动下降，降幅为 16.87%。2011—2015 年，东北地区生态福利绩效组内基尼系数较为稳定，2016 年快速上升至组内差异最高水平 0.303，增幅为 89.38%；2016—2021 年又波动下降至较低水平 0.133，降幅为 56.11%。东北地区生态福利相对无效，但区域间差异亦保持在全国最低水平，这表明应发挥区域联动作用，协同提高地区生态福利绩效。

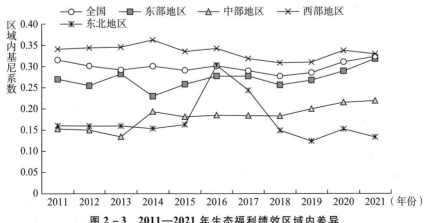

图 2-3 2011—2021 年生态福利绩效区域内差异

（四） 生态福利绩效区域间差异

　　四大板块生态福利绩效的区域间差异如图 2-4 所示，本节分别从平均水平、变化趋势和变化幅度的维度总结四大板块间生态福利绩效差异特征。

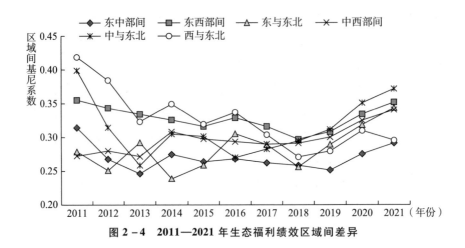

图 2-4　2011—2021 年生态福利绩效区域间差异

　　从平均水平看，东部与西部地区之间、中部与东北地区之间以及西部与东北地区之间生态福利绩效差异较大，其余地区之间生态福利绩效差距较小。

　　从变化趋势看，2011—2021 年地区间生态福利绩效差异扩大的是中部和西部地区、东部和东北地区，地区差距较为稳定的是东部和西部地区，地区差距缩小的是东部和中部地区、中部和东北地区、西部和东北地区。

　　从变化幅度看，一方面，年均变化幅度结果表明，其一，西部和东北地区差距变动幅度最大，降幅为 29.47%，2011—2018 年，西部和东北地区生态福利绩效地区间基尼系数由 0.419 波动下降至地区间差距最低水平 0.271，2018—2021 年波动上升但仍低于区域间差距最高水平；其二，中部和西部地区、东部和东北地区差异年均变化幅度紧随其后，波动性较强，2011—2021 年分别波动增长 24.87%、23.15%；其三，中部和东部、东北地区之间生态福利绩效地区差异年均变动幅度较小，2011—2021 年分别波动下降 7.26%、6.89%，中部地区生态福利相对有效，东部和东北地区生态福利绩效水平较低，表现出缓慢的追赶效应；其四，东部与西部地区之间生态福利绩效差距相对稳定，二者绩效均处于全国平均水平，呈现齐头并进的提升态势。另一方面，从 2011—2021 年地区间差异最高水平和最低水平之比可以看出，其一，西部、中部与东北地区之间差异波动最大，地区间基尼系数最高水平比最低水平高超过 50%；其二，东部与东北地区之间差异波动次之；其三，东部、西部与中部地区差异波动较小，区域间基尼系数最高水平不超过最低水平的 1.3 倍；其四，东部与西部地区间差异波动最小。

三 省域生态福利绩效的时间收敛

基于时间维度，本节探讨地区生态福利绩效差异会随时间推移增大还是缩小，是否会出现收敛特征。学术界关于非均衡性的研究主要包括 α 收敛、β 收敛和俱乐部收敛等。本节主要研究各省级行政单位生态福利绩效的 α 收敛和 β 收敛情况。

（一）生态福利绩效的 α 收敛

α 收敛反映地区绩效相对差距缩小的态势。若随着时间的推移，不同地区生态福利绩效呈现偏离平均值的幅度逐渐缩小的趋势，则满足 α 收敛特征；若偏离均值幅度逐年扩大，则不存在 α 收敛。

测算 α 收敛的方法主要有标准差、变异系数、泰尔指数、对数离差系数等。不同方法对数据敏感性不同，泰尔指数、基尼系数、对数离差系数分别对效率水平较高、中等、较低的数据敏感。为规避这一问题，本章选用变异系数测度全国整体和分区域生态福利绩效（EWP）是否存在偏离均值幅度减小的趋势，具体计算方法如公式（2-12）所示。

$$\alpha_j = \frac{\sqrt{1/N_j \sum_{i=1}^{N_j} (EWP_{ij} - \overline{EWP_j})^2}}{\overline{EWP_j}} \qquad (2-12)$$

其中，EWP_{ij} 表示 j 区域 i 省份用 Super - SBM 模型所测得的生态福利绩效水平，$\overline{EWP_j}$ 表示 j 区域生态福利绩效平均水平，N_j 表示 j 区域测度地区的个数。

2011—2021 年全国和四大板块变异系数测算结果如表 2-4 所示，变化趋势如图 2 - 5 所示。中国整体生态福利绩效变异系数波动上升，2011—2021 年增长 5.92%，总体来看不存在显著的 α 收敛趋势。东部和中部地区与全国整体趋势一致，生态福利绩效变异系数波动上升，2011—2021 年分别增长 17.96% 和 33.33%，各省份偏离均值程度有所提升，不存在 α 收敛特征。西部和东北地区生态福利绩效变异系数波动下降，2011—2021 年分别下降 4.04% 和 27.18%，意为各省份绩效水平偏离均值程度有所下降，存在 α 收敛。

表 2 - 4   2011—2021 年生态福利绩效变异系数结果

地区	2011 年	2012 年	2013 年	2014 年	2015 年	2016 年	2017 年	2018 年	2019 年	2020 年	2021 年
东部	0.540	0.523	0.563	0.438	0.518	0.550	0.555	0.507	0.531	0.576	0.637
中部	0.351	0.296	0.263	0.418	0.370	0.367	0.385	0.375	0.428	0.447	0.468
西部	0.644	0.642	0.641	0.671	0.620	0.643	0.588	0.583	0.579	0.630	0.618
东北	0.412	0.387	0.393	0.373	0.374	0.699	0.553	0.339	0.288	0.343	0.300
全国	0.574	0.541	0.525	0.546	0.524	0.542	0.520	0.505	0.525	0.571	0.608

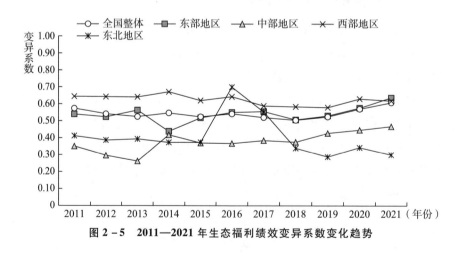

图 2 - 5   2011—2021 年生态福利绩效变异系数变化趋势

（二）生态福利绩效的 β 收敛

β 收敛从增长率维度展开研究，表现为发展水平低的地区具有更高的增长速率，存在追赶现象，包括绝对 β 收敛和条件 β 收敛。若地区生态福利绩效随时间变化趋于同一水平，则符合绝对 β 收敛；放松趋同这一假设，条件 β 收敛指地区生态福利绩效趋于各自稳态水平，这一水平不仅取决于期初绩效情况，也与当地资源禀赋、产业结构和发展条件有关。

β 收敛从增长率入手，研究地区生态福利绩效变化趋势。经典 β 收敛模型如公式（2-13）所示。

$$\ln\left(\frac{EWP_{i,t+1}}{EWP_{i,t}}\right) = \alpha + \beta \ln EWP_{i,t} + \sum_{k=1}^{n} \theta_k X_{k,i,t} + \varepsilon_{i,t} \qquad (2-13)$$

其中，$EWP_{i,t}$ 表示 i 地区 t 年生态福利绩效水平，被解释变量为 i 地区 t 年生态福利绩效增长量。回归所得 β 为收敛系数，当 $\beta < 0$ 时，意为发展水平低的地区有更高的增长率，即存在收敛态势，反之不存在 β 收敛。当 θ 取 0 时，不考虑由 $X_{k,i,t}$ 代理的控制变量，此时即为经典绝对 β 收敛，反之则为经典条件 β 收敛。

正如 Tobler 提出的"地理学第一定律"所言，"所有事物都与其他事物相关联，但较近的事物会比远的事物更关联"。地区生态福利绩效也存在相互关联关系，仅通过经典收敛模型分析无法测度其空间溢出性，故本节构建如公式（2-14）所示的空间收敛模型。

$$\ln\left(\frac{EWP_{i,t+1}}{EWP_{i,t}}\right) = \alpha + \beta \ln EWP_{i,t} + \sum_{k=1}^{n} \theta_k X_{k,i,t} + \rho \sum_{i=1}^{n} w_{ij}\left(\frac{EWP_{i,t+1}}{EWP_{i,t}}\right) +$$

$$\varphi \sum_{i=1}^{n} w_{ij} \ln EWP_{i,t} + \tau \sum_{i=1}^{n} w_{ij}\varepsilon_{i,t} +$$

$$\sum_{i=1}^{n} w_{ij}\gamma_k X_{k,i,t} + \upsilon_{i,t} \qquad (2-14)$$

当 $\tau = 0$ 时，为空间杜宾模型（SDM）；

当 $\tau = 0$ 且 $\varphi = \gamma_k = 0$ 时，为空间滞后模型（SLM）；

当 $\rho = 0$ 且 $\varphi = \gamma_k = 0$ 时，为空间误差模型（SEM）。

w_{ij} 为空间权重矩阵元素，本节使用地理反距离平方矩阵进行基准回归，利用反距离矩阵进行稳健性检验。

地理反距离矩阵为 $w_{ij} = \begin{cases} \dfrac{1}{d_{ij}}, i \neq j \\ 0, i = j \end{cases}$，$d_{ij}$ 为基于经纬度计算的各省会城市（首府）之间的距离。

地理反距离平方矩阵为 $w_{ij} = \begin{cases} \dfrac{1}{d_{ij}^2}, i \neq j \\ 0, i = j \end{cases}$，$d_{ij}$ 为各省会城市（首府）

之间的距离。

在经典收敛模型中，Hausman 检验结果表明，选择固定效应模型优于随机效应模型。在空间收敛模型中，LM 检验结果表明，同时存在空间滞后效应和空间误差效应；Hausman 检验结果表明，选择固定效应模型优于随机效应模型，此外，相较于地区固定效应和时间固定效应，双固定效应更优。故本节选取双固定效应的空间杜宾模型，使用反距离平方矩阵对生态福利绩效 β 收敛进行回归分析。

本节以 2011—2021 年全国 31 个省区市（不包括港澳台）为研究对象，所得生态福利绩效 β 收敛结果如表 2 - 5 所示，具体特征如下。

其一，中国生态福利绩效有明显的 β 收敛特征。无论是经典收敛模型还是空间收敛模型，无论是绝对收敛还是条件收敛，解释变量"上期效率"的回归系数均为负数，且通过 1% 的显著性检验。这意味着在其他条件不变的情况下，随着期初生态福利绩效水平的提升，本期生态福利绩效水平增加值显著下降，现实表现为期初绩效较高的地区增长率较低，符合 β 收敛的定义。结果表明，中国生态福利绩效存在显著的绝对 β 收敛趋势，生态福利绩效水平较低的地区有较高增长率，以追赶生态福利绩效水平较高的地区，最终趋于一致；中国生态福利绩效存在条件 β 收敛，放松趋同假设下，地区将趋于各自稳态水平，收敛情况主要受到城镇化率、开放水平、环境规制和政府干预的影响。

其二，条件 β 收敛速率显著高于绝对收敛速率。收敛速率与解释变量"期初效率"的回归系数的绝对值呈正相关，具体计算公式为收敛速率 $= -\ln(1 + \beta)/T$（T 为期数，下同）。可以看出，不管是经典收敛模型还是空间收敛模型，条件收敛的 β 系数绝对值都大于绝对收敛。在经典收敛模型中，条件收敛速率 0.073 比绝对收敛速率 0.065 高 12.31%；在空间收敛模型中，条件收敛速率 0.074 比绝对收敛速率 0.061 高 21.31%。在控制人口密度、产业结构、创新水平、开放水平、环境规制以及政府干预等影响因素后，结果显示，各地区以更快速度收敛于自身稳态水平。

其三，加入空间因素后 β 收敛速率较为稳定。在绝对 β 收敛模型中，考虑空间效应后收敛速率由经典绝对 β 收敛速率的 0.065 下降至 0.061，降幅为 6.15%；在条件 β 收敛模型中，考虑空间效应后收敛速率由经典

条件 β 收敛速率的 0.073 增加至 0.074，增幅为 1.37%。

表 2 - 5　全国生态福利绩效 β 收敛结果

变量	经典绝对收敛		经典条件收敛		空间绝对收敛		空间条件收敛	
	系数	Z 值	系数	Z 值	系数	Z 值	系数	Z 值
上期效率	-0.480***	-9.48	-0.518***	-9.71	-0.459***	-6.15	-0.522***	-5.99
城镇化率			-2.15e-3	-0.53			-0.017**	-2.45
创新水平			-2.06e-7	-0.37			-2.19e-7	-0.55
产业结构			-6.51e-3	-1.51			-2.67e-3	-0.37
开放水平			9.75e-3	0.48			0.011**	2.10
环境规制			-0.155	-1.32			-0.182**	-1.99
政府干预			3.57e-3	1.04			4.00e-3*	1.74

注：*、**和***分别表示在 $p < 0.10$、$p < 0.05$ 和 $p < 0.01$ 时有统计学意义。

考虑溢出效应会通过以下机理影响收敛趋势。首先，要素争夺效应。距离越近的地区之间生产要素的竞争越激烈，地区纷纷出台有力措施渴望从周边吸引人才、资本、企业等要素，吸引到更多要素的地区将形成更大产出，促进经济增长、社会进步、产业升级，以此为优势进一步吸引要素流入，形成正向强化机制。这一效应将扩大地区差距，体现为回归结果中绝对 β 收敛速率的降低。

其次，以邻为壑效应。经济系统的最优解往往异于其组成个体的最优解。在这一话题中的体现便是，各省为竭尽所能地减小污染企业对本省的影响，倾向于将其集中于两省交界处，把本省所需承担的生态污染成本分摊给邻省，实现相对提高本省生态福利绩效、拉低邻省生态福利绩效的结果。这一效应也将拉大地区差异，带来绝对 β 收敛速率的降低。

最后，正向溢出效应。距离越近的地区交流的成本越低，有助于信息传播、技术交流，提供共用中间投入品和劳动力市场的可能。客观上，优化地区生产条件，提高生产效率，提高地区生态福利绩效水平，促使其以更快速度收敛于各自稳态水平，体现为回归结果中条件 β 收敛速率的加快。

为进一步研究生态福利绩效的时间收敛特征，本节进行地区异质性分析。东部、中部、西部和东北四大板块生态福利绩效绝对 β 收敛和条

件 β 收敛结果如表 2-6、表 2-7 所示。

其一,中国四大板块生态福利绩效均存在显著收敛特征。东部地区经典绝对 β 系数、空间绝对 β 系数分别为 -0.686、-0.895,中部地区经典绝对 β 系数、空间绝对 β 系数分别为 -0.380、-0.246,西部地区经典绝对 β 系数、空间绝对 β 系数分别为 -0.435、-0.359,东北地区经典绝对 β 系数为 -0.521,均通过 1% 的显著性检验。东部地区经典条件 β 系数、空间条件 β 系数分别为 -0.865、-0.999,中部地区经典条件 β 系数、空间条件 β 系数分别为 -0.372、-0.341,西部地区经典条件 β 系数、空间条件 β 系数分别为 -0.523、-0.493,均通过 1% 的显著性检验;东北地区经典条件 β 系数、空间条件 β 系数分别为 -0.534、-1.763,分别通过 5%、1% 的显著性检验。结果表明,东部、中部、西部和东北地区既存在趋于各自稳态的条件 β 收敛,也存在趋于一致的绝对 β 收敛。

其二,区域间收敛特征比较。无论是从各板块区域同一稳态,即绝对收敛速率看,还是从各板块趋于各自稳态,即条件收敛速率看,均存在东北 > 西部 > 中部 > 东部的规律。相比于中部和东部地区,西部和东北地区更快趋于稳态水平。生态福利绩效测算结果表明,中部地区相对有效,东部、西部地区次之,东北地区相对无效,这一收敛速率特征表现出西部和东北地区生态福利绩效提升的质量较好,有较大的追赶动能。

其三,区域内收敛特征分析。考虑空间效应,东部地区绝对收敛、条件收敛速率加快,分别从 0.116 和 0.200 增长至 0.225 和 0.691,增幅分别为 93.97%、245.50%;中部和西部地区绝对收敛、条件收敛速率有所下降,考虑空间效应后,中部地区绝对收敛、条件收敛速率分别下降 41.67%、10.64%,西部地区绝对收敛、条件收敛速率分别下降 22.81%、8.11%。由此可见,东部地区对邻近地区具有促进收敛的正向溢出效应,中部和西部地区相反。相比绝对收敛速率,条件收敛速率更快,东部地区经典条件收敛速率、空间条件收敛速率分别比绝对收敛速率快 72.87%、206.50%;中部地区空间条件收敛速率比绝对收敛速率快 47.69%;西部地区经典条件收敛速率、空间条件收敛速率分别比绝对收敛速率快 29.65%、52.73%;东北地区条件收敛速率与绝对收敛速率则较为接近。

表 2 - 6　分地区生态福利绩效绝对 β 收敛结果

变量	东部地区		中部地区		西部地区		东北地区	
	经典收敛	空间收敛	经典收敛	空间收敛	经典收敛	空间收敛	经典收敛	空间收敛
β 系数	- 0.686***	- 0.895***	- 0.380***	- 0.246***	- 0.435***	- 0.359***	- 0.521***	- 0.090
Z 值	- 6.67	- 8.76	- 4.15	- 4.34	- 5.38	- 3.95	- 2.99	- 1.15
R^2	0.333	0.323	0.246	0.148	0.213	0.208	0.255	0.057
Log - L		91.909		52.282		67.058		35.243

注：*** 表示在 p < 0.01 时有统计学意义。

表 2 - 7　分地区生态福利绩效条件 β 收敛结果

变量	东部地区		中部地区		西部地区		东北地区	
	经典收敛	空间收敛	经典收敛	空间收敛	经典收敛	空间收敛	经典收敛	空间收敛
上期效率	- 0.865***	- 0.999***	- 0.372***	- 0.341***	- 0.523***	- 0.493***	- 0.534**	- 1.763***
	(- 7.93)	(- 7.75)	(- 4.19)	(- 2.95)	(- 5.86)	(- 5.50)	(- 2.52)	(- 5.91)
城镇化率	2.71e - 3	- 3.73e - 3	0.013	0.070	- 2.31e - 3	0.014	- 8.08e - 3	- 0.339
	(0.35)	(- 0.51)	(1.13)	(0.53)	(- 0.33)	(0.74)	(- 0.23)	(- 1.08)
创新水平	- 2.88e - 7	- 1.61e - 6**	- 1.08e - 5***	- 3.61e - 5	- 1.04e - 5*	- 1.97e - 7	6.52e - 6	1.50e - 4*
	(- 0.51)	(- 2.22)	(- 3.29)	(- 1.41)	(- 1.91)	(- 0.03)	(0.40)	(1.89)
产业结构	- 0.018**	0.022	- 0.021*	- 0.025	- 0.013	- 3.74e - 3	- 5.49e - 3	- 0.094
	(- 2.40)	(1.18)	(- 1.78)	(- 1.49)	(- 1.42)	(- 0.44)	(- 0.44)	(- 0.52)
开放水平	7.03e - 3	- 7.84e - 3	- 1.943	1.313	0.819	0.776***	- 1.769	4.706
	(0.39)	(- 0.83)	(- 1.14)	(0.33)	(1.47)	(3.54)	(- 0.86)	(1.64)
环境规制	0.067	0.576**	- 0.035	0.845*	- 0.156	- 0.214**	- 0.020	- 0.954
	(0.23)	(2.42)	(- 0.11)	(1.88)	(- 1.00)	(- 2.28)	(- 0.02)	(- 1.63)
政府干预	- 1.85e - 4	0.018**	- 0.029	- 0.028	1.53e - 3	- 2.53e - 3	5.59e - 3	- 0.083*
	(- 0.02)	(2.12)	(- 1.59)	(- 0.77)	(0.31)	(- 0.77)	(0.34)	(- 1.68)
R^2	0.436	0.196	0.466	0.163	0.273	0.021	0.314	0.014
Log - L		102.027		64.607		77.583		49.056

注：括号中表示估计系数的 Z 值，*、** 和 *** 分别表示在 p < 0.10、p < 0.05 和 p < 0.01 时有统计学意义。

为保证 β 收敛回归结果和分析的可靠性，本节分别采用替换空间权重矩阵和替换被解释变量的方式进行稳健性检验，结果如表 2 - 8 所示。

其一，基准分析选取以规模报酬不变为假设前提的全局 Super - SBM

模型测度生态福利绩效。为进行稳健性检验，本节测算规模报酬可变的生态福利绩效，研究其 β 收敛情况，所得结果与基准回归一致。可以看出，生态福利绩效存在显著的绝对 β 收敛和条件 β 收敛；无论是经典收敛模型还是空间收敛模型，条件 β 收敛速率均快于绝对 β 收敛速率，这意味着相比于共同水平，各地生态福利绩效以更快速度收敛于各自绩效的稳态；考虑空间因素，绝对收敛速率略有下降，条件收敛速率有所上升。

其二，基准分析选取反距离平方矩阵研究空间效应。为进行稳健性检验，本节选择空间反距离矩阵作为空间权重矩阵，所得结果与基准回归一致。一方面，生态福利绩效存在显著的绝对 β 收敛和条件 β 收敛；另一方面，在空间收敛模型中，条件收敛速率快于绝对收敛速率，各省份以更快速度收敛于自身稳态水平。

表 2 - 8   生态福利绩效收敛特征稳健性检验

变量	替换被解释变量				替换空间权重矩阵	
	经典绝对收敛	经典条件收敛	空间绝对收敛	空间条件收敛	空间绝对收敛	空间条件收敛
上期效率	- 0.492 *** (- 9.11)	- 0.513 *** (- 8.91)	- 0.464 *** (- 4.70)	- 0.537 *** (- 4.91)	- 0.459 *** (- 6.26)	- 0.519 *** (- 6.00)
城镇化率		5.98e - 3 (1.37)		- 1.53e - 3 (- 0.11)		- 0.013 * (- 1.85)
创新水平		1.36e - 8 (0.02)		6.31e - 7 ** (2.02)		4.47e - 9 (0.01)
产业结构		3.61e - 3 (0.77)		- 1.39e - 3 (- 0.13)		- 1.92e - 3 (- 0.26)
开放水平		4.67e - 3 (0.21)		0.014 ** (2.14)		0.019 *** (2.84)
环境规制		- 0.017 (- 0.13)		- 0.141 * (- 1.79)		- 0.199 ** (- 2.16)
政府干预		3.66e - 3 (0.96)		8.76e - 4 (0.09)		3.06e - 3 (1.20)
R²	0.230	0.238	0.235	0.026	0.246	0.082
Log - L			166.312	178.134	191.613	198.023

注：括号中表示估计系数的 Z 值，* 、** 和 *** 分别表示在 $p < 0.10$、$p < 0.05$ 和 $p < 0.01$ 时有统计学意义。

第三节　省域生态福利绩效的影响因素研究

生态福利绩效存在明显的地区差异，且主要来源于区域间差异，整体呈现绝对 β 收敛和条件 β 收敛的特征。本节使用空间计量模型进行生态福利绩效影响因素分析，研究造成差异的原因。

一　理论分析与研究假设

学术界关于生态福利绩效影响因素的研究多聚焦于绿色金融、数字经济、财政失衡等单一角度，本章在借鉴已有研究的基础上，使用空间回归模型，综合城镇化率、创新水平、产业结构、开放水平、环境规制和政府干预对生态福利绩效的影响，分析造成直接效应和间接效应的机理。

城镇是经济运行和社会发展的重要支撑，城镇化进程伴随农业人口向城镇集聚、农业生产向工业转移和城镇功能的逐步完善（李兰冰等，2020）。孙久文和胡俊彦（2022）指出，这一过程会不可避免地带来环境污染和破坏。由于城镇化进程中，要素集聚的同时带来资源消耗增加、环境污染加剧，可能出现污染处理能力未能跟上污染治理速度的问题，不利于生态福利绩效的提升（黄莘绒等，2021）。基于此，本章提出以下研究假设。

H1：城镇化率抑制生态福利绩效的提升。

生态福利绩效的实质是以最小的生态投入获得最大的福利产出。技术进步有助于降低生态投入水平。一方面，科技创新提高资源利用效率，降低生产生活过程对自然资源的依赖，减少生态资源投入；另一方面，科技创新提升污染处理能力，减少污染排放，有效改善环境问题（程钰等，2022）。生态投入的减少有助于提高地区生态福利绩效水平。此外，由于创新活动具有典型的"溢出效应"，其在一定程度上影响相邻地区生态福利绩效水平（吴传清、邓明亮，2019）。基于此，本章提出以下研究假设。

H2：创新水平促进生态福利绩效的提升。

对外开放为中国经济发展与社会进步带来巨大的拉动力（李锴、齐绍洲，2011）。融入全球价值体系有助于带来先进技术和管理经验，推动经济发展，改善教育医疗环境，提高居民收入，促进社会福利提升（张军扩等，2019）。基于此，本章提出以下研究假设。

H3：开放水平助力提高生态福利绩效。

环境规制有效助力经济绿色转型（万攀兵等，2021）。环境规制有效地将污染排放所带来的负外部性内部化，进而矫正社会层面污染排放和环境保护的成本、收益，有助于实现生态资源的有效配置（陈诗一等，2021）。在体系健全与严格执行环境规制的背景下，企业才有足够的动力与压力进行绿色生产转型，提高污染治理能力与资源利用效率，带动绿色产业崛起发展，促进生产方式变革（张建鹏、陈诗一，2021）。基于此，本章提出以下研究假设。

H4：环境规制激励企业加大研发投入以提高资源利用效率，减少污染排放，进而提高生态福利绩效。

提升生态福利绩效具有公共事务属性，政府应压实规制、统筹、引导、示范等多重功能（霍国庆等，2016）。2020年3月3日，中共中央办公厅、国务院办公厅印发《关于构建现代环境治理体系的指导意见》，明确政府在现代环境治理体系中的主导地位，指出由地方财政承担环境治理支出责任。因而，政府可以通过提高财政支出比重，加强干预，广泛调动各类主体参与环境治理的积极性，提升生态福利绩效水平。基于此，本章提出以下研究假设。

H5：政府干预促进生态福利绩效水平的提升。

在分析对生态福利绩效的影响时，学者们大多采用第二产业增加值占地区生产总值的比重来刻画产业结构。随着第二产业产值占比的提高，生态福利绩效将有所下降（史丹，2018）。我国机械制造、装配加工和化石能源等重工业在第二产业中占比较高，既增加能源消耗、土地使用和用水总量等生态资源投入指标，还具有高排放、高污染的粗放型特点，增加环境污染投入，导致环境恶化，阻碍福利提升（张秋凤等，2022）。基于此，本章提出以下研究假设。

H6：随着第二产业产值占比的提高，生态福利绩效将有所下降。

二 研究方法与数据来源

为研究上述因素对生态福利绩效的影响效应，本节考虑空间溢出性，构建如公式（2-15）所示的空间回归模型。

$$\ln(EWP_{i,t+1}) = \alpha + \beta\ln EWP_{i,t} + \sum_{k=1}^{n}\theta_k X_{k,i,t} + \rho\sum_{i=1}^{n}w_{ij}\left(\frac{EWP_{i,t+1}}{EWP_{i,t}}\right) +$$

$$\varphi\sum_{i=1}^{n}w_{ij}\ln EWP_{i,t} + \tau\sum_{i=1}^{n}w_{ij}\varepsilon_{i,t} + \sum_{i=1}^{n}w_{ij}\gamma_k X_{k,i,t} + \upsilon_{i,t} \qquad (2-15)$$

当 $\tau = 0$ 时，为空间杜宾模型（SDM）；

当 $\tau = 0$ 且 $\varphi = \gamma_k = 0$ 时，为空间滞后模型（SLM）；

当 $\rho = 0$ 且 $\varphi = \gamma_k = 0$ 时，为空间误差模型（SEM）。

X_{ij} 为城镇化率、创新水平、产业结构、开放水平、环境规制和政府干预等解释变量；w_{ij} 为空间权重矩阵元素，与测度空间收敛做法一致，使用地理反距离平方矩阵进行基准回归，利用反距离矩阵进行稳健性检验。

地理反距离矩阵为 $w_{ij} = \begin{cases} \dfrac{1}{d_{ij}}, i \neq j \\ 0, i = j \end{cases}$，$d_{ij}$ 为基于经纬度计算的各省会城市（首府）之间的距离。

地理反距离平方矩阵为 $w_{ij} = \begin{cases} \dfrac{1}{d_{ij}^2}, i \neq j \\ 0, i = j \end{cases}$，$d_{ij}$ 为基于经纬度计算的各省会城市（首府）之间的距离。

LM 检验结果表明，同时存在空间滞后效应和空间误差效应，故选取两者结合的空间杜宾模型进行分析。Hausman 检验结果表明，选择固定效应模型优于随机效应模型。并且检验结果显示，相较于地区固定效应和时间固定效应，双固定效应更优。

被解释变量为采用全局 Super - SBM 模型测度的生态福利绩效。解释变量为使用地区城镇人口占总人口比重测度的城镇化率，依托第二产业总产值占地区生产总值比重表征的产业结构，选取 0.5 × 发明专利数 + 0.3 × 实用新型专利授权数 + 0.2 × 外观设计专利授权数表征的创新水平，采用实际利用外资与地区生产总值之比度量的开放水平，选用工业污染治理投资额占地区生产总值比重刻画的环境规制，利用财政支出占地区生产总值比重衡量的政府干预。被解释变量和解释变量描述性统计见表2-9。所用数据来源于《中国统计年鉴》。

表2-9　生态福利绩效测算结果与相关变量的描述性统计

变量名称	度量指标或说明	单位	均值	标准差	最大值	最小值
生态福利绩效	采用全局 Super-SBM 模型测度	/	0.538	0.289	1.336	0.094
城镇化率	城镇人口占总人口比重	%	59.280	12.768	89.583	22.857
产业结构	第二产业产值占地区生产总值比重	%	39.986	7.801	58.655	15.967
创新水平	0.5×发明专利数+0.3×实用新型专利授权数+0.2×外观设计专利授权数	个	2.08e5	3.22e5	2.54e6	42.100
开放水平	实际利用外资与地区生产总值之比	美元/元	0.105	0.483	6.961	0.008
环境规制	工业污染治理投资占地区生产总值比重	%	0.110	0.123	1.103	4.81e-5
政府干预	地方财政支出占地区生产总值比重	%	29.407	20.592	135.378	10.501

三　实证结果与分析

本节以2011—2021年全国31个省区市（不包括港澳台）生态福利绩效为研究对象，选取双固定效应的空间杜宾模型，使用反距离平方矩阵，分别对全国尺度和分地区尺度生态福利绩效的影响因素进行回归分析。

（一）全国尺度生态福利绩效的影响因素结果分析

全国尺度生态福利绩效影响因素个体固定效应、时间固定效应和双固定效应的空间杜宾模型回归结果如表2-10所示，三种回归结果较为一致。检验结果表明，双固定效应显著优于个体固定效应和时间固定效应，故本部分对双固定效应回归结果做出解释。

回归结果表明，上期效率、城镇化率、开放水平、环境规制和政府干预均显著影响本地区生态福利绩效。上期效率与本地区生态福利绩效的相关系数为0.478，并通过1%的显著性检验；开放水平和政府干预显著促进本地区生态福利绩效水平的提升，而城镇化率和环境规制显著抑制本地区生态福利绩效提升。关于溢出效应，从空间加权系数的回归结果来看，创新水平和开放水平显著促进邻近地区生态福利绩效。

表 2 - 10　全国尺度生态福利绩效影响因素空间回归结果

变量	个体固定效应		时间固定效应		双固定效应	
	自身影响	溢出效应	自身影响	溢出效应	自身影响	溢出效应
上期效率	0.468***	-0.247***	0.933***	-0.155**	0.478***	-0.0874
	(5.57)	(-2.66)	(47.13)	(-2.46)	(5.46)	(-0.68)
城镇化率	-0.021***	0.014	-6.04e-4	6.33e-4	-0.017**	0.016
	(-3.06)	(1.15)	(-0.75)	(0.50)	(-2.47)	(1.01)
创新水平	-5.42e-7	1.08e-6	-2.39e-7*	-7.20e-8	-2.19e-7	1.93e-6*
	(-1.43)	(-1.36)	(-1.70)	(-0.13)	(-0.55)	(1.76)
产业结构	-2.32e-3	-0.013	-3.13e-3***	1.66e-3	-2.67e-3	-0.012
	(-0.43)	(-1.61)	(-2.67)	(0.75)	(-0.37)	(-0.92)
开放水平	7.79e-3	0.053**	7.01e-3	0.089***	0.011**	0.101***
	(1.42)	(2.21)	(1.45)	(4.43)	(2.10)	(4.07)
环境规制	-0.149*	5.70e-3	0.016	0.127	-0.182**	-0.355
	(-1.95)	(0.03)	(-0.25)	(0.65)	(-1.99)	(-1.46)
政府干预	4.83e-3**	-8.95e-3	-1.35e-3***	-2.67	4.00e-3*	-7.58e-3
	(2.12)	(-1.30)	(-4.91)	(-1.20)	(1.74)	(-0.68)
R^2	0.330		0.274		0.207	
Log-L	184.328		155.702		199.428	

注：括号中表示估计系数的标准误，*、**和***分别表示在 $p < 0.10$、$p < 0.05$ 和 $p < 0.01$ 时有统计学意义。

在一般计量模型中，回归系数的含义为解释变量变动对被解释变量的影响程度。但空间计量模型的回归系数同时包含直接影响和反馈效应，回归系数不严谨。因此有必要进一步将空间效应分解为直接影响和间接影响。直接影响的含义是本地自变量对当地因变量的影响，间接影响的含义则是指自变量对与其存在空间关联的邻近区域因变量的影响。

对空间杜宾回归结果进行分解，全国尺度生态福利绩效影响因素的直接效应、间接效应和总效应如表 2 - 11 所示，结论与表 2 - 10 大体一致。结果表明，上期效率、城镇化、开放水平、环境规制、政府干预具有显著的直接效应，创新水平和开放水平具有显著的间接效应。

表 2-11 全国尺度生态福利绩效影响因素空间效应分解

变量	直接效应		间接效应		总效应	
	回归系数	Z 值	回归系数	Z 值	回归系数	Z 值
上期效率	0.480***	5.39	-0.041	-0.30	0.439***	3.23
城镇化率	-0.016***	-2.60	0.016	0.91	-2.14e-4	-0.01
创新水平	1.42e-7	-0.36	2.14e-6*	1.72	2.00e-7	1.39
开放水平	0.014**	2.34	0.116***	4.02	0.130***	3.98
环境规制	0.192**	-2.26	-0.439	-1.55	-0.631**	-2.06
政府干预	3.82e-3*	1.68	-7.67e-3	-0.63	-3.85e-3	-0.30
产业结构	-3.21e-3	-0.45	-0.015	-1.02	-0.018	-0.90

注：*、** 和 *** 分别表示在 p<0.10、p<0.05 和 p<0.01 时有统计学意义。

（1）生态福利绩效具有时间惯性。滞后一期的生态福利绩效与本期的生态福利绩效在1%的显著性水平呈正相关，相关系数为0.480。这说明生态福利绩效存在明显的"时间惯性"现象，上一期生态福利绩效显著影响当期生态福利绩效。但滞后一期生态福利绩效的间接效应不显著，表示没有证据表明地区上期生态福利绩效会影响邻近地区生态福利绩效的变动。

（2）城镇化率显著抑制生态福利绩效提升。结果表明，城镇化水平对生态福利绩效的直接效应显著为负，相关系数为-0.016，且通过1%的显著性检验，支持假设H1。但未有证据表明，城镇化率对生态福利绩效存在显著的间接效应。城镇化是人口从农村向城镇集聚、产业从农业向工业与服务业转移、城镇区域扩大且功能完善的过程，对生态福利绩效的影响表现为正向的"规模效应"和负向的"拥挤效应"。一方面，城镇化进程有助于降低交易、运输成本，发挥"规模效应"的优势，促进地区发挥比较优势，引导生产要素流向产出效率高的行业，助力地区经济发展，为提高民生福祉提供必要物质基础，进而推动基础设施建设、改善居民生活环境、优化升级公共服务。另一方面，随着人口密度的增加，出现"拥挤效应"，带来资源投入加大、环境污染加剧、生态压力增加等问题，当污染处理能力提升未能跟上资源消耗体量扩大时，会对当地生态环境产生不利影响。回归结果显示，基于中国整体视角，城镇化快速发展带来的促进福利提升的"规模效应"未能超过加剧环境问题的"拥挤效应"，对生态福利绩效的负向影响占主导地位，这也反映出中国城镇化的质量和效率较低，应着重引导要素高水平集聚。

（3）创新水平具有显著的正向溢出效应。回归结果显示，创新水平的间接效应显著为正，促进相邻地区生态福利绩效水平提升，相关系数为 2.14e−6，通过 10% 的显著性检验，支持假设 H2，但未有证据表明创新存在显著的直接效应。技术进步对生态福利绩效的影响效应体现为正向促进的"效率提升"和负向抑制的"成本消耗"两个维度。"效率提升"包含直接影响和间接影响两方面：首先，技术进步有助于提升资源利用效率，升级污染处理技术，起到缓解资源压力的直接正向作用；其次，技术进步提高生产效率，改善生活条件，传导至民生的方方面面，起到提高社会福祉的间接正向作用。然而，技术进步这一过程本身必然伴随生态资源要素投入，在一定程度上会带来污染产出，这一研发、转化、应用的循环过程会不可避免地增大生态支出，从而不利于生态福利绩效提升。回归结果表明，我国创新水平对当地生态福利绩效的影响不显著，这可能与创新成果转化效率有关，采取专利授权量度量创新水平。企业积极进行创新活动，所造成的额外"成本消耗"与获得的"效率提升"收益大致持平。此外，创新活动的一大特点便是具有显著的"溢出效应"，这意味着某地区实现一项技术突破后，自然而然地会通过企业间业务往来、技术合作、正式或非正式交流等方式扩散至相邻地区，相邻地区通过"搭便车"的方式，未承担研究过程的"资源消耗"，却可以享受研究成果、获得"效率提升"，这也就是回归结果中创新水平具有显著的正向溢出效应的原因。

（4）开放水平对提升地区生态福利绩效具有显著的直接效应和间接效应。结果表明，实际利用外资与地区生产总值之比对生态福利绩效正向促进作用的直接效应和间接效应相关系数分别为 0.014、0.116，分别通过 5%、1% 的显著性检验，支持假设 H3。关于由实际利用外资金额代理的对外开放水平对地区生态福利绩效的影响，学术界存在两种截然不同的机制假说。一是"污染避难所"假说。该假说认为，经济发展水平较高的地区倾向于迁出污染排放较高的企业，在一定程度上引起外商投资承接地产业结构向高污染的方向调整，产生大量污染物，加大资源环境承载压力。二是"污染光环"假说。该假说认为，受外商投资企业所在国家更为严格的环保政策影响，通过知识外溢和技术扩散，环保观念逐步拓展，环保产业逐步建立，环保成效逐步显现，为承接地生态保护和污染治理提供物质基础和理念支撑，促进地区生态福利绩效提升。结果表明，外商投资对中国生态福利绩效的影响中"污染光环"效应占主导，外资有助于带来先进的生产技术和管理经验，通过业务活动、人员流动、经验交流等方式传递给邻近地区，带来承接地和邻近地生态福利绩效的提升。另外，由于承接地直接负担生产所带来的必要消耗和污染产出，抵消一部分"污染光环"带来的促进作用，所以直接效应小于间接效应。

（5）环境规制对生态福利绩效存在显著的正向直接影响。由"工业污染治理投资额"测度的环境规制水平与生态福利绩效之间直接效应的相关系数为0.192，通过5%的显著性检验，支持假设H4。环境规制影响生态福利绩效的机理可以归纳为以下两个维度。一方面，存在"遵循成本"效应，由于环保政策的出台，企业成本因污染治理投资额的提升而增加，挤出生产经营和科技研发费用，削弱企业技术创新能力和产品竞争力，对企业运营和发展产生负面影响。另一方面，由于"创新补偿"效应的存在，适度合理的环境政策对企业产生正向激励作用，倒逼企业改进设备技术、改善生产经营、优化资源配置，提高整体效率，降低企业成本，使企业在减少资源消耗和环境污染的同时扩大产出，进而提高生态福利绩效水平。回归结果指出，环境规制影响地区生态福利绩效时正向的"创新补偿"效应占主导地位，环境规制有利于促进企业技术进步与效率提升，优化生产效能，助力清洁生产，减少污染排放，有效改善生态环境，提高社会民生福祉，带动地区生态福利绩效水平的提升。

（6）政府干预显著促进生态福利绩效提升。结果显示，由"地方财政支出占地区生产总值比重"刻画的政府干预程度与生态福利绩效水平的直接效应相关系数为3.82e-3，在10%的水平下显著，支持假设H5。生态环境和社会保障具有很强的正外部性，政府则是处理社会最优解和个体最优决策不统一问题的重要一环，具有实施宏观调控以解决"公地悲剧"的显著优势。政府干预程度的提升会起到适当引导资源利用、有效治理环境污染以及承担提供教育医疗等公共产品职责等积极作用，由此提高生态福利绩效水平。另外，没有证据表明政府干预存在显著的间接效应，这说明各地政府普遍具有大局意识，并未出现"以邻为壑"的短视行为，生态文明思想深入人心。

（7）产业结构对生态福利绩效影响不显著。回归结果表明，没有明显证据证明，产业结构对生态福利绩效存在显著的直接效应或间接效应，不支持假设 H6。现有研究多认为，第二产业产值占比增加不利于生态福利绩效水平的提升。但随着中国生态文明建设的推进，第二产业渐进完成绿色化转型，清洁生产在一定程度上弥补了生产所带来的环境问题，这一发展趋势与产业结构不显著影响生态福利绩效相一致。

综上，空间杜宾回归结果和空间效应分解结果基本一致。结果表明，首先，生态福利绩效具有典型的"时间惯性"，上期绩效水平通过直接效应显著影响当期生态福利绩效；其次，开放水平、环境规制和政府干预显著促进当地生态福利绩效提升，并且创新水平和对外开放具有正向空间溢出效应，促进相邻地区生态福利绩效水平提升；最后，由于城镇化水平尚处于较低水平，在一定程度上抑制生态福利绩效提升。

（二）分地区生态福利绩效的影响因素结果分析

考虑各地资源禀赋和发展阶段有所不同，本部分分别研究四大板块生态福利绩效的影响因素，分析其作用机理。分地区空间杜宾模型回归结果如表 2 – 12 所示。

东部地区：环境规制和政府干预促进当地生态福利绩效提升，城镇化率和环境规制具有显著的正向溢出效应，能提高相邻地区生态福利绩效，但创新水平存在负向阻碍效应。

中部地区：生态福利绩效存在"时间惯性"，相关系数为 0.659，且通过 1% 的显著性检验。环境规制有助于提升当地生态福利绩效，但创新水平对当地和相邻地区生态福利绩效均有显著抑制作用。

西部地区：生态福利绩效与上期水平密切相关。开放水平显著促进西部地区生态福利绩效提升，环境规制起到抑制作用；关于溢出效应，城镇化率和开放水平提升相邻地区生态福利绩效，创新水平则起到相反作用。

东北地区：创新水平和开放水平显著推动当地生态福利绩效提升，城镇化率和政府干预在一定程度起到反向作用；此外，创新水平和开放水平存在显著正向溢出效应，城镇化率和政府干预呈现抑制相邻地区生态福利绩效提升的特征。

表 2 – 12　分地区生态福利绩效影响因素空间杜宾回归结果

变量	东部地区		中部地区		西部地区		东北地区	
	自身影响	溢出效应	自身影响	溢出效应	自身影响	溢出效应	自身影响	溢出效应
上期效率	8.92e－4	0.046	0.659***	0.273	0.508***	0.230	－0.748	－0.984
	(0.01)	(0.31)	(6.05)	(0.90)	(5.85)	(1.33)	(－1.40)	(－1.43)
城镇化率	－3.73e－3	0.052***	0.069	0.182	0.014	0.199***	－0.330*	－0.645**
	(－0.52)	(3.00)	(0.50)	(0.60)	(0.72)	(2.86)	(－1.96)	(－2.21)
创新水平	－1.60e－6**	－1.14e－6	－3.60e－5**	－6.60e－5**	－2.29e－7	－4.73e－5***	1.44e－4***	4.25e－4***
	(－2.24)	(－0.80)	(－2.46)	(－1.97)	(－0.04)	(－4.84)	(3.04)	(3.74)
产业结构	0.022	0.010	－0.025*	8.82e－3	－3.69e－3	－0.025	－0.092	－0.094
	(1.18)	(0.42)	(－1.86)	(0.27)	(－0.43)	(－0.58)	(－0.90)	(－0.74)
开放水平	－7.85e－3	－8.90e－3	1.335	1.362	0.779***	5.440**	4.516**	13.141***
	(－0.82)	(－0.40)	(0.36)	(0.12)	(3.60)	(2.47)	(2.27)	(3.41)
环境规制	0.576**	1.230**	0.841**	1.108	－0.215**	－0.095	－0.919	－0.023
	(2.52)	(2.37)	(2.23)	(1.07)	(－2.28)	(－0.30)	(－1.20)	(－1.61)
政府干预	0.018**	1.08e－3	－0.028	0.059	－2.61e－3	－0.027	－0.078***	－0.378***
	(2.15)	(0.10)	(－0.84)	(0.63)	(－0.78)	(－0.99)	(－3.04)	(－3.92)
R²	0.037		0.189		0.009		0.204	
Log－L	102.368		64.448		77.718		73.777	

注：括号中表示估计系数的 Z 值，*、** 和*** 分别表示在 p < 0.10、p < 0.05 和 p < 0.01 时有统计学意义。

由于空间计量模型回归系数同时包含直接影响和反馈效应，并不严谨，本节进一步将空间效应分解为直接效应和间接效应，结果如表 2 – 13 所示，与空间回归结果基本一致。环境规制和城镇化率是提高东部地区生态福利绩效的主要因素；创新水平和产业结构对中部地区存在显著的负向直接效应，环境规制则正向促进当地生态福利绩效提升，创新水平还存在显著的负向间接效应；对于西部地区，城镇化率和开放水平均呈现显著的正向间接效应，环境规制则通过直接效应起到一定程度的抑制作用；东北地区创新水平和开放水平存在显著的正向间接效应，城镇化率和政府干预存在显著的负向间接效应。具体解释如下。

（1）城镇化率的影响存在地区差异。在东部和西部地区，城镇化对提升生态福利绩效具有显著的正向间接效应，而在东北地区则表现为负向间接效应，相关系数分别为 0.046、0.182、－0.469，分别通过 5%、1% 和 5% 的显著性检验。城镇化水平对生态福利绩效的间接影响存在"扩散效应"和"虹吸效应"。对于城镇化水平较高、质量较好的地区，城镇化进程对生态福利绩效的影响体现为降低交易成本、便利民众生活、提高生活质量的积极影响，通过"扩散效应"提升相邻地区民生福祉，进而提高其生态福利绩效水平；但对城镇化水平较低的地区则以"虹吸效应"为主导，东北地区城镇化建设所带来的主要结果表现为吸引周边地区要素流入，这会造成邻近地区大量基础设施和生产资料闲置，抑制邻近地区生态福利绩效提升。

（2）创新水平显著抑制中部地区生态福利绩效提升。在中部地区，创新水平对生态福利绩效存在显著的负向直接效应和间接效应，相关系数分别为 －3.13e－5、－4.67e－5，分别通过 5%、10% 的显著性检验；在东北地区，创新水平对生态福利绩效则存在显著的正向间接效应，回归系数为 3.56e－4，通过 1% 的显著性检验。创新水平对生态福利绩效的影响效应体现为正向促进的"效率提升"和负向抑制的"成本消耗"两个维度。可以看出，在中部地区，研发活动本身所带来的资源消耗占主导地位，显著抑制本地和周边地区生态福利绩效提升；而在东北地区，知识溢出带来的"效率提升"占主导地位，促进邻近地区生态福利绩效提升。

（3）产业结构抑制中部地区生态福利绩效水平提升。产业结构对中部地区生态福利绩效提升呈现显著的负向直接作用，相关系数为 －0.026，通过 5% 水平下的稳健性检验。这反映了中部地区产业结构水平较低，第二产业占比较大，资源消耗较多，污染排放严重，不利于生态福利绩效的提升。

（4）开放水平显著促进西部和东北地区生态福利绩效提升。西部和东北地区对外开放对生态福利绩效提升具有显著的正向间接作用，相关系数分别为 3.477、11.025，分别通过 5%、1% 的显著性检验。直接利用外商投资对生态福利绩效的影响效应包括"污染避难所"和"污染光环"两类。回归结果表明，在西部和东北地区，"污染光环"效应占据主导地位。这意味着在社会整体发展水平较低的区域，对外开放有助于引进先进的管理经验和生产技术，并通过业务活动和人员交流产生溢出效应，带动周边地区的发展，表现为对生态福利绩效的间接促进效应。

（5）环境规制显著促进东部和中部地区生态福利绩效，东部地区同时存在直接效应和间接效应，中部地区主要表现为直接效应。然而，环境规制通过直接效应抑制西部地区生态福利绩效的提升。环境规制影响生态福利绩效的机制可以概括为"遵循成本"效应和"创新补偿"效应，前者认为环境规制增加企业污染治理成本，挤出日常活动经费，削弱企业技术创新能力和产品竞争力，产生负面影响；后者认为环境政策倒逼企业进行技术研发和设备优化，提高整体效率，提高生态福利绩效水平。结果表明，东部和中部地区环境规制的"创新补偿"效应占据主导地位，而西部地区环境规制的"遵循成本"效应则占主导地位。

（6）政府干预的影响存在地区差异。在东北地区，政府干预对生态福利绩效呈现显著的负向间接效应，相关系数为 - 0.339，在 1% 的水平下显著。理论上讲，政府具有提供正外部性产品的天然优势，政府干预的加强，有助于改善污染治理效能，提高社会福利水平，进而提升当地生态福利绩效。但由于存在"以邻为壑"的现象，政府缺乏大局意识，在提升当地生态福利绩效的同时抑制周边地区绩效水平提升。

表 2 – 13　分地区生态福利绩效影响因素空间效应分解

变量	东部地区		中部地区		西部地区		东北地区	
	直接效应	间接效应	直接效应	间接效应	直接效应	间接效应	直接效应	间接效应
上期效率	$-2.40e-3$	0.041	0.656^{***}	0.076	0.471^{***}	0.056	-0.562	-0.604
	(-0.02)	(0.29)	(6.19)	(0.38)	(5.95)	(0.52)	(-1.29)	(-1.32)
城镇化率	-0.011	0.046^{**}	0.052	0.134	0.013	0.182^{***}	-0.197	-0.469^{**}
	(-0.51)	(2.39)	(0.46)	(0.59)	(0.58)	(5.10)	(-1.40)	(-2.06)
创新水平	2.75	$-8.28e-5$	$-3.13e-5^{**}$	$-4.67e-5^{*}$	$2.09e-4$	$5.45e-4$	$4.58e-5$	$3.56e-4^{***}$
	(0.02)	(-0.02)	(-2.48)	(-1.81)	(0.05)	(0.02)	(0.96)	(3.56)
产业结构	0.019	$4.62e-3$	-0.026^{**}	0.014	$-1.06e-3$	-0.032	-0.083	-0.053
	(0.48)	(0.19)	(-2.07)	(0.54)	(-0.05)	(-0.98)	(-1.07)	(-0.71)
开放水平	$-8.36e-3$	$-3.77e-3$	1.136	1.094	0.328	3.477^{**}	1.553	11.025^{***}
	(-0.43)	(-0.19)	(0.37)	(0.12)	(1.20)	(2.13)	(0.89)	(3.39)

续表

变量	东部地区		中部地区		西部地区		东北地区	
	直接效应	间接效应	直接效应	间接效应	直接效应	间接效应	直接效应	间接效应
环境规制	0.458*	0.883**	0.786**	0.687	-0.356***	-0.222	-0.351	-1.864
	(1.93)	(2.12)	(2.20)	(0.81)	(-3.45)	(-0.82)	(-0.56)	(-1.55)
政府干预	0.020	-4.70e-3	-0.031	0.063	-5.94e-3	-0.026	0.017	-0.339***
	(1.14)	(-0.38)	(-1.03)	(0.81)	(-0.27)	(-0.96)	(0.47)	(-3.98)
R^2	0.037		0.189		0.009		0.204	
Log-L	102.368		64.448		77.718		73.777	

注：括号中表示估计系数的 Z 值，*、** 和 *** 分别表示在 $p<0.10$、$p<0.05$ 和 $p<0.01$ 时有统计学意义。

四　稳健性检验

为保证生态福利绩效影响因素空间回归结果的可靠性，本部分分别采用替换空间权重矩阵（结果见表 2-14）和替换被解释变量（结果见表 2-15）的方式进行稳健性检验。

其一，基准分析选取反距离平方矩阵研究空间效应，为进行稳健性检验，本部分选择空间反距离矩阵作为空间权重矩阵，表 2-14 结果与基准回归结果基本一致。首先，生态福利绩效具有显著的"时间惯性"，上期生态福利绩效与本期的直接效应相关系数在 1% 的显著性水平下为 0.486；其次，城镇化率和环境规制对生态福利绩效提升具有显著的负向直接效应，开放水平起到正向促进作用；最后，环境规制具有显著的负向间接效应，开放水平呈现正向间接效应。

其二，基准分析选取以规模报酬不变为假设前提的全局 Super-SBM 模型测度生态福利绩效，为进行稳健性检验，本部分测算规模报酬可变的生态福利绩效，研究其影响因素，表 2-15 结果与基准回归结果大体一致。首先，创新水平和开放水平显著促进地区生态福利绩效的提升，环境规制以"遵循成本"效应为主导；其次，创新水平和开放水平的"溢出效应"明显，存在正向间接效应，环境规制则体现负向间接效应；最后，回归结果再次验证生态福利绩效的"时间惯性"。

表 2 - 14　生态福利绩效影响因素稳健性检验（替换空间权重矩阵）

变量	空间杜宾模型估计结果		空间效应分解结果		
	回归系数	溢出效应	直接效应	间接效应	总效应
上期效率	0.481***	-0.164	0.486***	-0.218	0.269
	(5.58)	(-0.42)	(5.46)	(-0.62)	(0.80)
城镇化率	-0.013*	4.99e-3	-0.013*	5.78e-3	-7.06e-3
	(-1.84)	(0.11)	(-1.89)	(0.14)	(-0.18)
创新水平	4.37e-09	5.05e-6*	1.97e-08	4.67e-6*	4.69e-6
	(0.01)	(1.76)	(0.05)	(1.74)	(1.62)
产业结构	-1.92e-3	-0.013	-2.08e-3	-0.013	-0.015
	(-0.26)	(-0.35)	(-0.29)	(-0.41)	(-0.42)
开放水平	0.0189***	0.260***	0.018**	0.237***	0.255***
	(2.84)	(3.10)	(2.54)	(3.12)	(3.16)
环境规制	-0.199**	-1.179**	-0.196**	-1.095**	-1.292**
	(-2.16)	(-2.30)	(-2.34)	(-2.05)	(-2.37)
政府干预	0.031	-0.010	3.06e-3	-9.15e-3	-6.08e-3
	(1.20)	(-0.29)	(1.24)	(-0.29)	(-0.19)
R^2	0.142				
Log-L	198.022				

注：括号中表示估计系数的 Z 值，*、** 和 *** 分别表示在 p<0.10、p<0.05 和 p<0.01
时有统计学意义。

表 2 - 15　生态福利绩效影响因素稳健性检验（替换被解释变量）

变量	空间杜宾模型估计结果		空间效应分解结果		
	回归系数	溢出效应	直接效应	间接效应	总效应
上期效率	0.463***	-0.130*	0.468***	-0.136*	0.332***
	(4.24)	(-1.77)	(4.15)	(-1.74)	(3.26)
城镇化率	-1.53e-3	0.033	-2.02e-3	0.031	0.029
	(-0.11)	(0.82)	(-0.16)	(0.80)	(0.84)
创新水平	6.31e-7**	3.22e-6***	6.56e-7**	3.23e-6***	3.89e-6***
	(2.02)	(3.13)	(2.25)	(2.62)	(3.12)
产业结构	-1.39e-3	-0.034	-1.73e-3	-0.035*	-0.037
	(-0.13)	(-1.52)	(-0.18)	(-1.65)	(-1.39)
开放水平	0.014**	0.077***	0.014**	0.078***	0.092***
	(2.14DW)	(2.80)	(2.19)	(2.65)	(2.80)
环境规制	-0.141*	-0.544	-0.138*	-0.547*	-0.685**
	(-1.79)	(-1.59)	(-1.79)	(-1.69)	(-2.14)

续表

变量	空间杜宾模型估计结果		空间效应分解结果		
	回归系数	溢出效应	直接效应	间接效应	总效应
政府干预	8.76e-4	-0.015	3.28e-4	-0.016	-1.53e-3
	(0.09)	(-1.12)	(0.04)	(-1.21)	(-0.84)
R^2	0.071				
Log-L	178.134				

注：括号中表示估计系数的 Z 值，*、** 和 *** 分别表示在 $p < 0.10$、$p < 0.05$ 和 $p < 0.01$ 时有统计学意义。

第四节　研究结论与政策启示

生态环境是生存发展的基础保障，是社会文明的物质源泉。生态保护和社会发展并不是矛盾对立的，而是辩证统一的关系。生态福利绩效，即单位生态消耗所带来福利水平的提升，便是这一辩证统一关系的学理刻画。本章通过梳理生态文明建设和社会福利保障相关规范性文件来了解政策背景，在回顾相关理论基础和研究进展的基础上，完成"水平测度—时空特征分析—影响因素探讨"这一实证研究过程。最后，本章回顾研究结论，探讨提升生态福利绩效的实践路径，归纳研究创新点，反思研究存在的不足，并进行后续研究展望。

一　研究结论

本章从资源消耗和环境污染维度刻画投入，从经济、教育和医疗维度刻画产出，以构建指标体系，采用全局 Super-SBM 模型测度生态福利绩效，分别使用 Dagum 基尼系数分解和 α、β 收敛刻画其空间分异和时间收敛特征，通过空间杜宾模型探讨城镇化率、产业结构、创新水平、开放水平、环境规制、政府干预对生态福利绩效的影响。主要结论如下。

（1）全国整体生态福利绩效呈"下降—上升—波动下降"的变化趋势，2015 年平均水平最低（仅为 0.478），2011 年平均水平最高（为 0.598）；从四大板块比较来看，中部地区生态福利相对有效，东部和西部地区次之，东北地区生态福利相对无效；从省域尺度看，生态福利相对有效的省份有 14 个，北京、湖南、陕西、河南、海南等地平均绩效较高，上海、北京、宁夏、河北、甘肃等地年均增长较快。

（2）全国生态福利绩效总体差异较为稳定，2011—2021 年总体基尼系数增长 2.54%。造成整体差异的原因中，超变密度带来的影响最大，区域间差距平均贡献率次之，区域内差距贡献率最低。就生态福利绩效区域内差异而言，西部地区组内差距最大，东部地区次之，中部和东北地区相对较小。就生态福利绩效区域间差异而言，东部与西部地区之间、西部与东北地区之间、中部与东北地区之间差异较大，中部与西部地区之间、东部与东北地区之间、东部与中部地区之间差距较小。

（3）全国生态福利绩效不存在相对差距缩小的 α 收敛特征，但存在趋于各自稳态水平的条件 β 收敛和趋于同一水平的绝对 β 收敛规律。分区域来看，东部和中部地区不存在 α 收敛，但西部和东北地区呈现各省份绩效水平偏离均值程度有所下降的 α 收敛趋势。此外，四大板块均表现出显著的绝对 β 收敛和条件 β 收敛态势。

（4）正向促进全国生态福利绩效的因素有发挥直接效应的开放水平、环境规制和政府干预，以及发挥间接效应的创新水平和开放水平；负向抑制生态福利绩效的因素是城镇化率。基于四大板块尺度，环境规制和城镇化率是提高东部地区生态福利绩效的主要因素；推动中部地区生态福利绩效提升的是发挥直接效应的环境规制，起到抑制作用的是同时发挥直接效应和间接效应的创新水平，以及仅发挥直接效应的产业结构；助力西部地区生态福利绩效提升的因素主要是城镇化率和开放水平，均通过间接效应产生影响，环境规制通过直接效应起到抑制作用；正向影响东北地区生态福利绩效的是产生间接效应的创新水平和开放水平，城镇化率和政府干预则经由间接效应起到抑制作用。

二 政策启示

全国省域生态福利绩效存在显著差异，导致这一差异的因素主要包括城镇化率、创新水平、开放水平、环境规制和政府干预等。基于影响机理分析，本章提出以下助力生态福利绩效提升的实践路径。

（1）合理集聚要素，着力提升城镇化质量。中国城镇化水平尚处较低水平，是阻碍生态福利绩效提升的重要因素。城镇化进程产生的资源投入加大、环境污染加剧、生态压力增大的"拥挤效应"，超过交易成本降低、生产效率提升、基础设施完备的"集聚效应"。为此，应深入实施以人为核心的新型城镇化战略，统筹生态需要、生活需要、经济需要和文化需要，着重提高城镇化发展质量。

（2）坚持开拓创新，培育壮大发展新动能。技术进步对提升生态福利绩效表现出显著的"效率提升"作用，提高资源利用效率，增强污染处理能力，扩大社会总体产出，改善社会民生福祉。基于此，本章提出以下提升路径：其一，加大知识产权保护力度，营造良好的科技创新环境；其二，促进创新资源共建共享，推进重大科技联合攻关；其三，持续增加创新资源投入，不断加速科技成果转化。依托技术进步的"效率提升"和"知识溢出"效应，助力提高生态福利绩效。

（3）畅通经济循环，推进高水平对外开放。外商投资不存在"污染避难所"效应，相反，对外开放带来先进的生产技术和管理经验，减少环境污染，优化环境质量，提升地区生态福利绩效。因而，应依托组建港口联盟、整合航空资源、完善路网建设等方式高水平打通开放通道，经由发展临港经济、建设物流园区、打造物流产业链等途径全方位构筑开放平台，加快培育若干世界级产业集群，促进我国产业迈向全球价值链中高端。

（4）恰当设计环境规制，倒逼企业清洁化转型。在环境规制对生态福利绩效的影响中，"创新补偿"效应相比"遵循成本"效应更为突出。由此可见，应因地制宜、精准施策，依托各地资源禀赋和发展条件，制定相适宜的环境规制政策。注重循序渐进，为企业留出合适的清洁生产转型期，进一步削弱环境规制的"遵循成本"效应，促进生态福利绩效水平提升。

（5）适度行政干预，发挥好政府协调作用。生态福利绩效的投入指标（生态环境）和产出指标（社会保障）都具有显著的正外部性，政府发挥着协调相关组成部分、解决信息不对称问题的重要作用，即政府应采用适当的监管、规范手段，发挥协同作用，助力地区生态福利绩效协同发展，高速趋于高质量稳态水平。

参考文献

陈诗一、张建鹏、刘朝良：《环境规制、融资约束与企业污染减排——来自排污费标准调整的证据》，《金融研究》2021 年第 9 期。

陈钊、陆铭、金煜：《中国人力资本和教育发展的区域差异：对于面板数据的估算》，《世界经济》2004 年第 12 期。

程广斌、王朝阳：《环境分权下科技创新与地区生态福利绩效》，《华东经济管理》2022 年第 3 期。

程钰、王晶晶、王泽萍等：《中国区域循环经济绩效的时空演变与创新驱动》，《中国人口·资源与环境》2022 年第 4 期。

邓远建、杨旭、陈光炬等：《中国生态福利绩效水平的空间非均衡及动态演进》，《中国地质大学学报》（社会科学版）2020 年第 4 期。

方时姣、肖权：《中国区域生态福利绩效水平及其空间效应研究》，《中国人口·资源与环境》2019 年第 3 期。

郭炳南、卜亚：《长江经济带城市生态福利绩效评价及影响因素研究——以长江经济带 110 个城市为例》，《企业经济》2018 年第 8 期。

郭炳南、唐利、张浩：《环境规制与长江经济带生态福利绩效的空间效应研究》，《经济体制改革》2021 年第 3 期。

黄莘绒、管卫华、陈明星等：《长三角城市群城镇化与生态环境质量优化研究》，《地理科学》2021 年第 1 期。

霍国庆、顾春光、张古鹏：《国家治理体系视野下的政府战略规划：一个初步的分析框架》，《中国软科学》2016 年第 2 期。

李成宇、张士强、张伟等：《中国省际生态福利绩效测算及影响因素研究》，《地理科学》2019 年第 12 期。

李锴、齐绍洲：《贸易开放、经济增长与中国二氧化碳排放》，《经济研究》2011 年第 11 期。

李兰冰、高雪莲、黄玖立：《"十四五"时期中国新型城镇化发展重大问题展望》，《管理世界》2020 年第 11 期。

林木西、耿蕊、李国柱：《省域生态福利绩效水平的空间非均衡性研究——基于 MLD 指数与分布动态学模型》，《东岳论丛》2019 年第 10 期。

刘煜、刘跃军：《中国生态福利绩效测度与空间关联网络特征分析》，《统计与决策》2021 年第 24 期。

龙亮军、王霞、郭兵：《基于改进 DEA 模型的城市生态福利绩效评价研究——以我国 35 个大中城市为例》，《自然资源学报》2017 年第 4 期。

史丹：《绿色发展与全球工业化的新阶段：中国的进展与比较》，《中国工业经济》2018 年第 10 期。

孙久文、胡俊彦：《迈向现代化的中国区域协调发展战略探索》，《改革》2022 年第 9 期。

万攀兵、杨冕、陈林：《环境技术标准何以影响中国制造业绿色转型——基于技术改造的视角》，《中国工业经济》2021 年第 9 期。

王圣云、韩亚杰、任慧敏等：《中国省域生态福利绩效评估及其驱动效应分解》，《资源科学》2020 年第 5 期。

魏鹏、李莉、李润等：《地方政府竞争、环境规制与生态福利绩效》，《统计与决策》2022 年第 22 期。

吴传清、邓明亮：《科技创新、对外开放与长江经济带高质量发展》，《科技进步与对策》2019 年第 3 期。

肖黎明、吉荟茹：《绿色技术创新视域下中国生态福利绩效的时空演变及影响因素——基于省域尺度的数据检验》，《科技管理研究》2018 年第 17 期。

肖黎明、肖沁霖：《黄河流域城市生态福利绩效格局分异及空间收敛分析》，《软科学》2021 年第 2 期。

解垩、陈昕：《纵向财政失衡对生态福利绩效的影响机制研究》，《南京师大学报》（社会科学版）2022 年第 5 期。

徐志雄、徐维祥、刘程军：《城市生态福利绩效的动态演进及其影响因子探析——以黄河流域地级及以上城市为例》，《城市问题》2021 年第 7 期。

臧漫丹、高易、李金：《行政等级与城市规模对生态福利绩效的影响研究》，《自然资源学报》2022 年第 12 期。

臧漫丹、诸大建、刘国平：《生态福利绩效：概念、内涵及 G20 实证》，《中国人口·资源与环境》2013 年第 5 期。

张建鹏、陈诗一：《金融发展、环境规制与经济绿色转型》，《财经研究》2021 年第 11 期。

张军扩、侯永志、刘培林等：《高质量发展的目标要求和战略路径》，《管理世界》2019 年第 7 期。

张秋凤、肖义、唐晓等：《中国五大城市群生态效率的演变及其影响因素》，《经济地理》2022 年第 11 期。

张彦博、李想、刘伟等：《中国省级生态福利绩效的测度及其影响因素》，《东北大学学报》（自然科学版）2022 年第 2 期。

朱金鹤、庞婉玉:《数字经济发展对生态福利绩效的影响》,《统计与决策》2022 年第 24 期。

诸大建、张帅:《生态福利绩效及其与经济增长的关系研究》,《中国人口·资源与环境》2014 年第 9 期。

Dagum, C. , "A New Approach to the Decomposition of the GINI Income Inequality Ratio," *Empirical Economics* 22 (1997): 515 – 531.

Daly, H. E. , "A Further Critique of Growth Economics," *Ecological Economics* 88 (2013): 20 – 24.

Daly, H. E. , "From a Failed-Growth Economy to a Steady-State Economy," *Solutions* 1 (2010): 37 – 43.

Daly, H. E. , "Georgescu-Roegen versus Solow Stiglitz," *Ecological Economics* 22 (1997): 261 – 265.

Daly, H. E. , "The World Dynamics of Economic Growth: The Economics of the Steady State," *American Economic Review* 64 (1974): 15 – 23.

Dietz, T. , Rosa, E. A. , York, R. , "Environmentally Efficient Well-being: Rethinking Sustainability as the Relationship between Human Well-being and Environmental Impacts," *Human Ecology Review* 1 (2009): 114 – 123.

Knight, K. W. , Rosa, E. A. , "The Environmental Efficiency of Well-being: A Cross-national Analysis," *Social Science Research* 40 (2011): 931 – 949.

Ng, Y. K. , "Environmentally Responsible Happy Nation Index: Towards an Internationally Acceptable National Success Indicator," *Social Indicators Research* 85 (2008): 425 – 446.

Rees, W. E. , "Ecological Footprints and Appropriated Carrying Capacity: What Urban Economics Leaves Out," *Environment and Urbanization* 4 (1992): 121 – 130.

Victor, P. A. , "Questioning Economic Growth," *Nature* 468 (2010): 370 – 371.

第三章　信息化水平促进中国全要素碳生产率增长的路径研究[*]

加快信息化建设既是高质量推进中国式现代化的重要内容，也是突破资源环境约束、实现智慧绿色增长、助力碳达峰碳中和目标实现的必由之路。着力提升全要素碳生产率，是加快经济增长与碳排放"脱钩"，促进经济社会全面绿色低碳转型，实现经济社会发展和节能降碳双重目标的必然选择。充分发挥信息化对经济社会全面绿色低碳转型的驱动引领作用，推动数字化绿色化协同发展，全面提升全要素碳生产率，对于打造高质量发展新动能、加快建设现代化经济体系具有重要的理论意义和实践价值。本章采用 2000—2020 年中国省级面板数据，根据拓展的 STIRPAT 模型构建多重中介效应模型，采用超效率 SBM – DDF 模型和 Luenberger 分析方法测算中国全要素碳生产率，引入技术创新、产业融合、产业结构作为中介变量，考察信息化水平影响中国全要素碳生产率的技术创新效应、业态更新效应、结构优化效应、节能降碳效应。

第一节　引言

中国几十年间完成了发达国家百年走过的工业化历程，在实现经济快速发展和社会长期稳定的同时，也伴随能源资源大量消耗和温室气体大量排放。2021 年，中国能源消费总量达到 52.4 亿吨标准煤，是 2000 年的 3.57 倍、1978 年的 9.17 倍和 1957 年的 54.33 倍，煤炭消费量占比达到 56.00%，清洁能源消费占比仅为 25.50%，能源消费规模大、"高碳"结构特征明显（刘华军等，2022）。《中共中央　国务院关于完整准确全面贯彻新发展理念做好碳达峰碳中和工作的意见》（2021 年）、

---

* 本章核心内容发表于《中国软科学》2023 年第 4 期。

《2030 年前碳达峰行动方案》（2021 年）等国家顶层设计明确了碳达峰碳中和的目标要求和实施路径，党的二十大报告进一步明确"积极稳妥推进碳达峰碳中和"。立足新发展阶段，着力提升全要素碳生产率，是加快经济增长与碳排放"脱钩"（林伯强，2022），促进经济社会全面绿色低碳转型，实现经济社会发展和节能降碳双重目标的必然选择（张成等，2019）。

伴随新一代信息技术的蓬勃发展和广泛应用，以数字化、网络化、智能化和电子化为典型特征的信息化加速了全球经济社会发展模式革新和世界格局重塑。"十四五"规划和党的二十大报告进一步明确到 2035 年基本实现信息化的远景目标，《"十四五"国家信息化规划》等国家战略规划落地实施，中国信息化进程的战略重点和推进路径逐渐明晰和细化。新时代背景下，信息化进程对经济社会的影响从"技术应用"向"数字驱动"转变，进入加快数字化发展、建设数字中国的新阶段。加快推进信息化进程既是高质量推进现代化建设的重要内容（洪银兴，2022），也是突破资源环境约束、实现智慧绿色增长、助力碳达峰碳中和目标实现的必然选择。充分发挥信息化对经济社会全面绿色低碳转型的驱动引领作用，推动数字化绿色化协同发展，全面提升全要素碳生产率，对于打造高质量发展新动能、加快建设现代化经济体系具有重要的理论意义和实践价值。信息化水平与全要素碳生产率的关系如何？表现出哪些影响效应？传导机制如何？本章试图对上述问题进行探索和分析。

国内外学者围绕信息化能否有效"降碳增效"进行了系列探索，相关研究成果主要聚焦信息化水平的降碳效应、经济促进效应和综合效应三个方面。一是信息化水平的降碳效应研究。信息化水平在节能降碳中兼具正反两种效应，一方面，现代信息技术的应用能够提升能源利用效率，有效降低能源消耗和碳排放（Yuce and Rezgui，2017）；另一方面，信息化改造和现代信息技术应用须由能源消耗支撑，大规模能源消费需求形成新的碳减排阻力。二是信息化水平的经济促进效应研究（崔兆财、周向红，2020）。从直接效应来看，信息化进程中"数字产业化"和"产业数字化"快速推进，新兴产业加快发展形成经济发展新的增长点（刘洪涛，2021）。从间接促进效应来看，信息化技术应用和设备更新有助于推进技术创新，促进产业结构优化和产业融合，优化资源配置，增强经济发展驱动力（潘伟等，2019；彭继增等，2019）。三是信息化水平的降碳增效综合效应研究。有研究从单要素生产率出发，认为信息化进程中技术进步、产业结构优化、资源优化配置等作用的发挥能够形成"能源要素替代"效应（刘洪涛、杨洋，2018），降低能源强度和碳强度，实现经济高质量发展。也有研究基于全要素生产率考虑，从信息化进程中的成本、创新、需求等效应出发（白雪洁、孙献贞，2021），考察信息化水平对碳排放效率和全要素碳生产率的影响（李博等，2016；姚凤阁等，2021）。

学术界现有研究成果分层次地论证了信息化水平在"降碳增效"中的作用，但仍有以下问题值得关注。第一，基于全要素碳生产率的研究有待深化，现有关于碳强度等单要素的研究难以全面反映经济社会发展中的投入产出要素；第二，理论框架有待进一步梳理整合，现有研究尚未形成统一的理论分析框架，信息化水平"降碳增效"中的技术创新、结构优化、业态更新、节能降碳等效应有待进一步整合；第三，信息化水平"降碳增效"的作用路径和机制有待进一步厘清，现有研究重点关注信息化水平"降碳增效"的总体效应，关于信息化水平影响效应的内在机理和传导路径仍需深入探索。有鉴于此，本章从全要素碳生产率视角出发，将技术创新、结构优化、业态更新、节能降碳等效应纳入同一分析框架，运用链式多重中介效应模型考察信息化水平影响全要素碳生产率的具体路径，在平行中介传导机制研究基础上进一步探索信息化水平影响全要素碳生产率的链式多重中介渠道。

第二节 路径机制与研究假设

信息化进程是新一代信息技术创新、经济社会数字化网络化转型的过程，以信息化驱动中国式现代化面临机遇也伴随挑战。信息化进程步入新阶段，能否有效促进中国全要素生产率增长，尤其是纳入能源消耗和碳排放后的中国全要素碳生产率增长？中国全要素碳生产率增长主要源于纯技术进步（LPTP）、纯技术效率改善（LPEC）、配置效率改善（LTPSC）和规模效率改善（LSEC）四个方面（Grosskopf，2003），信息化对中国全要素碳生产率增长的影响也主要通过技术创新效应、业态更新效应、结构优化效应和节能降碳效应四条路径产生。

一　技术创新效应路径分析

纯技术进步能够通过生产技术、工艺等的创新促进全要素碳生产率增长，信息化水平通过纯技术进步影响全要素碳生产率的过程表现为技术创新效应。

信息化是经济社会生态各领域信息技术创新和应用推广的过程，信息化水平对生产技术创新、工艺优化的正向促进效应已得到国内外学者的广泛认可（左晖、艾丹祥，2022）。一是信息化为高校、企业、科研机构、个体等广泛参与技术创新和应用提供有效支撑，创新主体日益多元化；二是信息化能够有效促进创新资源交流、扩散、共享，催生出协同合作、众包、平台分包、众创等新型技术创新研发模式，组织模式日益开放包容（蒋含明，2019）；三是信息化能有效缩短物理空间距离，建立起各类创新主体联系互动的网络，促进碎片化分散式知识信息的有效整合，知识获取和技术应用推广成本大幅降低，有助于人力资本快速积累，为科技创新提供原动力（朱华波、王彤君，2021）；四是信息化实现各类主体紧密联系，能够有效规避创新供需错位，促进技术创新转化应用推广。

绿色低碳科技创新是推进中国全要素碳生产率增长的关键支撑（李新安、李慧，2022；王淑英等，2021；张宁，2022）。一方面，资源节约与低碳环保技术开发和应用直接关系到经济社会各领域的要素投入使用、碳捕集利用和封存，新一代环保技术与设备研发应用能够直接优化资源要素配置，降低能源消耗和碳排放，提升能源利用效率。另一方面，科技创新与应用以"创造性破坏"助推资源要素整合、突破行业边界，有助于加快产业融合、促进产业结构升级，以科技创新助力经济社会全面绿色低碳转型，提升全要素碳生产率。基于以上分析，本章提出假设H1：信息化水平能够通过技术创新间接影响中国全要素碳生产率增长。

二　业态更新效应路径分析

纯技术效率改善能够通过制度创新、经验积累、流程优化等促进全要素碳生产率增长，信息化水平通过纯技术效率改善影响全要素碳生产率的过程表现为业态更新效应。

信息化搭建起生产者和消费者的交互网络，信息化水平对产业变革的"破坏性创新"得到国内外学术界的广泛认可（周振华，2002）。一方面，信息化搭建起连接生产者和消费者的紧密网络，生产制造从"产品中心"向"用户中心"转变，消费需求呈现多元化、个性化特征，设计、生产、流通、销售、售后等各环节的交流时间和成本得到大幅节约，催生出一系列生产消费模式和新兴产业业态；另一方面，信息化是科学技术溢出效应的催化剂（唐红祥等，2022），逐步突破各环节生产工艺和技术壁垒，由大规模精简化生产向小规模定制化生产转变，激励企业沿产业链向上下游拓展，传统产业界限逐渐模糊，产业关联日益紧密，产业融合在信息化进程中不断深化。

产业融合是推进中国全要素碳生产率增长的重要途径（李琳、赵桁，2021）。一是制造业服务化和专业化定制的增值效应，产业融合过程中价值链延伸和成本控制能够有效降低资源消耗和碳排放，实现产业更高效地发展；二是产业协同集聚的规模效应，产业融合过程中制造业和服务业在空间上的重叠，能够充分发挥集聚规模效应，降低中间环节运输和沟通成本，实现碳减排和全要素碳生产率增长；三是产业结构升级的资源配置效应，产业融合推动服务业和制造业向价值链上游延伸，产业结构高级化促成绿色低碳循环转型，实现全要素碳生产率增长。基于以上分析，本章提出假设 H2：信息化水平能够通过产业融合间接影响中国全要素碳生产率增长。

三　结构优化效应路径分析

配置效率改善能够通过资源配置优化、结构调整等实现全要素碳生产率增长，信息化水平通过配置效率改善影响全要素碳生产率的过程表现为结构优化效应。

现代信息技术应用能够促进产业间资源要素优化配置，推动产业结构转型升级，这得到学术界充分肯定（纪成君、孙晓霞，2019）。一是现代信息技术在农业、工业、服务业发展中得到广泛应用推广，不同类型产业的共生联合日益普遍，产业融合不断深化，新兴业态促进产业结构逐步高级化、低碳化、绿色化；二是信息化直接推动现代信息技术产业高速发展，高新技术产业、战略性新兴产业在信息化进程中的地位不断提升，第二产业发展模式从高耗能污染密集型向高附加值绿色低碳型转变，第二产业内部结构不断向技术密集型、知识密集型发展；三是信息化带动信息技术咨询与服务等第三产业快速崛起，第三产业占比相对上升，第二产业向后工业化阶段推进，服务型经济结构逐步形成。

产业结构升级是推动中国全要素碳生产率增长的重要方式（黎振强、周秋阳，2021；刘健强、马晓钰，2021）。一方面，产业结构合理化推动三次产业不断向绿色低碳转型，生产工艺和流程向自动化、精细化推进，各产业劳动生产率快速提升的同时碳排放强度逐步降低，推动全要素碳生产率不断增长；另一方面，产业结构高级化促进资源要素向高附加值绿色低碳型产业集聚，低附加值高耗能产业在产业结构升级中的比重逐步降低，传统高投入粗放式生产模式被淘汰，新兴产业部门快速萌发，这在促进经济高质量发展的同时减少碳排放（乔英俊等，2022），实现全要素碳生产率大幅增长。基于以上分析，本章提出假设 H3：信息化水平能够通过产业结构调整影响中国全要素碳生产率增长。

四　节能降碳效应路径分析

规模效率改善能够通过规模经济、集群经济、成本节约等促进全要素碳生产率增长，信息化进程通过规模效率改善影响全要素碳生产率的过程表现为节能降碳效应。

信息化进程能够有效节约生产成本、推广成本、交易成本，降低能源消耗总量和碳排放，实现全要素碳生产率增长（徐玉德等，2022；叶强等，2022）。一是信息化进程加快产业生产设备、工艺、流程优化升级，能源资源开采、运输、使用、回收效率不断提升，规模经济、集聚经济、范围经济效应得到充分发挥，能源消耗有效降低，碳排放总量得到控制；二是大数据、区块链、云计算等现代信息技术在生产流通各环节充分应用，各类信息资源在供需双方、企业之间、部门之间充分流动匹配，生产者能够低成本、高效率、高精度地获取市场需求、绘制用户画像，优化调整产品生产和推广策略，有效降低推广成本，实现全要素碳生产率增长；三是信息化快速发展具有显著的网络效应，产品和服务交易的信息不对称程度在信息快速流动过程中充分降低，买卖双方搜寻成本显著下降，供需双方匹配度大幅上升，市场交易成本和资源浪费减少，资源配置效率显著提升，推动全要素碳生产率增长（Asongu et al.，2017）。基于以上分析，本章提出假设 H4：信息化水平能够直接发挥节能降碳效应，促进中国全要素碳生产率增长。

综上所述，信息化进程本身能够发挥节能降碳效应，有效降低生产、推广、交易成本，提升资源配置效应，推动全要素碳生产率增长；与此同时，信息化进程带动绿色技术创新、产业融合和产业结构优化，能够通过技术创新效应、业态更新效应、结构优化效应减少能源消耗总量、降低碳排放，实现全要素碳生产率增长。信息化水平影响全要素碳生产率增长的机制和路径如图 3-1 所示。

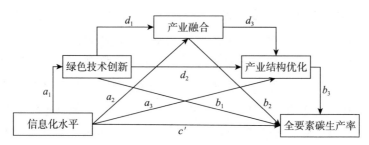

图 3-1　信息化水平影响全要素碳生产率增长的机制和路径

第三节　研究方法与变量说明

一　模型设定

（一）STIRPAT 模型

在经济社会活动与生态环境关系的早期研究中，IPAT 恒等式将环境影响（I）与人口规模（P）、富裕水平（A）、技术创新（T）纳入同一模型进行考察，将生态环境变化定义为经济社会活动的多元函数，如公式（3-1）所示。为规避多元因素等比例弹性假设导致的偏误，国内外学者将常数项（a）、多元因素影响系数（b、c、d）和随机误差（e）同时纳入 IPAT 恒等式，拓展得到 STIRPAT 模型（Xu et al.，2020），如公式（3-2）所示。为进一步估计经济社会发展各因素对生态环境的影响

系数，国内外学者对两端同时取对数，可得对数形式的 STIRPAT 模型
（李华、马进，2018），如公式（3-3）所示。

$$I_i = P_i A_i T_i \tag{3-1}$$

$$I_i = aP_i^b A_i^c T_i^d e_i \tag{3-2}$$

$$\ln I_i = \ln a + b\ln P_i + c\ln A_i + d\ln T_i + \ln e_i \tag{3-3}$$

（二）拓展的 STIRPAT 模型

在实际应用中，国内外学术界主要采用两种方法对 STIRPAT 基础模
型进行拓展和调整，以满足实证检验需要。一种方法是对 I、P、A、T 各
变量进行重新定义，使分析模型适用于研究内容（尹礼汇、吴传清，
2021）；另一种方法是将经济社会活动中的其他变量引入基础模型，考察
新因素对特定生态环境变量的影响程度（刘健强、马晓钰，2021）。为
适用于信息化水平与全要素碳生产率关系问题的探讨，一是采用 CO_2 表
示环境变量，二是将信息化水平（LI）引入分析模型，三是采用城市人
口密度（PD）、经济发展水平（ECO）、技术创新（TI）重新定义 P、A、
T，四是将产业融合（IC）、产业结构（IS）、环境规制（ER）、对外开
放（OP）等变量引入模型，得到信息化水平影响碳排放的分析模型，如
公式（3-4）所示。

$$\ln CO_{2it} = a + \beta_1 \ln LI_{it} + \beta_2 \ln TI_{it} + \beta_3 \ln IC_{it} + \beta_4 \ln IS_{it} +$$
$$\beta_5 \ln ECO_{it} + \beta_6 \ln ER_{it} + \beta_7 \ln PD_{it} + \beta_8 \ln OP_{it} + \varepsilon_{it} \tag{3-4}$$

在信息化水平影响碳排放检验模型的基础上，本节进一步拓展得到
信息化水平影响全要素碳生产率的分析模型。根据全要素碳生产率内涵，
以控制其他因素时的能源消耗和碳排放最优水平为基准，采用碳排放最
优水平（CO_2^*）和实际碳排放水平之比（CO_2）衡量全要素碳生产率。
在最优状态下，碳排放实际水平与最优水平相等，可得到最优状态模型
如式（3-5）所示。

$$\ln CO_{2it}^* = a + \beta_1^* \ln LI_{it} + \beta_2^* \ln TI_{it} + \beta_3^* \ln IC_{it} + \beta_4^* \ln IS_{it} +$$
$$\beta_5^* \ln ECO_{it} + \beta_6^* \ln ER_{it} + \beta_7^* \ln PD_{it} + \beta_8^* \ln OP_{it} + \varepsilon_{it} \tag{3-5}$$

基于全要素碳生产率内涵和对数计算法则，将最优和实际两种状态
模型纳入同一模型中，得到信息化水平影响全要素生产率的分析模型，

如式（3-6）所示。其中，$TFCP_{it}$ 表示全要素碳生产率，$control_{it}$ 表示控制变量，γ 为控制变量系数。

$$
\begin{aligned}
\ln TFCP_{it} &= \ln(CO_{2it}^*/CO_{2it}) \\
&= a + (\beta_1^* - \beta_1)\ln LI_{it} + (\beta_2^* - \beta_2)\ln TI_{it} + (\beta_3^* - \beta_3)\ln IC_{it} + \\
&\quad (\beta_4^* - \beta_4)\ln IS_{it} + (\gamma^* - \gamma)\ln control_{it} + \varepsilon_i
\end{aligned} \tag{3-6}
$$

伴随信息化进程的不断推进，生产和消费规模飞速增长，一方面能源消费规模增大导致碳排放的增加，另一方面信息化进程能够有效提升效率和降低碳排放强度，可见，信息化水平在影响碳排放和全要素碳生产率过程中存在动态均衡。根据拓展的 STIRPAT 模型，信息化水平影响全要素碳生产率的效应取决于 β_1^* 和 β_1 的关系。当 $\beta_1^* > \beta_1$ 时，信息化水平对全要素碳生产率增长表现出正向促进效应；当 $\beta_1^* < \beta_1$ 时，信息化水平对全要素碳生产率增长表现出负向抑制效应。

（三）多重中介效应模型

以 STIRPAT 拓展模型为基础，本节利用复合式多重中介效应模型深入解析信息化水平与中国全要素碳生产率之间的传导机制（任晓松等，2020，2021），讨论技术创新效应（TI）、业态更新效应（IC）、结构优化效应（IS）在作用机制中发挥的并行及链式影响，如式（3-7）至式（3-11）所示。其中，μ_i 表示个体固定效应，δ_t 表示时间固定效应，ε_{it} 为随机扰动项。

$$
\ln TI_{it} = a_0 + a_1\ln LI_{it} + \sum control_{it} + \mu_i + \delta_t + \varepsilon_{it} \tag{3-7}
$$

$$
\ln IC_{it} = a_0 + a_2\ln LI_{it} + d_1\ln TI_{it} + \sum control_{it} + \mu_i + \delta_t + \varepsilon_{it} \tag{3-8}
$$

$$
\ln IS_{it} = a_0 + a_3\ln LI_{it} + d_2\ln TI_{it} + d_3\ln IC_{it} + \sum control_{it} + \mu_i + \delta_t + \varepsilon_{it} \tag{3-9}
$$

$$
\begin{aligned}
\ln TFCP_{it} &= c_0 + c'\ln LI_{it} + b_1\ln TI_{it} + b_2\ln IC_{it} + b_3\ln IS_{it} + \sum control_{it} + \\
&\quad \mu_i + \delta_t + \varepsilon_{it}
\end{aligned} \tag{3-10}
$$

$$
\ln TFCP_{it} = c_0 + c\ln LI_{it} + \sum control_{it} + \mu_i + \delta_t + \varepsilon_{it} \tag{3-11}
$$

式（3-10）中系数 c' 代表信息化水平影响全要素碳生产率的直接效应，式（3-11）中系数 c 代表信息化水平影响全要素碳生产率的总效应。信息化水平影响中国全要素碳生产率的间接效应称为中介效应，具体包括并行中介效应和链式中介效应两种。如图 3 - 1 所示，信息化水平影响中国全要素碳生产率的并行中介效应主要包括 3 条路径，对应式（3 - 7）至式（3 - 10）中各变量系数，3 个并行中介效应分别为 a_1b_1、a_2b_2、a_3b_3；信息化水平影响中国全要素碳生产率的链式中介效应主要涉及 4 条路径，对应式（3 - 7）至式（3 - 10）中各变量系数，4 个链式中介效应分别为 $a_1d_1b_2$、$a_1d_2b_3$、$a_2d_3b_3$、$a_1d_1d_3b_3$。

二　变量选择和数据来源

（一）被解释变量

全要素碳生产率（*TFCP*）。本节采用超效率 SBM - DDF 模型和 Luenberger 分析方法测算中国全要素碳生产率（Pastor et al.，2020；吴新中、邓明亮，2018）。选择资本、人员和能源为投入指标，其中资本投入指标选取固定资本存量反映，采用永续盘存法进行处理（张军等，2004）；人员投入指标选取各地人口总数反映，各地居民既是消费者也是生产者，与碳排放息息相关；能源投入指标选取各地能源消费量反映。产出指标包括期望产出和非期望产出，其中期望产出指标选取各地 GDP 表示，并以 2000 年为基期进行平减；非期望产出选取二氧化碳排放量反映，采用 IPCC 测算方法以煤炭、焦炭、石油、汽油、煤油、柴油、燃料油、液化石油气、天然气等能源消费量进行折算（贺勇等，2021）。相关数据整理自《中国统计年鉴》（2001—2021 年）、《中国能源统计年鉴》（2001—2021 年）、EPS 数据平台和中经网统计数据库。

（二）核心解释变量

信息化水平（*LI*）。为充分反映以互联网为代表的现代信息技术发展和应用水平，借鉴学术界现有研究成果（谢康等，2021），综合考虑数据连续性和可得性，本节选取单位面积长途光缆长度来反映各地区信息化水平。相关数据整理自《中国统计年鉴》（2001—2021 年）。

（三）中介变量

在考察信息化水平影响中国全要素碳生产率的路径过程中，本节选取技术创新水平、产业融合水平、产业结构水平作为中介变量。①技术创新（*TI*）采用各省份技术市场成交额占 GDP 比重反映；②产业融合

（IC）采用制造业和服务业融合发展水平反映，将空间要素纳入传统耦合协调度模型完成测算（吴传清，2020）；③产业结构（IS）采用工业化水平进行反映，以产业增加值测算三次产业占比，运用乘数法构建中国工业化进程指数（IS_{it}）测算模型，以反映产业结构升级水平（尹虹潘，2019）。如式（3-12）所示，N_{it} 为非农产业占比，CI_{it}^* 为第二产业贡献值，CS_{it}^* 为第三产业贡献值，IS_{it} 为工业化水平，PI_{it} 为第二产业占比，PS_{it} 为第三产业占比，PI_{it}'、PS_{it}' 表示历史最大值，n 为历史样本数。相关数据整理自《中国统计年鉴》（2001—2021 年）、EPS 数据平台、中经网统计数据库、各地区国民经济和社会发展统计公报与政府工作报告。

$$IS_{it} = N_{it} \cdot CI_{it}^* \cdot CS_{it}^*$$

$$\text{s.t.} \begin{cases} N_{it} = PI_{it} + PS_{it} \\ CI_{it}^* = \min(1, PI_{it}'/0.48), PI_{it}' = \max(PI_{in}) \\ CS_{it}^* = \min(1, PS_{it}'/0.70), PS_{it}' = \max(PS_{in}) \end{cases} \quad (3-12)$$

（四）控制变量

为克服模型估计偏误，根据拓展的 STIRPAT 模型，本节在实证分析中纳入 4 个控制变量。①经济发展水平（ECO）采用人均 GDP 反映；②环境规制（ER）采用各省份工业污染治理项目本年完成投资占 GDP 比重反映；③对外开放（OP）选取各省份当年利用外资金额占 GDP 比重反映；④城市人口密度（PD），选取各地城市人口密度来反映人口集聚程度。相关数据整理自《中国环境统计年鉴》（2001—2021 年）、《中国统计年鉴》（2001—2021 年）、《中国城市建设统计年鉴》（2001—2021 年）、EPS 数据平台和中经网统计数据库，部分缺失数据采用移动平均法补齐。

第四节　实证结果与机制检验

一　信息化水平影响中国全要素碳生产率的总体效应检验

本节采用全国 30 个省区市（不包括港澳台及西藏）2000—2020 年数据，运用面板固定效应模型，逐步添加控制变量，实证检验信息化水平影响中国全要素碳生产率增长的总体效应。表 3 - 1 检验结果显示，信息化水平提升能够有效促进中国全要素碳生产率增长。在模型（1）到模型（5）中逐步添加控制变量，信息化水平估计系数虽有变化，但均在 1% 的水平下显著为正，可见信息化水平提升对中国全要素碳生产率增长存在显著的正向促进作用。伴随信息化水平的不断提升，其能有效发挥节能降碳提效作用，降低碳排放强度，促进经济高质量发展，推动中国全要素碳生产率提升。

表 3 - 1　信息化水平影响中国全要素碳生产率的总体效应估计结果

变量	模型（1）	模型（2）	模型（3）	模型（4）	模型（5）
LI	0.568 *** (8.487)	0.564 *** (8.469)	0.400 *** (6.352)	0.401 *** (6.322)	0.399 *** (6.245)
ECO		-0.036 ** (-1.995)	-0.042 *** (-2.814)	-0.049 *** (-2.841)	-0.048 *** (-2.637)
ER			0.096 *** (4.943)	0.106 *** (4.916)	0.097 *** (4.845)
OP				0.004 (0.533)	0.008 (0.518)
PD					-0.011 (-0.114)
常数项	-0.572 *** (-79.214)	-0.555 *** (-42.437)	-0.470 *** (-44.430)	-0.577 *** (-42.229)	-0.582 *** (-22.394)
个体固定效应	Y	Y	Y	Y	Y
时间固定效应	Y	Y	Y	Y	Y
R^2	0.692	0.698	0.717	0.717	0.717
N	600	600	600	600	600

注：** 、*** 分别表示在 $p < 0.05$、$p < 0.01$ 时有统计学意义，括号内为估计系数的标准误。

各控制变量对中国全要素碳生产率的影响存在一定差异。经济发展水平（ECO）对中国全要素碳生产率的影响系数显著为负。在当前阶段，在人均 GDP 不断增长的同时，生产生活消费规模快速扩大，能源消费大幅提升，导致碳排放规模扩大，在一定程度上抑制了中国全要素碳生产率的提升。环境规制（ER）对中国全要素碳生产率的影响系数显著为正。伴随各项环境规制政策的落地落实，绿色低碳循环发展理念在生产生活中得到广泛宣传和实践，环境质量得到有效改善，能源资源利用效率得到提升，有助于全要素碳生产率的提升。对外开放水平（*OP*）对中国全要素碳生产率的影响系数为正，但未通过显著性检验。开放型经济兼具"环境收益"效应和"逐底竞争"效应，在技术、资本要素转移的同时也伴随碳排放转移，在对外开放过程中有必要进一步关注国际碳转移问题，实现更高质量的开放发展。城市人口密度（*PD*）对中国全要素碳生产率的影响系数为负，但未通过显著性检验。人口的集中伴随能源消费需求的扩张，不利于碳排放强度的降低，对全要素碳生产率增长存在一定抑制作用，在人口城镇化快速推进过程中应加大绿色低碳生活方式的宣传推广力度，促进绿色低碳新型城镇化发展。

二　信息化水平影响中国全要素碳生产率的路径检验

为考察信息化水平影响中国全要素碳生产率的路径，本节首先根据链式多重中介效应模型，按照式（3-7）至式（3-10）对信息化水平影响中国全要素碳生产率的路径进行逐步回归（温忠麟、叶宝娟，2014）；然后采用 Bootstrap 方法对式（3-7）至式（3-10）进行系统估计（Preacher and Hayes，2008），根据系数乘积对各变量中介效应进行检验。

（一）逐步回归法检验

逐步回归法检验表明，信息化水平在促进中国全要素碳生产率增长过程中存在部分中介效应（见表3-2）。模型（6）至模型（8）估计结果显示，信息化水平的估计系数均为正，且均通过显著性检验，表明信息化进程中存在显著的技术创新效应（0.107）、业态更新效应（0.122）、结构优化效应（0.110），信息化水平提升能够有效促进技术创新、产业融合、产业结构优化升级，可见信息化水平促进中国全要素碳生产率增长过程中可能存在间接效应。模型（9）中信息化水平估计系数显著为正，表明信息化水平在全要素碳生产率增长过程中存在显著的正向直接效应；模型（10）估计结果表明，信息化水平影响全要素碳生产率增长的总效应显著为正。对比模型（9）和模型（10）估计结果，信息化水平影响中国全要素碳生产率的总效应（0.399）大于直接效应（0.287），表明信息化水平在促进中国全要素碳生产率增长过程中存在部分中介效应。

表 3 - 2 信息化水平对中国全要素碳生产率的影响路径检验

变量	模型 (6) 技术创新效应	模型 (7) 业态更新效应	模型 (8) 结构优化效应	模型 (9) $TFCP$	模型 (10) $TFCP$
LI	0. 107 ** (1. 988)	0. 122 * (1. 785)	0. 110 ** (2. 445)	0. 287 *** (7. 207)	0. 399 *** (6. 245)
TI		0. 291 *** (4. 000)	0. 526 ** (2. 191)	0. 148 *** (3. 437)	
IC			0. 013 * (1. 530)	0. 096 ** (1. 850)	
IS				0. 014 * (1. 717)	
常数项	- 0. 095 *** (- 3. 960)	- 0. 431 *** (- 15. 970)	- 0. 809 *** (- 4. 150)	- 0. 387 *** (- 6. 042)	- 0. 582 *** (- 22. 394)
控制变量	Y	Y	Y	Y	Y
个体固定效应	Y	Y	Y	Y	Y
时间固定效应	Y	Y	Y	Y	Y
R^2	0. 477	0. 754	0. 753	0. 719	0. 717
N	600	600	600	600	600

注: * 、 ** 和 *** 分别表示在 $p < 0.10$ 、 $p < 0.05$ 和 $p < 0.01$ 时有统计学意义, 括号内为估计系数的标准误。模型 (10) 同表 3 - 1 模型 (5) 结果一致。

(二) Bootstrap 法检验

为规避逐步回归法检验存在的强假设条件和统计缺陷, 本节进一步采用 Bootstrap 法完成多重中介效应检验, 结果如表 3 - 3 所示。信息化水平通过技术创新、产业融合、产业结构优化升级间接影响中国全要素碳生产率增长的中介效应之和, 即为信息化水平的总中介效应 0.03289, 其中并行中介效应占比达到 88.43% , 链式中介效应占比为 11.57% 。

表 3 - 3 信息化水平影响中国全要素碳生产率的多重中介效应机制检验

效应类型	参数	$TFCP$
总体中介效应	$(a_1 b_2 + a_2 b_2 + a_3 b_3 + a_1 d_1 b_2 + a_1 d_2 b_3 + a_2 d_3 b_3 + a_1 d_1 d_3 b_3)$	0. 03289 *** (9. 002)

续表

效应类型	参数	TFCP
技术创新效应的中介作用	TI（$a_1 b_2$）	0.01584*** （5.968）
	$TI \to IC$（$a_1 d_1 b_2$）	0.00299*** （4.510）
	$TI \to IS$（$a_1 d_2 b_3$）	0.00079*** （5.374）
	$TI \to IC \to IS$（$a_1 d_1 d_3 b_3$）	0.00001*** （4.811）
业态更新效应的中介作用	IC（$a_2 b_2$）	0.01171*** （2.439）
	$IC \to IS$（$a_2 d_3 b_3$）	0.00002*** （2.574）
结构优化效应的中介作用	IS（$a_3 b_3$）	0.00154** （1.399）

注：**、*** 分别表示在 $p < 0.05$、$p < 0.01$ 时有统计学意义，括号内数字表示估计系数的 Z 值。

（1）技术创新效应的中介作用。信息化水平在促进中国全要素碳生产率增长过程中存在显著的技术创新中介效应，技术创新效应发挥的正向累计中介作用达到 0.01962，在总体中介效应中占比达到 59.65%。在信息化水平的技术创新效应中，既包括信息化水平→技术创新效应→全要素碳生产率（0.01584）的并行中介作用，也包括信息化水平→技术创新效应→业态更新效应→全要素碳生产率（0.00299）、信息化水平→技术创新效应→结构优化效应→全要素碳生产率（0.00079）、信息化水平→技术创新效应→业态更新效应→结构优化效应→全要素碳生产率（0.00001）等链式中介作用。信息化水平的技术创新效应检验结果表明，技术创新能够促进生态环境可持续健康发展，推动全要素碳生产率增长。

（2）业态更新效应的中介作用。信息化水平影响中国全要素碳生产率增长过程中，既包括信息化水平→业态更新效应→全要素碳生产率（0.01171）的并行中介作用，也包括信息化水平→业态更新效应→结构优化效应→全要素碳生产率（0.00002）的链式中介作用。这表明产业融合能够推动中国全要素碳生产率增长，业态更新效应发挥的累计中介作用为 0.01173，在总体中介效应中占比为 35.66%。

（3）结构优化效应的中介作用。在信息化促进中国全要素碳生产率增长过程中，结构优化效应单独发挥了显著的正向并行中介作用，即信息化水平→结构优化效应→全要素碳生产率（0.00154）的并行中介作用，在总体中介效应中占比为4.68%。可见，信息化水平直接促进产业结构优化升级，能够有效推动中国全要素碳生产率增长，信息化加速了产业结构绿色低碳转型升级，为全要素碳生产率增长提供了重要支撑。

三　稳健性检验

本章采用两种方法完成信息化水平影响中国全要素碳生产率增长的稳健性检验。一是替换核心解释变量，采用人均电信业务总量反映各地信息化水平，重新检验信息化水平影响中国全要素碳生产率增长的路径。表3-4估计结果表明，信息化水平、技术创新水平、产业融合水平、产业结构水平等核心变量的估计系数虽有变化，但影响方向并未改变，且均通过显著性检验，信息化水平促进中国全要素碳生产率增长过程中存在间接效应。表3-5估计结果显示，并行中介效应和链式中介效应在信息化影响中国全要素碳生产率增长过程中同时存在，并行中介效应占比达到69.89%，链式中介效应占比为30.11%，两类中介效应占比存在差异，但均显著存在。

表 3-4　替换核心解释变量后的多重中介效应模型估计结果

变量	技术创新效应	业态更新效应	结构优化效应	$TFCP$
LI	0.165*** (11.152)	0.097* (1.845)	0.037*** (5.318)	0.283*** (7.201)
TI		1.887*** (15.710)	0.121*** (6.658)	0.147*** (3.440)
IC			0.061*** (11.249)	0.035* (1.015)
IS				0.035* (0.920)
常数项	-0.481*** (-4.252)	-0.972*** (-3.060)	-0.172*** (-2.708)	-0.448*** (-5.412)

续表

变量	技术创新效应	业态更新效应	结构优化效应	*TFCP*
控制变量	Y	Y	Y	Y
个体固定效应	Y	Y	Y	Y
时间固定效应	Y	Y	Y	Y
R^2	0.714	0.629	0.620	0.656
N	600	600	600	600

注：＊、＊＊＊分别表示在 p < 0.10、p < 0.01 时有统计学意义，括号内为估计系数的 t 值。

表 3 - 5　替换核心解释变量后的 Bootstrap 法检验结果

中介效应类型	中介效应值	95% 的置信区间	抽样次数（次）
并行中介效应 1 TI（$a_1 b_2$）	0.01584＊ (4.562)	[0.013, 0.025]	1000
并行中介效应 2 IC（$a_2 b_2$）	0.01171＊＊＊ (5.920)	[0.008, 0.016]	1000
并行中介效应 3 IS（$a_3 b_3$）	0.00154＊＊＊ (5.778)	[0.000, 0.003]	1000
链式中介效应 （$a_1 d_1 b_2 + a_1 d_2 b_3 + a_2 d_3 b_3 + a_1 d_1 d_3 b_3$）	0.00380＊＊＊ (7.632)	[0.001, 0.013]	1000
总体中介效应	0.03289＊ (1.897)	[0.031, 0.042]	1000

注：＊、＊＊＊分别表示在 p < 0.10、p < 0.01 时有统计学意义，括号内为估计系数的 Z 值。

二是通过设定不同抽样次数重新检验信息化水平对中国全要素碳生产率增长的影响。Bootstrap 法通过随机抽取样本的方式考察信息化影响全要素碳生产率的中介效应，在抽样过程中，设置不同抽样次数可得到差异性检验结果。表 3 - 6 检验结果显示，在 1500 次、2000 次和 2500 次抽样过程中，技术创新效应、业态更新效应、结构优化效应的并行中介作用以及链式中介作用虽然系数存在一定差异，但中介效应系数符号相同且均通过显著性检验。可见，信息化能够直接和间接促进中国全要素碳生产率增长，且估计结果较为可靠。

表 3 - 6　不同抽样次数下的 Bootstrap 法检验结果

中介效应类型	1000 次抽样	1500 次抽样	2000 次抽样	2500 次抽样
并行中介效应 1 TI ($a_1 b_2$)	0.01584 *** (5.968)	0.01723 *** (3.902)	0.01695 *** (3.765)	0.01641 *** (3.808)
并行中介效应 2 IC ($a_2 b_2$)	0.01171 *** (2.439)	0.01244 *** (5.251)	0.01233 *** (5.649)	0.01278 *** (5.674)
并行中介效应 3 IS ($a_3 b_3$)	0.00154 ** (1.399)	0.00183 *** (4.593)	0.00231 *** (5.014)	0.00239 *** (5.526)
链式中介效应 ($a_1 d_1 b_2 + a_1 d_2 b_3 + a_2 d_3 b_3 + a_1 d_1 d_3 b_3$)	0.01247 ** (2.099)	0.00427 *** (3.041)	0.00443 *** (3.172)	0.00441 *** (3.132)
总体中介效应	0.03289 *** (9.002)	0.03578 *** (6.031)	0.03603 *** (6.019)	0.03598 *** (6.503)

注：**、*** 分别表示在 p < 0.05、p < 0.01 时有统计学意义，括号内为估计系数的 Z 值。

四　进一步讨论

鉴于学术界对中介效应分析存在的争议，借鉴江艇（2022）对中介效应分析的操作建议，本章引入技术创新（TI）、产业融合（IC）、产业结构（IS）作为中介变量，反映信息化水平（LI）影响中国全要素碳生产率（$TFCP$）增长的作用渠道。综观国内外学术界现有研究成果，相关核心变量间的影响已经得到充分证明。一是信息化水平（LI）的影响作用，已有研究证明信息化水平能够显著促进技术创新水平提升（李磊等，2022），推动产业融合发展（周振华，2002），促进产业结构优化升级（纪成君、孙晓霞，2019），直接推动中国全要素碳生产率增长（白雪洁、孙献贞，2021）；二是中介变量对中国全要素碳生产率的影响，已有研究证明技术创新（刘朝等，2022）、产业融合（李琳、赵桁，2021）、产业结构优化升级能够直接促进中国全要素碳生产率增长（葛立宇等，2022）；三是中介变量间的关系，技术创新对产业融合的推动作用（焦青霞、刘岳泽，2022）、技术创新对产业结构升级的支撑作用（杨力等，2022）、产业融合对产业结构升级的促进作用已经得到广泛认可（曹菲、聂颖，2021）。由此可见，各中介变量在信息化水平影响中国全要素碳生产率增长过程中存在间接关联作用。

第五节　研究结论与政策启示

一　研究结论

①信息化水平具有显著的节能降碳效应，能够发挥直接和间接作用，有效推动中国全要素碳生产率增长；②信息化水平具有显著的技术创新效应，在信息化进程中，能够通过技术创新推动产业融合发展，促进产业结构升级，加快绿色低碳技术研发应用，通过技术创新间接推动中国全要素碳生产率增长；③信息化水平具有业态更新效应，信息化水平提升能够推动产业深度融合，加快产业结构升级，通过产业融合间接推动中国全要素碳生产率增长；④信息化水平具有结构优化效应，在信息化进程中，能够直接或间接推动产业结构绿色低碳化转型升级，通过产业结构升级间接推动中国全要素碳生产率增长。

二　政策启示

（1）发挥信息化低碳引领功能。加快推进信息化进程，充分发挥信息化建设的直接和间接效应，推动中国全要素碳生产率增长。一是推进新型基础设施建设。深入实施5G创新应用工程、"智能网联"设施建设和应用推广工程、大数据中心体系建设工程，不断深化公共设施数字化、智能化转型升级，全方位提升基础设施信息化服务支撑能力。二是充分发挥数据作为新生产要素的关键作用。稳步推进数据要素化，加快推动数据要素流通，繁荣数据应用生态，提升数据要素服务经济社会发展的效能，充分激发信息化进程中的数据要素价值。三是推进信息化与经济社会深度融合。在数字经济、数字政府、数字社会建设中，深化互联网、大数据、人工智能等现代信息技术应用，突破部门间、行业间、区域间信息壁垒，全面提升资源要素配置效率、产品服务供给效率，降低碳排放强度，推动中国全要素碳生产率增长。

（2）强化绿色低碳科技创新支撑。充分发挥信息化进程中的技术创新效应，通过低碳科技创新有效支撑中国全要素碳生产率增长。一是支持低碳零碳负碳核心技术攻关。加快建立线上线下开放式、协同化、网络化科技创新平台，全面提升绿色低碳科技创新能力和水平，为经济社会全面绿色低碳转型提供技术支撑。二是支持绿色低碳技术推广应用。聚焦经济社会绿色低碳发展新思路、新专利、新工艺、新产品、新设备，促进科技成果转化应用推广，推动形成创新链共享、供应链协同、数据链联动、产业链协作的融通发展模式，全面提高生产力、降低能源资源消耗强度、提高经济发展质量，以绿色低碳科技支撑中国全要素碳生产率增长。

（3）充分发挥产业融合新动力。在信息化进程中有效激发业态更新效应，激发产业融合新动力，通过产业融合促进中国全要素碳生产率增长。一是推动信息化与新型工业化、城镇化、农业现代化同步发展，以"新四化同步"为着力点，积极培育新业态。二是推进先进制造业和现代服务业深度融合，打造现代产业集群，充分发挥产业集聚效应和规模经济效应，提升资源要素利用效率，提升全要素碳生产率。三是加大绿色低碳新兴产业扶持力度，综合应用减税降费等多种优惠政策，促进新兴产业高质量发展。

（4）深化产业结构低碳转型升级。充分发挥信息化在产业结构低碳转型中的直接作用和间接作用，以信息化中的结构优化效应促进中国全要素碳生产率增长。一是推动三次产业结构优化升级。科学提升服务业发展比重，保持制造业比重基本稳定，推进产业基础高级化、产业结构合理化、产业链现代化发展，加快构建现代化产业体系，不断提升产业链供应链现代化水平。二是深入推进新型工业化。加快淘汰传统高耗能高污染工业，支持绿色低碳高附加值高技术产业、战略性新兴产业发展，推动工业产业结构向价值链上游延伸，加快提升产业合理化水平，不断降低碳排放强度，助力全要素碳生产率增长。

三 研究展望

加快实现信息化、按时实现碳达峰碳中和目标是中国式现代化的重要内容和新发展阶段的重要使命，本章从直接和间接两条路径考察信息化促进中国全要素碳生产率增长的效应和路径，但进一步深化新时代中国信息化和绿色低碳发展研究，仍有较多问题值得关注：一是如何科学量化信息化水平、全要素碳生产率仍需进一步探索，核心变量的科学评价指标体系有待进一步丰富完善；二是信息化促进中国全要素碳生产率增长的路径还有哪些、存在何种机制，仍需进一步研究；三是从理论和实证角度考察信息化影响中国全要素碳生产率的路径和机制的方法，仍需进一步关注和探索。

参考文献

白雪洁、孙献贞：《互联网发展影响全要素碳生产率：成本、创新还是需求引致》，《中国人口·资源与环境》2021 年第 10 期。

曹菲、聂颖：《产业融合、农业产业结构升级与农民收入增长——基于海南省县域面板数据的经验分析》，《农业经济问题》2021 年第 8 期。

崔兆财、周向红：《信息化、省际贸易、知识溢出与中国区域经济异质增长——基于多维邻近视角下的交互影响研究》，《经济问题探索》2020 年第 8 期。

葛立宇、莫龙炯、黄念兵：《数字经济发展、产业结构升级与城市碳排放》，《现代财经（天津财经大学学报）》2022 年第 10 期。

贺勇、傅飞飞、廖诺：《基于 STIRPAT 模型的工业研发投入对碳排放影响效应分析》，《科技管理研究》2021 年第 17 期。

洪银兴：《论中国式现代化的经济学维度》，《管理世界》2022 年第 4 期。

纪成君、孙晓霞：《信息化、城镇化与产业结构升级的互动关系》，《科技管理研究》2019 年第 21 期。

江艇：《因果推断经验研究中的中介效应与调节效应》，《中国工业经济》2022 年第 5 期。

蒋含明：《外商直接投资知识溢出、信息化水平与技术创新能力》，《江西财经大学学报》2019 年第 1 期。

焦青霞、刘岳泽：《数字普惠金融、农业科技创新与农村产业融合发展》，《统计与决策》2022 年第 18 期。

黎振强、周秋阳：《产业结构升级是否有助于促进碳减排——基于长江经济带地区的实证研究》，《生态经济》2021 年第 8 期。

李博、张文忠、余建辉：《服务业发展、信息化水平与全要素碳生产率增长——基于门限效应的实证研究》，《地理研究》2016 年第 5 期。

李华、马进：《环境规制对碳排放影响的实证研究——基于扩展 STIRPAT 模型》，《工业技术经济》2018 年第 10 期。

李磊、刘常青、韩民春：《信息化建设能够提升企业创新能力吗？——来自"两化融合试验区"的证据》,《经济学》(季刊) 2022 年第 3 期。

李琳、赵桁:《"两业"融合与碳排放效率关系研究》,《经济经纬》2021 年第 5 期。

李新安、李慧:《外资引入、技术进步偏向影响了制造业的碳排放吗?——来自我国 27 个制造行业面板数据模型的实证检验》,《中国软科学》2022 年第 1 期。

林伯强:《碳中和进程中的中国经济高质量增长》,《经济研究》2022 年第 1 期。

刘朝、王梓林、原慈佳:《结构视域下自主技术创新对工业碳排放的影响及趋势预测》,《中国人口·资源与环境》2022 年第 7 期。

刘洪涛:《信息化基建、跨系统融合与经济发展内在机理研究》,《统计与信息论坛》 2021 年第 4 期。

刘洪涛、杨洋:《信息化与中国碳强度——基于中国省级面板数据的经验分析》,《科技管理研究》2018 年第 19 期。

刘华军、石印、郭立祥等:《新时代的中国能源革命:历程、成就与展望》,《管理世界》2022 年第 7 期。

刘健强、马晓钰:《人口老龄化、产业结构升级与碳排放——基于 STIRPAT 模型的空间计量分析》,《金融与经济》2021 年第 7 期。

潘伟、韩伯棠、韩磊:《信息化背景下知识溢出与城市群空间经济增长模型研究》, 《数学的实践与认识》2019 年第 7 期。

彭继增、李爽、王怡:《地区信息化与绿色经济发展的空间关联性研究——基于空间杜宾模型的实证分析》,《工业技术经济》2019 年第 8 期。

乔英俊、赵世佳、伍晨波等:《"双碳"目标下我国汽车产业低碳发展战略研究》, 《中国软科学》2022 年第 6 期。

任晓松、马茜、刘宇佳等:《碳交易政策对高污染工业企业经济绩效的影响——基于多重中介效应模型的实证分析》,《资源科学》2020 年第 9 期。

任晓松、马茜、刘宇佳等:《碳交易政策对工业碳生产率的影响及传导机制》,《中国环境科学》2021 年第 11 期。

唐红祥、夏惟怡、黄跃:《西部陆海新通道制造业与物流业协同集聚的影响因素识别及突破路径研究》,《中国软科学》2022 年第 8 期。

王淑英、程南皓、卫朝蓉:《绿色技术创新与碳生产率的空间溢出效应——基于政府支持的调节作用研究》,《管理现代化》2021 年第 5 期。

温忠麟、叶宝娟:《中介效应分析:方法和模型发展》,《心理科学进展》2014 年第 5 期。

吴传清主编《长江经济带产业发展报告 (2019)》,社会科学文献出版社,2020。

吴新中、邓明亮:《技术创新、空间溢出与长江经济带工业绿色全要素生产率》,《科技进步与对策》2018 年第 17 期。

谢康、廖雪华、肖静华:《效率与公平不完全相悖:信息化与工业化融合视角》,《经济研究》2021 年第 2 期。

徐玉德、杨晓璇、刘剑民:《信息化密度、社会信任与企业价值创造》,《中国软科学》2022 年第 1 期。

杨力、杨凌霄、张紫婷:《金融支持、科技创新与产业结构升级》,《会计与经济研究》2022 年第 5 期。

姚凤阁、王天航、谈丽萍:《数字普惠金融对碳排放效率的影响——空间视角下的实证分析》,《金融经济学研究》2021 年第 6 期。

叶强、高超越、姜广鑫:《大数据环境下我国未来区块链碳市场体系设计》,《管理世界》2022 年第 1 期。

尹虹潘:《中国工业化水平的重新测度》,《经济学家》2019 年第 3 期。

尹礼汇、吴传清:《环境规制与长江经济带污染密集型产业生态效率》,《中国软科学》2021 年第 8 期。

张成、史丹、王群伟:《绿色发展背景下中国碳生产率的时空演变和系统优化研究》,人民出版社,2019。

张军、吴桂英、张吉鹏:《中国省际物质资本存量估算:1952—2000》,《经济研究》2004 年第 10 期。

张宁:《碳全要素生产率、低碳技术创新和节能减排效率追赶——来自中国火力发电企业的证据》,《经济研究》2022 年第 2 期。

周振华:《信息化进程中的产业融合研究》,《经济学动态》2002 年第 6 期。

朱华波、王彤君:《信息化、董事会人力资本与制造业企业技术创新》,《财会通讯》2021 年第 2 期。

左晖、艾丹祥:《技术变化方向异性和全要素生产率——来自中国制造业信息化的证据》,《管理世界》2022 年第 8 期。

Asongu, S. A. , Roux, S. L. , Biekpe, N. , "Environmental Degradation, ICT and Inclusive Development in Sub-Saharan Africa," *Energy Policy* 111 (2017): 353 – 361.

Grosskopf, S. , "Some Remarks on Productivity and Its Decompositions," *Journal of Productivity Analysis* 20 (2003): 459 – 474.

Pastor, J. T. , Lovell, C. A. K, Aparicio, J. , "Defining a New Graph Inefficiency Measure for the Proportional Directional Distance Function and Introducing a New Malmquist Productivity Index," *European Journal of Operational Research* 281 (2020): 222 – 230.

Preacher, K. J. , Hayes, A. F. "Asymptotic and Resampling Strategies for Assessing and Comparing Indirect Effects in Multiple Mediator Models," *Behavior Research Methods* 40 (2008): 879 – 891.

Xu, F. , Huang, Q. , Yue, H. , et al. , "Reexamining the Relationship between Urban-ization and Pollutant Emissions in China Based on the STIRPAT Model," *Journal of Environmental Management* 273 (2020): 111134.

Yuce, B. , Rezgui, Y. , "An ANN-GA Semantic Rule-based System to Reduce the Gap between Predicted and Actual Energy Consumption in Buildings," *IEEE Transactions On Automation Science and Engineering* 14 (2017): 1351 – 1363.

第四章　数字经济发展对中国工业碳生产率的影响研究[*]

　　"加快发展数字经济"和"积极稳妥推进碳达峰碳中和"是党的二十大报告明确提出的决策部署，数字经济是构建现代化经济体系的重要支撑，工业绿色低碳转型是实现碳达峰碳中和目标的必由之路。工业是碳减排和碳中和的关键领域，工业领域碳达峰是实现"双碳"目标的重点任务，工业数字化、绿色化协同转型是制造强国战略的重要内容。加快推进中国新型工业化进程，如何深入挖掘数字经济助力工业领域"双碳"目标实现的作用场景和实现机制，充分激发数字经济赋能工业领域绿色化低碳化转型发展的效能和潜力，实现"降碳"和"增效"双重目标，是当前数字经济发展和工业绿色低碳转型的热点和难点。本章基于2015—2021 年中国省级面板数据，从数字基础设施、数字产业化、产业数字化、公共服务数字化等方面构建指标体系测算中国数字经济发展水平，采用面板回归模型、空间计量模型、中介效应模型等研究方法，从直接效应、空间溢出效应、区域异质性、机制路径等多角度实证考察数字经济对中国工业碳生产率的影响。

第一节　问题的提出与文献综述

　　"加快发展数字经济"和"积极稳妥推进碳达峰碳中和"是党的二十大报告明确提出的决策部署（习近平，2022），数字经济是构建现代化经济体系的重要支撑，工业绿色低碳转型是实现碳达峰碳中和目标的必由之路（洪银兴、任保平，2023）。促进数字经济加快发展是世界各国加快经济社会绿色低碳转型的重要选择。中国信通院发布的《全球数

---

　　[*]　本章核心内容发表于《中国软科学》2023 年第 11 期。

字经济白皮书（2022 年）》数据显示，2021 年发达国家数字经济规模达到 27.6 万亿美元，其中，美国数字经济规模达到 15.3 万亿美元；发达国家数字经济占 GDP 比重达到 55.7%，而发展中国家仅为 29.8%；英国第一产业数字经济渗透率达到 30%，德韩两国第二产业数字经济渗透率超过 40%，英德美三国第三产业数字经济渗透率均超过 60%，发达国家数字经济发展具有显著领先优势。中国信通院发布的《中国数字经济发展研究报告（2023 年）》数据显示，2021 年中国数字经济规模为 45.5 万亿元（7.1 万亿美元），占 GDP 比重为 39.8%；2022 年中国数字经济规模达到 50.2 万亿元（7.5 万亿美元），占 GDP 比重提升至 41.5%，在细分行业中服务业、工业、农业数字经济渗透率分别为 44.7%、24.0%、10.5%，中国数字经济正快速发展，但与发达国家相比仍有一定差距。以数字基础设施、数据要素、国内市场等为基础，数字经济在中国快速发展，并与经济社会各领域深度融合，有效带动了中国经济增长、能源效率提升和资源要素优化配置（余海华，2021；Acemoglu and Restrepo，2019）。伴随新一轮经济社会变革的不断深入，生产要素类型和结构正悄然变革，数据要素市场与土地、劳动力、资本、技术等传统要素一同成为全球要素市场化配置的核心内容。以人工智能、云计算、大数据等为代表的新一代数字技术在经济社会发展中得到广泛应用，催生出一系列新产品新业态，传统产业发展模式和产业边界正不断变革，也为生态环境治理、节能减排、绿色低碳发展带来新的机遇和路径（Zhou et al.，2021）。

工业是碳减排和碳中和的关键领域，工业领域碳达峰是实现"双碳"目标的重点任务，工业数字化、绿色化协同转型是制造强国战略的重要内容（孙智君、文龙，2023）。伴随工业化进入中后期，发达国家在支持数字经济快速发展的同时，高度重视数字技术与节能低碳发展的紧密融合。欧盟委员会在 2020 年发布更新版《欧洲工业战略》，提出加快推广可再生能源，促进工业领域绿色化数字化发展；英国先后发布《英国数字化战略》（2017 年）、《工业脱碳战略》（2021 年）、《英国能源安全战略》（2022 年）等战略，旨在促进工业企业数字化转型，加快实现工业发展与碳排放"脱钩"；美国积极推进先进制造战略、"智能制造振兴计划"，先后发布《工业数字化转型白皮书》（2020 年）、《拜登清洁能源革命和环境正义计划》（2020 年），支持工业数字化和绿色化转型发展；日本提出《2050 年碳中和绿色增长战略》（2020 年），强调运用数字技术加快数字化转型，促进工业产业等重点领域提高能源利用效率，降低二氧化碳排放。中国同样提出要抢抓数字经济发展机遇，促进工业绿色低碳发展。《工业领域碳达峰实施方案》（2022 年）将"推动数字赋能工业绿色低碳转型"作为加快工业领域碳达峰碳中和的重点战略任务，提出加快推进"工业互联网＋绿色低碳"发展。加快推进中国新型工业化进程，如何深入挖掘数字经济助力工业领域"双碳"目标实现的作用场景和实现机制，充分激发数字经济赋能工业领域绿色化低碳化转型发展的效能和潜力，实现"降碳"和"增效"双重目标，成为当前数字经济发展和工业绿色低碳转型的热点和难点。在中国数字经济发展和工业绿色低碳转型发展过程中，数字经济发展对工业碳生产率提升是否存在促进作用？数字经济发展的影响是否存在空间溢出效应？数字经济的影响在不同区域是否存在差异性？数字经济对工业碳生产率的影响涉及哪些路径？本章试图对上述问题进行探索和分析。

围绕数字经济发展的影响效应，国内外学者主要聚焦经济刺激效应、创新激励效应、降污减排效应展开系列探索。一是数字经济的经济刺激效应（张微微等，2023）。部分学者从数字经济基础设施建设角度出发，重点考察互联网（黄群慧等，2019）、人工智能（陈彦斌等，2019）、云计算、移动通信等基础设施建设对经济社会发展的影响，研究数字经济发展有效带动了区域经济高质量发展（荆文君、孙宝文，2019）；也有学者基于对数字化交易手段的考量，从数字金融（张勋等，2020）、数字普惠金融（王军等，2023）等角度分析数字经济发展对中国经济发展的带动作用；鉴于数字要素的空间关联性和流动性，有学者将空间因素纳入数字经济的经济刺激效应分析过程，研究提出数字经济在促进经济社会发展过程中存在显著的空间溢出效应（赵涛等，2020）。二是数字经济的创新激励效应。有学者从全国、省域、城市（韩璐等，2021）、县域（周青等，2020）等宏观角度出发，综合运用博弈模型（许恒等，2020）、梅特卡夫法则（韩先锋等，2019）等方法考察了数字经济通过技术溢出和创新驱动等途径对经济社会发展的影响效应；也有学者从微观企业角度出发，研究数字技术在企业生产运营过程中的应用，能够有效激发企业投入创新要素（周文辉等，2018；Caputo et al.，2019）、开展创新活动的动力，并不断增强企业创新能力（杨德明、刘泳文，2018）。三是数字经济的降污减排效应。不同于数字经济发展的经济刺激效应和创新激励效应研究，部分学者从互联网、科技创新（Chen et al.，2023）、信息化（吴传清、邓明亮，2023）等角度出发，研究提出数字经济发展能够促进能源效率和碳绩效的提升（Cao et al.，2021；Lin and Zhou，2021）；也有学者提出数字经济对环境污染的影响呈现倒"U"形非线性特征（许钊等，2021；Wang et al.，2023；Yang et al.，2021）。数字经济的降污减排效应尚未形成统一结论。

综观国内外学术界现有研究成果，现有研究从不同角度完成了数字经济发展的系列探索（杨刚强等，2023），但关于数字经济能否有效促进中国工业碳生产率提升、存在何种时空特征和影响机制，仍需进一步挖掘和分析。有鉴于此，本章基于2015—2021年中国省级面板数据，从数字基础设施、数字产业化、产业数字化、公共服务数字化等方面构建指标体系测算中国数字经济发展水平，采用空间计量模型等实证考察数字经济发展影响工业碳生产率的直接效应、空间溢出效应、区域异质性和机制路径。

第二节　理论模型与研究假设

一　理论模型

伴随数字经济快速发展，技术创新水平不断提高、产业结构进一步优化，数字经济的环境效应正逐步显现（余姗等，2022）。为反映数字经济发展对工业碳生产率的影响，本章在传统 C - D 生产函数基础上，引入数字经济、科技创新、产业结构和工业碳生产率等因素，构建数字经济对工业碳生产率的理论分析模型。首先将能源消费因素纳入 C - D 生产函数，并进一步得到工业碳生产率的表达式。

$$Y_i = A_i L_i^a K_i^b E_i^{1-a-b} \tag{4-1}$$

$$CP_i = \frac{Y_i}{E_i^{1-a-b} \varepsilon} = \frac{Y_i}{E_i^{\theta} \varepsilon} = \frac{A_i L_i^a K_i^b}{\varepsilon}, \theta = 1 - a - b \tag{4-2}$$

　　式（4-1）、式（4-2）中，Y_i 表示工业总产出，CP_i 表示工业碳生产率，A_i 表示技术创新水平，L_i 表示劳动力供给，K_i 表示资本投入，E_i 表示能源消耗，ε 表示各能源的碳排放折算系数。数字经济发展以科技创新为支撑和需求，数字经济发展能够促进技术创新水平的提升，因此将技术创新设定为数字经济发展水平（τ）的正相关函数，并进一步得到数字经济与工业碳生产率的关系式。

$$CP_i = \frac{Y_i}{E_i^\theta \varepsilon} = A_i \frac{L_i^a K_i^b}{\varepsilon} = f(\tau) \frac{L_i^a K_i^b}{\varepsilon}, \ A_i = f(\tau) \qquad (4-3)$$

　　由式（4-3）可见，数字经济发展水平越高，技术创新水平越高，工业碳生产率水平越高。为进一步考察数字经济对工业碳生产率增长过程中的产业结构影响，本章将工业产业进一步划分为高碳部门（CP_1）和低碳部门（CP_2），有 $CP_2/CP_1 = \gamma > 1$。

$$CP_i = \frac{1}{\varepsilon} \times \frac{Y}{E} = \frac{1}{\varepsilon} \times \frac{Y_1 + Y_2}{E_1^\theta + E_2^\theta} = \frac{1}{\varepsilon} \times \frac{Y_1 + Y_2}{Y_1/CP_1\varepsilon + Y_2/CP_2\varepsilon} \qquad (4-4)$$

　　采用低碳部门与高碳部门总产出之比反映产业结构，数字经济发展过程中产业数字化和数字产业化的推进，对产业结构升级存在显著影响，将产业结构表示为数字经济的函数形式，即 $is = Y_2/Y_1 = g(\tau)$。由此，可以进一步得到工业碳生产率与产业结构、数字经济的函数表达式。

$$\begin{aligned}
CP_i &= \frac{1}{\varepsilon} \times \frac{Y_1 + Y_2}{Y_1/CP_1\varepsilon + Y_2/CP_2\varepsilon} = \frac{1 + is}{1/CP_1 + is/CP_2} \\
&= \frac{1 + is}{\gamma/CP_2 + is/CP_2} = \frac{1 + is}{\gamma + is}CP_2 = \frac{1 + is}{\gamma + is}f(\tau)\frac{L_2^a K_2^b}{\varepsilon} \\
&= \frac{1 + g(\tau)}{\gamma + g(\tau)}f(\tau)\frac{L_2^a K_2^b}{\varepsilon} \qquad (4-5)
\end{aligned}$$

　　已知 $CP_2/CP_1 = \gamma > 1$，表明伴随数字经济发展水平（τ）的提高，低碳部门占比提升，产业结构（is）数值提高，碳生产率将得到进一步提高。综上可见，数字经济发展能够对工业碳生产率产生正向影响，具体作用路径主要涉及技术创新和产业结构转型升级两个方面。

二　分析框架

　　在理论模型分析基础上，本章进一步从直接效应、空间效应、路径机制三个方面，对数字经济影响工业碳生产率的逻辑关系进行梳理。

（一）数字经济影响中国工业碳生产率的直接效应

伴随新一代信息技术的迅猛发展，数字产业化和产业数字化不断推进，新技术、新工艺、新产品、新业态加速形成和推广，为经济社会发展注入新活力。以5G网络、数据中心等为代表的新型基础设施建设，既为中国工业经济发展带来了新需求，也为工业领域经济绿色化低碳化转型发展提供了新思路。具体而言，数字经济发展对工业碳生产率的直接影响主要涉及四个方面。一是数字技术应用有助于突破工业产业发展物理距离限制（赵涛等，2020），利用科创飞地、虚拟产业园、工业互联网等新模式新技术，地区间经济社会活动的联系不断加强，促进资源在不同区域的优化配置，进而为工业领域跨区域协同减排增效提供助力（刘传明、马青山，2020），促进整体工业碳生产率提升；二是数字经济发展实现各类数据要素的快速整合与跨区域高度共享（Cao and Shen，2019），能够优化工业经济发展资源要素投入结构（张少华、陈治，2021），在减少能源资源浪费的同时，提高能源资源利用效率，实现工业碳生产率提升（Goralski and Tan，2020）；三是数字金融等新型交易方式的产生和推广，有效降低了工业领域市场资源配置中的信息不对称，引导资本向低碳高效工业领域集中，为绿色低碳技术研发和新设备新工艺改进提供强大支持，为工业领域绿色低碳转型发展赋能（费越等，2021）；四是以新型数字技术和平台为依托的工业环境信息监测系统建立，能够有效增加工业领域能源投入，加强碳排放信息监测与公布，在优化工业低碳发展战略决策的同时，以生产信息透明公开敦促工业企业加强能源资源高效利用、促进碳捕集利用与封存，提升工业碳生产率。基于以上分析，本章提出假设 H1：数字经济发展能够直接促进中国工业碳生产率提升。

（二）数字经济影响中国工业碳生产率的空间效应

伴随数字经济和工业绿色低碳转型顶层设计的不断完善与推进，工业数字化、低碳化、绿色化发展理念广泛形成，各地在推进数字经济发展和工业领域率先"碳达峰碳中和"工作中的"竞争"现象逐步显现（李子豪、袁丙兵，2021）。一是数字经济和工业绿色低碳发展水平较高地区，能够形成典型发展经验，为后进地区提供先进学习经验，有效发挥数字技术学习效应，通过先进示范带动相邻地区数字经济和工业绿色低碳转型发展快速推进，以数字经济发展助力相邻地区工业碳生产率提升（任亚运、张广来，2020）；二是数字基础设施互联互通促进各地区经济社会发展联系更加密切，本地区数字经济和工业绿色低碳转型发展能够通过工业互联网等数字基础设施的关联对相邻地区产生溢出影响（任晓松、孙莎，2022）；三是在区域产业分工和专业化发展过程中，数字经济和工业绿色低碳发展水平较高地区的产业转移与功能疏解，能够促进产业转入地在短期内实现数字经济和工业绿色低碳的"嵌入式"发展，助力提升工业碳生产率。基于以上分析，本章提出假设 H2：数字经济对中国工业碳生产率的影响存在显著的空间溢出效应。

（三）数字经济影响中国工业碳生产率的路径机制

绿色技术创新是数字经济影响中国工业碳生产率的关键。首先，数字经济发展能够通过数字产业化和产业数字化，促进新技术、新工艺、新知识的传播交流，加强区域间、企业间、科研机构间的技术合作交流，充分激发政产学研用各类主体形成技术创新合力（徐维祥等，2022），有助于工业领域绿色技术创新发展。其次，绿色技术在工业领域的应用推广，既能优化能源投入结构，提升清洁能源占比，也能促进工业领域集约化、清洁化、低碳化生产，降低工业碳排放，提升能源利用效率和工业碳生产率（姜南等，2021）。基于以上分析，本章提出假设 H3：数字经济发展能够通过绿色技术创新间接影响中国工业碳生产率。

产业结构升级是数字经济影响中国工业碳生产率的重要路径。首先，数字技术和数字要素在经济社会各领域广泛应用，现代信息技术快速发展促进数字经济和实体经济的融合不断深化（刘强等，2022），衍生出一系列新产品、新工艺、新业态，促进产业结构不断向高端化、数字化、绿色化、低碳化方向升级。其次，传统工业企业逐步淘汰落后产能、退出生产、转型升级，是工业领域破解高污染高耗能高排放困境的必由之路，是产业结构转型升级的典型特征。数字经济发展过程中的产业结构升级，能够加快工业经济全领域绿色化低碳化发展，实现工业碳生产率提升（韩健、李江宇，2022）。基于以上分析，本章提出假设 H4：数字经济发展能够通过产业结构升级促进中国工业碳生产率提升。

综上，数字经济影响中国工业碳生产率的机制和路径如图4-1所示。

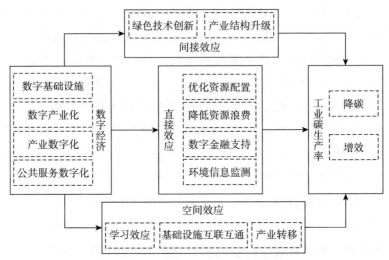

图4-1 数字经济影响工业碳生产率的机制和路径

第三节 研究方法与数据来源

一 模型设定

鉴于数字经济发展、数字要素流动促使各区域经济社会发展联系日益紧密，有必要在数字经济发展影响中国工业碳生产率的研究过程中引入空间变量，构建包含空间因素的空间计量模型。在式（4-6）中，cp_{it}为i地区在t年的工业碳生产率水平，$dige_{it}$为i地区在t年的数字经济发展水平，W_{ij}为空间权重矩阵，X_{it}为控制变量，α为各变量的估计系数，μ_i为地区固定效应，η_t为年份固定效应，ε_{it}和v_{it}为随机误差项，ψ为空间残差自回归系数。

$$cp_{it} = \alpha_0 + \alpha_1 \sum_{j=1}^{n} W_{ij} cp_{it} + \alpha_2 dige_{it} + \alpha_3 \sum_{j=1}^{n} W_{ij} dige_{it} +$$

$$\alpha_4 X_{it} + \alpha_5 \sum_{j=1}^{n} W_{ij} X_{it} + \mu_i + \eta_t + \varepsilon_{it} \quad (4-6)$$

$$\varepsilon_{it} = \psi \sum_{j=1}^{n} W_{ij}\varepsilon_{it} + \upsilon_{it}$$

为进一步考察数字经济影响中国工业碳生产率的路径和机制，本章引入绿色技术创新和产业结构升级作为中介变量，进一步构建中介效应模型。在式（4-7）至式（4-9）中，M_{it}表示中介变量，α 和 β 表示各变量的估计系数，其余符号含义与式（4-6）相同。

$$cp_{it} = \alpha + \beta_1 dige_{it} + \sum X_{it} + \mu_i + \eta_t + \varepsilon_{it} \qquad (4-7)$$

$$M_{it} = \alpha + \beta_2 dige_{it} + \sum X_{it} + \mu_i + \eta_t + \varepsilon_{it} \qquad (4-8)$$

$$cp_{it} = \alpha + \beta_3 cp_{it} + \beta_4 dige_{it} + \sum X_{it} + \mu_i + \eta_t + \varepsilon_{it} \qquad (4-9)$$

二　变量说明

（一）被解释变量

工业碳生产率（cp）。采用规模以上工业企业主营业务收入与工业碳排放总量之比进行计算，其中工业碳排放总量采用2006年IPCC测算方法以煤炭、焦炭、石油、汽油、煤油、柴油、燃料油、液化石油气、天然气等能源消费量进行折算。

（二）核心解释变量

数字经济发展水平（$dige$）。尽管国家统计局已经发布数字经济核心产业统计分类标准，但数据可得性仍是数字经济发展水平测度的核心难点，学术界现有关于数字经济发展水平的测算方法和测算指标尚未形成统一标准（樊轶侠等，2022；潘为华等，2021；许宪春、张美慧，2020）。有鉴于此，在借鉴学术界现有研究成果（刘军等，2020）的基础上，本章参照国务院于2021年印发的《"十四五"数字经济发展规划》中8个"十四五"数字经济发展主要指标（国家发展和改革委员会，2022），从数字基础设施、数字产业化、产业数字化、公共服务数字化4个维度出发，构建数字经济发展水平评价指标体系（见表4-1）。囿于国务院发布的8个"十四五"数字经济发展主要指标中，部分指标尚无连续性统计，因此根据数据可得性对相关指标进行调整替代，具体方式包括：①采用IPv4地址数和宽带接入用户数作为替代指标，反映数字基础设施发展水平；②国家统计局发布的《数字经济及其核心产业统计分类（2021）》提出，数字经济核心产业主要包括"计算机通信和其他电子设备制造业、电信广播电视和卫星传输服务、互联网和相关服务、软件和信息技术服务业等"，对应《国民经济行业分类》（GB/T 4754—2017），选取"计算机、通信和其他电子设备制造业主营业务收入占工业主营业务收入比重"和"信息传输、软件和信息技术服务业城镇单位就业人数占第三产业从业人员数比重"两个指标反映数字经济核心产业在国民经济中的地位；③采用软件业务收入水平反映软件和信息技术服务业规模；④采用企业每百人使用计算机数、全国网上零售额、电子商务交易规模反映产业数字化水平，其中电子商务交易规模通过电子商务销售额与采购额之和进行计算；⑤由于在线政务服务实名用户规模主要通过数字政务改革和政策推动，因此以"在线政务""数字政府""数字政务""数字化服务"为关键词在北大法律信息网进行全文政策检索，加总得到数字政务政策关注度数据。方差膨胀因子（VIF）检验结果显示，VIF值均小于10，表明数字经济发展水平评价指标间不存在严重的多重共线性问题，进一步采用熵权法确定各指标权重，完成对各地区数字经济发展水平的测算。

表 4 – 1　数字经济发展水平评价指标体系

指标类型	参照指标	选用指标	单位	权重
数字基础设施	IPv6 活跃用户数	IPv4 地址数	亿个	0.111
	千兆宽带用户数	宽带接入用户数	万户	0.104
数字产业化	数字经济核心产业增加值占 GDP 比重	计算机、通信和其他电子设备制造业主营业务收入占工业主营业务收入比重	%	0.109
		信息传输、软件和信息技术服务业城镇单位就业人数占第三产业从业人员数比重	%	0.103
	软件和信息技术服务业规模	软件业务收入	万亿元	0.126
产业数字化	工业互联网平台应用普及率	企业每百人使用计算机数	台	0.101
	全国网上零售额	全国网上零售额	万亿元	0.117
	电子商务交易规模	电子商务交易规模	万亿元	0.112

续表

指标类型	参照指标	选用指标	单位	权重
公共服务数字化	在线政务服务实名用户规模	数字政务政策关注度	份	0.117

注：各指标权重采用熵权法确定。

资料来源："参照指标"整理自国务院 2021 年印发的《"十四五"数字经济发展规划》中数字经济发展主要指标。

（三）中介变量

为进一步考察数字经济影响中国工业碳生产率的路径机制，本章引入绿色技术创新和产业结构升级作为中介变量。①绿色技术创新（lngre），专利申请数充分反映了社会各界对创新的热情和创新产出的规模，相较于专利授权数更能反映创新水平，因此以当年绿色发明专利和绿色实用新型专利申请数量之和取对数来表示绿色技术创新水平；②产业结构升级（is），由于产业结构升级既包括各产业占比的调整变化，也涉及产业劳动生产率的提升，因此选择产业结构高级化指数对各地区产业结构升级水平进行测度（袁航、朱承亮，2018）。

（四）控制变量

为克服模型估计偏误，本章在实证分析中引入工业密度、人口密度、对外开放水平、财政分权和科技投入等控制变量。①工业密度（de），采用各地区规模以上工业企业主营业务收入与建成区面积之比进行测算；②人口密度（upd），采用各地区城镇常住人口与建成区面积之比进行测算；③对外开放水平（fdi），采用各地区年度实际使用外资占 GDP 比重进行测算；④财政分权（fin），采用各地区财政支出占 GDP 比重进行测算；⑤科技投入（te），采用各地区科技教育支出占财政支出的比重进行测算。

三　数据来源与描述性统计

本章以全国 30 个省区市（不包括港澳台及西藏）2015—2021 年数据为样本，完成数字经济影响中国工业碳生产率的实证研究，相关数据整理自《中国统计年鉴》（2016—2022 年）、《中国工业统计年鉴》（2016—2022 年）、《中国能源统计年鉴》（2016—2022 年）、《中国信息产业年鉴》（2016—2022 年）、EPS 数据平台、中经网统计数据库、北大法律信息网、国家知识产权局网站等，部分缺失数据采用移动平均法补齐。本章主要变量的描述性统计结果如表 4 - 2 所示。

表 4 - 2　描述性统计结果

变量	样本量	平均值	标准差	最小值	最大值
cp	210	0.270	0.197	0.010	1.172
dige	210	1.000	0.973	0.147	5.464
lngre	210	8.519	1.206	5.485	11.057
is	210	2.428	0.113	2.200	2.834
de	210	5.843	3.317	1.164	16.517
upd	210	0.519	0.229	0.116	1.076
fdi	210	0.018	0.016	0.000	0.101
fin	210	0.256	0.103	0.107	0.643
te	210	0.182	0.032	0.111	0.262

第四节　实证结果

一　空间相关性检验结果

中国工业碳生产率呈现显著的空间正相关特征（见表 4 - 3）。本节采用各省地理距离空间权重矩阵，测算 2015—2021 年工业碳生产率全局 Moran's I 指数和 Geary's C 指数。测算结果表明，2015—2021 年工业碳生产率全局 Moran's I 指数均显著为正，全局 Geary's C 指数均显著小于 1，工业碳生产率存在显著的空间相关性，因此有必要将空间变量作为工业碳生产率影响因素的检验变量之一。此外，2015—2021 年工业碳生产率全局 Moran's I 指数和 Geary's C 指数呈现波动变化，自 2019 年开始全局 Moran's I 指数呈现下降趋势、全局 Geary's C 指数呈现逐年增长趋势，可见，工业碳生产率在地理空间上的集聚有弱化趋势，伴随数字经济发展，工业产业发展过程中的时空限制逐步减弱。

表 4 - 3　2015—2021 年中国工业碳生产率空间相关性检验结果

年份	Moran's I	Z 值	p 值	Geary's C	Z 值	p 值
2015	0.454	4.528	0.000	0.524	-2.630	0.004
2016	0.477	4.536	0.000	0.547	-3.401	0.000
2017	0.491	4.702	0.000	0.554	-3.079	0.001
2018	0.508	4.898	0.000	0.568	-2.807	0.003
2019	0.539	4.122	0.000	0.492	-3.596	0.000
2020	0.443	4.253	0.000	0.505	-3.570	0.000
2021	0.310	3.078	0.001	0.534	-3.313	0.000

二　基准回归结果

(一) 空间溢出效应分析

在实证检验数字经济发展对中国工业碳生产率的影响之前，本部分先对具体空间计量模型的形式进行检验和选择 (见表 4 - 4)。基于地理空间权重矩阵的空间计量模型适用性检验结果显示，LM 检验和稳健性 LM 检验统计值在 10% 或 5% 的水平下通过显著性检验，可见将空间因素纳入分析模型具有合理性，应该采用空间计量模型实证检验数字经济对中国工业碳生产率的影响。Wald 检验、稳健性 Wald 检验、LR 检验、稳健性 LR 检验统计值的显著性水平虽有差异，但都在 1% 的水平下通过显著性检验，因此应选择空间杜宾模型 (SDM) 来检验数字经济对中国工业碳生产率的影响。Hausman 检验统计值在 1% 的水平下显著为正，应选择固定效应模型完成数字经济发展影响工业碳生产率的实证检验。LR_SDM_ind 和 LR_SDM_time 统计值和显著性水平存在差异，但均在 1% 的水平下通过显著性检验，应采用时空双固定效应模型完成实证检验。综合空间计量模型适用性检验结果，本章选取时空双固定效应 SDM 模型实证检验数字经济对中国工业碳生产率的影响。

表 4 - 4　空间计量模型适用性检验结果

检验方法	统计值	p 值
LM-lag	3.318	0.069
Robust-LM-lag	2.674	0.010

检验方法	统计值	p 值
LM-error	0.691	0.041
Robust-LM-error	0.047	0.083
Wald_ spatial_ lag	27.210	0.000
Wald_ spatial_ error	21.200	0.004
LR_ spatial_ lag	27.700	0.000
LR_ spatial_ error	24.880	0.001
Hausman	25.450	0.001
LR_ SDM_ ind	23.890	0.008
LR_ SDM_ time	278.770	0.000

数字经济发展能够促进工业绿色低碳转型，提升工业碳生产率，同时表现出显著的空间溢出效应（见表 4 - 5）。本节运用地理距离空间权重矩阵和时空双固定 SDM 模型，检验数字经济对中国工业碳生产率的影响，同时列出普通面板模型和空间固定效应、时间固定效应 SDM 模型估计结果进行比较。时空双固定效应 SDM 模型估计结果显示，数字经济（dige）估计系数显著为正，数字要素、数字基础设施、数字技术、数字金融等的广泛应用和推广，能够在推动资源要素向低碳排放领域集聚的同时，助力能源资源高效利用与碳捕集和封存，从减增量和去存量两方面助力工业经济降碳增效，促进工业碳生产率提升。实证结果表明，数字经济能够对工业碳生产率提升产生正向促进作用，假设 H1 成立。数字经济空间滞后项系数为正，且在 1% 的水平下通过显著性检验，表明数字经济发展能够通过空间溢出效应，对相邻地区工业碳生产率提升产生正向促进效应。此外，工业碳生产率（cp）的空间滞后项系数为正且通过显著性检验，表明工业绿色低碳转型发展在促进本地工业碳生产率提升的同时，能够对相邻地区工业碳生产率产生正向空间溢出效应。在以数字经济助力工业绿色低碳转型的过程中，应加强区域互联互通、强化工业绿色低碳发展跨区域协同联动。

表 4 - 5　数字经济发展影响中国工业碳生产率的效应估计结果

变量	cp			
	（1）普通面板模型	（2）空间固定效应	（3）时间固定效应	（4）时空双固定效应
dige	0.091***	0.048*	0.107**	0.045**
	(5.578)	(1.947)	(1.987)	(2.039)
de	0.031***	0.029***	0.004	0.019***
	(4.477)	(4.401)	(0.630)	(2.636)
upd	-0.414***	-0.342**	-0.073	-0.335**
	(-2.774)	(-2.334)	(-0.843)	(-2.249)
fdi	-0.215	-0.267	-0.370	-0.266
	(-0.345)	(-0.458)	(-0.431)	(-0.440)
fin	-0.123	-0.353	0.829***	-0.765**
	(-0.367)	(-1.098)	(3.424)	(-2.104)
te	0.655	1.062	1.645***	1.543*
	(0.720)	(1.242)	(2.826)	(1.703)
W × dige		0.005***	0.017***	0.004***
		(10.087)	(10.017)	(10.090)
W × de		-0.025	0.202	-0.258
		(-0.361)	(1.175)	(-1.359)
W × upd		1.374	-7.413**	2.578
		(0.824)	(-2.391)	(0.912)
W × fdi		13.724**	6.141	6.698
		(2.084)	(0.312)	(0.422)
W × fin		2.005	11.753**	0.293
		(1.322)	(2.107)	(0.056)
W × te		25.312***	15.232	24.400*
		(2.856)	(1.173)	(1.845)
Spatial rho		0.030***	0.038*	0.038**
		(4.832)	(1.897)	(2.125)
地区固定效应	Y	Y	Y	Y
年份固定效应	Y	Y	Y	Y
N	210	210	210	210

注：*、** 和 *** 分别表示在 $p < 0.10$、$p < 0.05$、$p < 0.01$ 时有统计学意义，括号内为 t 值。

数字经济发展能够通过空间溢出效应带动相邻地区工业绿色低碳转型，提升工业碳生产率（见表 4 - 6）。为进一步分析数字经济发展影响工业碳生产率过程中的空间溢出效应，本节对空间效应进行分解，得到数字经济发展的直接效应、间接效应和总效应。表 4-6 估计结果显示，数字经济（*dige*）的直接效应、间接效应、总效应估计系数均为正，且在不同水平下通过显著性检验。在数字经济快速发展过程中，先发地区既能通过先行先试的典型经验，为相邻地区提供参考，也能通过区域产业分工和转移，直接促进相邻地区产业变革，形成显著的空间溢出影响。此外，数字基础设施的建设和完善，促使各地区经济社会发展联系更加紧密，经济发展模式和成效对相邻地区的空间溢出效应在数字经济作用下更加显著。可见，数字经济发展能够显著促进本地工业绿色低碳转型，助力工业碳生产率提升，同时还能通过空间溢出效应的发挥，对相邻地区工业绿色低碳转型产生正向溢出影响，促进相邻地区工业碳生产率的提升，假设 H2 成立。

表 4-6　数字经济影响中国工业碳生产率的空间效应分解

变量	直接效应	间接效应	总效应
dige	0.046* (1.791)	0.060*** (2.708)	0.105** (2.125)
de	0.023*** (2.977)	-0.198 (-1.115)	-0.175 (-0.962)
upd	-0.377** (-2.562)	2.023 (0.800)	1.645 (0.637)
fdi	-0.341 (-0.560)	5.735 (0.439)	5.394 (0.408)
fin	-0.755** (-2.204)	0.633 (0.156)	-0.122 (-0.029)
te	1.326 (1.381)	17.768 (1.176)	19.093 (1.221)

注：*、**、*** 分别表示在 $p<0.10$、$p<0.05$、$p<0.01$ 时有统计学意义，括号内为 t 值。

　　各控制变量在中国工业绿色低碳转型发展过程中的影响效应呈现显著差异（见表 4-5、表 4-6）。①工业密度（*de*）的估计系数为正，且在 1% 的水平下通过显著性检验，但空间交互项系数未通过显著性检验，表明工业产业集聚能够发挥规模效应，促进工业碳生产率提升，但对相邻地区工业碳生产率的空间溢出效应尚不明显；②人口密度（*upd*）的估计系数和直接效应系数显著为负，但空间滞后项系数和间接效应、总效应系数未通过显著性检验，可见在城镇人口快速集聚过程中，人力资本作用的有限发挥不利于工业碳生产率提升，工业绿色低碳发展必须改变传统劳动密集型产业发展模式；③对外开放水平（fdi）的估计系数为负，在改革开放不断深化背景下，应充分关注与外资引入相伴的全球碳排放转移，提升外资利用质量，促进高质量开放发展；④财政分权（fin）的估计系数显著为负，可见传统以经济体量为导向的财政支持模式，不利于经济社会发展过程中资源利用效率的提升，同时受行政区划影响，财政对工业绿色低碳发展的影响主要体现在本地，空间溢出效应尚不显著；⑤科技投入（te）及其空间滞后项系数估计值均显著为正，可见科技创新投入不仅能够为本地工业绿色低碳转型和工业碳生产率提升提供支撑，同时能够对相邻地区发挥空间溢出效应。

（二）稳健性检验

参考学术界现有研究，本章采用三种方式检验数字经济对中国工业碳生产率影响的稳健性，结果如表 4 - 7 所示。①调整空间权重矩阵，在地理距离空间权重矩阵基础上，采用邻接矩阵、经济距离矩阵和复合矩阵再次检验数字经济对工业碳生产率的影响效应，估计结果表明，使用不同空间权重矩阵得到的直接效应、间接效应和总效应估计系数和显著性水平存在一定差异，但空间效应方向并未改变；②缩尾处理，对研究样本进行 1% 缩尾处理后的估计结果显示，数字经济影响中国工业碳生产率的估计系数均显著为正；③替换被解释变量，采用 GDP 与工业碳排放规模的比值重新计算各地区工业碳生产率（cg），估计结果显示，调整被解释变量计算方法后估计系数方向未发生改变。可见，基于不同方法的稳健性检验结果显示，数字经济对中国工业碳生产率的直接影响和空间效应检验结果具有稳健性。

表 4 - 7　稳健性检验

变量		cp			cp	cg
		邻接矩阵	经济距离矩阵	复合矩阵	1% 缩尾处理	替换被解释变量
dige	直接效应	0.059*** (4.094)	0.048* (1.820)	0.028*** (4.384)	0.027*** (4.279)	0.026*** (4.228)

续表

变量		cp			cp	cg
		邻接矩阵	经济距离矩阵	复合矩阵	1% 缩尾处理	替换被解释变量
dige	间接效应	0.143*** (3.327)	0.064*** (4.592)	0.164*** (3.223)	0.030*** (4.451)	0.016** (2.503)
	总效应	0.134*** (2.676)	0.201* (1.756)	0.161*** (2.701)	0.052** (1.976)	0.092** (2.024)
控制变量		Y	Y	Y	Y	Y
地区固定效应		Y	Y	Y	Y	Y
年份固定效应		Y	Y	Y	Y	Y
N		210	210	210	210	210

注：*、**、*** 分别表示在 $p < 0.10$、$p < 0.05$、$p < 0.01$ 时有统计学意义，括号内为 t 值。

（三）内生性检验

一方面，数字经济快速发展能够为工业碳生产率增长提供支撑；另一方面，工业数字化转型的现实需求也为数字经济发展提供了动力，数字经济和工业碳生产率提升有可能存在双向因果关系。与此同时，尽管已经将控制变量纳入分析模型，但在中国工业碳生产率影响因素研究过程中仍然不可避免地存在遗漏变量问题。因此，在分析数字经济发展对中国工业碳生产率的影响过程中，有必要对模型估计中的内生性问题进行检验。本章选取各解释变量及其空间滞后项作为工具变量（邵帅等，2019），采用广义空间两阶段最小二乘法（GS2SLS）和空间广义矩估计方法（SPGMM）完成内生性检验。表 4-8 估计结果显示，在考虑内生性问题后，数字经济仍然对中国工业碳生产率提升存在显著的正向促进作用；与基准回归估计系数相比，在考虑内生性问题后，数字经济估计系数从 0.045 增长到 0.059 和 0.048，表明如果不考虑数字经济和工业碳生产率的"双向"关系，有可能会低估数字经济在中国工业碳生产率提升过程中的正向促进作用。

表 4-8　内生性检验结果

变量	（1）GS2SLS	（2）SPGMM
dige	0.059*** (3.150)	0.048*** (3.060)
Spatial rho	0.001** (1.420)	
控制变量	Y	Y

续表

变量	（1）GS2SLS	（2）SPGMM
地区固定效应	Y	Y
年份固定效应	Y	Y
N	210	210

注：**、***分别表示在 $p < 0.05$、$p < 0.01$ 时有统计学意义，括号内为 t 值。

（四）异质性分析

鉴于各地区资源禀赋、营商环境、经济基础、绿色本底等多方面因素千差万别，数字经济发展水平、工业产业发展水平各异，数字经济赋能工业绿色低碳转型的类型和大小同样存在较大差异。因此，本节基于四大板块、是否沿海、经济规模、创新水平等因素，对样本进行区域划分，完成数字经济影响工业碳生产率的区域异质性分析。鉴于区域划分后使用空间计量模型可能因样本量有限而产生估计偏差，故采用普通面板模型完成相关实证检验，结果如表 4－9 所示。

（1）四大板块。基于国家统计局的划分标准，本节将全国 30 个省区市（不包括港澳台及西藏）划分为东部、中部、西部和东北地区。表 4－9估计结果显示，数字经济对工业碳生产率的影响系数均为正，中部地区估计系数最大。东部地区数字经济发展起步较早、水平较高，工业绿色化低碳化数字化发展水平较高；中西部地区数字经济发展起步较晚，数字经济对工业绿色低碳转型的影响作用正逐步发挥。可见，数字经济对工业碳生产率提升的赋能效应可能存在边际效应递减的特征。

表 4－9　异质性分析结果

地区		$dige$	控制变量	地区固定效应	年份固定效应	N
四大板块	（1）东部地区	0.053***（2.961）	Y	Y	Y	70
	（2）中部地区	0.264***（4.677）	Y	Y	Y	42
	（3）西部地区	0.131**（2.413）	Y	Y	Y	77
	（4）东北地区	0.182***（3.131）	Y	Y	Y	21
是否沿海	（5）沿海地区	0.122***（4.671）	Y	Y	Y	77
	（6）内陆地区	0.011（0.001）	Y	Y	Y	133

续表

地区		*dige*	控制变量	地区固定效应	年份固定效应	*N*
经济规模	（7）经济发达地区	0.062*** （3.531）	Y	Y	Y	105
	（8）经济后进地区	0.098 （0.266）	Y	Y	Y	105
创新水平	（9）高创新水平地区	0.063*** （3.652）	Y	Y	Y	105
	（10）低创新水平地区	0.165 （0.429）	Y	Y	Y	105

注：**、*** 分别表示在 $p < 0.05$、$p < 0.01$ 时有统计学意义，括号内为 t 值。

（2）沿海与内陆地区。以是否沿海为标准，本节将全国 30 个省区市（不包括港澳台及西藏）划分为沿海地区和内陆地区。表 4－9 估计结果显示，数字经济对工业碳生产率的影响效应在沿海地区显著为正，但在内陆地区未通过显著性检验。沿海地区改革开放较早，经济发展基础较好，数字经济发展水平较高，工业数字化绿色化低碳化发展水平较高，数字经济对工业绿色低碳转型的赋能效应更加显著。

（3）经济发展水平差异。以 2022 年 GDP 排名为标准，本节将全国 30 个省区市（不包括港澳台及西藏）划分为经济发达地区和经济后进地区。表 4－9 估计结果显示，数字经济对工业碳生产率的影响效应在经济发达地区显著为正，在经济后进地区的系数为正，但未通过显著性检验。经济发达地区数字经济和工业化水平较高，数字经济在工业绿色低碳转型中的作用更加显著。

（4）绿色创新水平差异。由于技术创新作用的发挥可能存在一定的时间滞后性，因此本节以 2015 年绿色发明专利申请数为标准，将全国 30 个省区市（不包括港澳台及西藏）划分为高创新水平地区和低创新水平地区。表 4－9 估计结果显示，数字经济对工业碳生产率的影响效应仅在高创新水平地区通过显著性检验，创新水平较低的地区估计系数尚未通过显著性检验。高创新水平地区数字经济发展水平更高、数字要素更加充足、数字技术更加先进，工业绿色低碳转型新技术、新工艺的交流学习更加深入，数字经济与实体经济融合得更加充分，对工业碳生产率提升的促进效应更加显著。

三　进一步分析

在直接效应和空间效应分析基础上，本部分引入绿色技术创新和产业结构升级作为中介变量，构建中介效应模型，以进一步考察数字经济影响中国工业碳生产率的路径和间接效应。

（1）绿色技术创新的间接效应。如表4－10所示，数字经济（dige）对工业碳生产率（cp）和绿色技术创新（lngre）的影响系数均显著为正，可见数字经济发展能够激发绿色技术创新活力，促进绿色技术创新水平的提升；同时，绿色技术创新（lngre）对工业碳生产率（cp）的影响系数显著为正，表明绿色技术创新能够在工业绿色低碳转型过程中发挥正向促进作用。数字经济发展能够通过数字产业化和产业数字化，加快工业领域新技术新工业新知识的研发创新、传播交流和应用推广，助力工业经济加快数字化绿色化低碳化协同转型，实现工业低碳发展，助力工业碳生产率提升，假设 H3 成立。

（2）产业结构升级的间接效应。如表4－10所示，数字经济（dige）对产业结构升级（is）的影响系数为正，且通过显著性检验，表明数字经济发展能够加快产业结构高级化；产业结构升级（is）对工业碳生产率（cp）的影响系数显著为正，表明产业结构高级化能够促进工业绿色低碳转型，实现工业低碳化发展，有助于工业碳生产率的提升。产业结构变迁伴随资源要素配置模式的重构，数字经济发展在影响国民经济行业体系变化的同时，能够促进工业产业内部结构的优化和调整，通过数字产业化和产业数字化加快工业结构向绿色化低碳化方向转型，进而促进工业碳生产率的提升。可见，产业结构升级能够在数字经济影响工业碳生产率的过程中发挥部分中介效应，假设 H4 成立。

表4－10　数字经济影响中国工业碳生产率的路径检验结果

变量	cp	$lngre$	cp	is	cp
$dige$	0.091 *** (5.578)	0.834 *** (13.130)	0.056 *** (4.172)	0.081 *** (13.824)	0.083 *** (4.512)
$lngre$			0.087 *** (6.524)		
is					0.338 ** (2.131)
控制变量	Y	Y	Y	Y	Y
地区固定效应	Y	Y	Y	Y	Y

续表

变量	cp	lngre	cp	is	cp
年份固定效应	Y	Y	Y	Y	Y
N	210	210	210	210	210

注：**、***分别表示在 $p < 0.05$、$p < 0.01$ 时有统计学意义，括号内为 t 值。

第五节　研究结论与政策启示

一　研究结论

①数字经济能够有效促进中国工业碳生产率提升，同时表现出显著的空间溢出效应，本地数字经济发展能够带动相邻地区工业碳生产率的提升；②数字经济对中国工业碳生产率的影响表现出显著的空间异质性特征，在四大板块、沿海和内陆地区、不同经济发展水平地区、不同绿色创新水平地区，数字经济的工业绿色低碳转型赋能效应存在差异，在高经济发展水平和高创新水平地区更加显著；③数字经济能够促进绿色技术创新和产业结构升级，并通过绿色技术创新和产业结构升级间接促进工业绿色低碳转型，推动工业碳生产率提升。

二　政策启示

（1）充分考虑空间特征，有针对性地设计工业低碳转型路径。立足经济社会发展背景，提升各地区工业领域绿色低碳转型发展路径的针对性和科学性。一是从各地区资源要素优势和产业发展模式出发，充分发挥高工业碳生产率和高数字经济发展水平地区的辐射带动作用，支持工业企业科学制订减碳增效目标和"变绿"计划，以数字化、低碳化、绿色化等综合性举措，进一步激发低工业碳生产率地区的绿色低碳转型潜力，逐步缩小工业碳生产率地区差异，推动中国工业领域低碳转型从"非均衡"向"均衡"发展。二是强化工业绿色低碳转型区域的联动协同，加快建立跨区域交流合作机制，充分发挥数字经济发达地区的辐射带动作用，进一步破除区域空间壁垒，促进各区域工业碳生产率协同提升。

（2）挖掘数字应用场景，助力工业绿色低碳转型发展。充分发挥数字经济在工业领域绿色低碳转型过程中的支撑作用，不断挖掘推广工业数字化低碳解决方案。一是持续加大工业互联网、云计算、人工智能、工业大数据中心等信息基础设施建设投入，不断提升数字经济服务和支撑工业领域绿色低碳转型发展的能力和水平。二是不断深化数字经济与工业发展渗透融合，依托数字技术在资源要素配置优化、生态环境治理、能源消费结构转型等各方面的支撑作用，积极开展数字技术与工业融合发展试点示范，充分发挥数字经济发展对工业绿色低碳转型的节能降碳增效作用。三是加快建立工业领域数字化碳管理体系，以数字化手段建立碳排放数据计量、监测、分析体系，提升工业领域碳排放数字化、网络化、智能化管理能力，以数字化管理促进工业绿色低碳发展。

（3）完善创新激励机制，提升工业绿色低碳创新水平。坚持把创新作为推进工业绿色低碳转型的第一驱动力，继续加强产业创新、技术创新和制度创新，提升工业绿色低碳创新能力和水平。一是顺应新科技革命和产业变革趋势，围绕工业产业绿色低碳发展关键环节，全方位推进低碳工艺、节能装备等核心技术的基础研究和原始创新，缩短基础研究、原始创新从实验室到市场的距离，培育工业绿色低碳转型新动能，塑造工业绿色化低碳化发展新优势。二是继续加强工业产业创新，以数字经济与工业产业深度融合为契机，持续促进业态融合与创新，加快构建绿色低碳现代化产业体系，促进产业结构进一步向高级化方向升级。三是探索建立区域数字经济发展合伙人制度，进一步强化数字技术对工业绿色低碳转型的支撑作用和空间溢出效应。四是聚焦工业领域绿色低碳转型技术创新难点，加快完善数字化、绿色化、低碳化研究相关配套机制，有效整合和优化配置各类要素资源，为数字化助力工业绿色低碳转型基础研究、技术创新提供有效支撑。

（4）贯彻新发展理念，促进工业经济高质量发展。新型工业化是实现中国式现代化的重要内容，提升工业碳生产率是加快实现新型工业化、促进工业经济高质量发展的必由之路。高质量发展是体现新发展理念的发展，促进工业经济高质量发展应全面贯彻新发展理念，充分发挥数字经济的赋能作用。一是坚持创新发展理念，发挥技术创新在数字经济赋能工业碳生产率提升中的间接作用，以数字经济新模式促进技术创新和应用，进而促进工业经济高质量发展；二是坚持协调发展理念，发挥数字要素、数字技术突破物理距离限制的作用，加强工业经济发展的区域联合互动，实现区域间工业经济协调发展，促进工业经济发展质量的整体提升；三是坚持绿色发展理念，发挥数字平台、数字技术、数字基础设施在资源配置、环境监测、信息披露等方面的独特优势，以数字经济赋能工业减污降碳协同增效，提升工业碳生产率，实现工业经济高质量发展；四是坚持开放发展理念，抢占数字经济发展新领域全球竞争的制高点，在工业产业转移和产品贸易过程中，强化产业产品筛选，提升工业领域开放发展质量；五是坚持共享发展理念，发挥互联网、电子商务、数字化公共服务等数字经济新优势，促进工业生产数据要素、数据信息跨区域跨行业共享共通，消除工业产品消费区域和人群壁垒，实现工业经济高质量发展成果共享。

参考文献

陈彦斌、林晨、陈小亮：《人工智能、老龄化与经济增长》，《经济研究》2019 年第 7 期。

樊轶侠、徐昊、马丽君：《数字经济影响城乡居民收入差距的特征与机制》，《中国软科学》2022 年第 6 期。

费越、张勇、丁仙等：《数字经济促进我国全球价值链地位升级——来自中国制造业的理论与证据》，《中国软科学》2021 年第 S1 期。

国家发展和改革委员会编《〈"十四五"数字经济发展规划〉学习问答》，人民出版社，2022。

韩健、李江宇：《数字经济发展对产业结构升级的影响机制研究》，《统计与信息论坛》2022 年第 7 期。

韩璐、陈松、梁玲玲：《数字经济、创新环境与城市创新能力》，《科研管理》2021 年第 4 期。

韩先锋、宋文飞、李勃昕：《互联网能成为中国区域创新效率提升的新动能吗》，《中国工业经济》2019 年第 7 期。

洪银兴、任保平：《数字经济与实体经济深度融合的内涵和途径》，《中国工业经济》2023 年第 2 期。

黄群慧、余泳泽、张松林：《互联网发展与制造业生产率提升：内在机制与中国经验》，《中国工业经济》2019 年第 8 期。

姜南、李鹏媛、欧忠辉：《知识产权保护、数字经济与区域创业活跃度》，《中国软科学》2021 年第 10 期。

荆文君、孙宝文：《数字经济促进经济高质量发展：一个理论分析框架》，《经济学家》2019 年第 2 期。

李子豪、袁丙兵：《地方政府的雾霾治理政策作用机制——政策工具、空间关联和门槛效应》，《资源科学》2021 年第 1 期。

刘传明、马青山：《网络基础设施建设对全要素生产率增长的影响研究——基于"宽带中国"试点政策的准自然实验》，《中国人口科学》2020 年第 3 期。

刘军、杨渊鋆、张三峰：《中国数字经济测度与驱动因素研究》，《上海经济研究》2020 年第 6 期。

刘强、马彦瑞、徐生霞：《数字经济发展是否提高了中国绿色经济效率?》，《中国人口·资源与环境》2022 年第 3 期。

潘为华、贺正楚、潘红玉：《中国数字经济发展的时空演化和分布动态》，《中国软科学》2021 年第 10 期。

任晓松、孙莎：《数字经济对中国城市工业碳生产率的赋能效应》，《资源科学》2022 年第 12 期。

任亚运、张广来：《城市创新能够驱散雾霾吗?——基于空间溢出视角的检验》，《中国人口·资源与环境》2020 年第 2 期。

邵帅、李欣、曹建华：《中国的城市化推进与雾霾治理》，《经济研究》2019 年第 2 期。

孙智君、文龙：《制造强国战略的重要维度：理论阐释与政策实践》，《经济评论》2023 年第 5 期。

王军、刘小凤、朱杰：《数字经济能否推动区域经济高质量发展?》，《中国软科学》2023 年第 1 期。

吴传清、邓明亮：《信息化水平促进中国全要素碳生产率增长的路径研究》，《中国软科学》2023 年第 4 期。

习近平：《高举中国特色社会主义伟大旗帜　为全面建设社会主义现代化国家而团结奋斗》，人民出版社，2022。

徐维祥、周建平、刘程军：《数字经济发展对城市碳排放影响的空间效应》，《地理研究》2022 年第 1 期。

许恒、张一林、曹雨佳：《数字经济、技术溢出与动态竞合政策》，《管理世界》2020 年第 11 期。

许宪春、张美慧：《中国数字经济规模测算研究——基于国际比较的视角》，《中国工业经济》2020 年第 5 期。

许钊、高煜、霍治方：《数字金融的污染减排效应》，《财经科学》2021 年第 4 期。

杨德明、刘泳文：《"互联网＋"为什么加出了业绩》，《中国工业经济》2018 年第 5
期。

杨刚强、王海森、范恒山等：《数字经济的碳减排效应：理论分析与经验证据》，《中
国工业经济》2023 年第 5 期。

余海华：《中国数字经济空间关联及其驱动因素研究》，《统计与信息论坛》2021 年
第 9 期。

余姗、樊秀峰、蒋皓文：《数字经济发展对碳生产率提升的影响研究》，《统计与信息
论坛》2022 年第 7 期。

袁航、朱承亮：《国家高新区推动了中国产业结构转型升级吗》，《中国工业经济》
2018 年第 8 期。

张少华、陈治：《数字经济与区域经济增长的机制识别与异质性研究》，《统计与信息
论坛》2021 年第 11 期。

张微微、王曼青、王媛等：《区域数字经济发展如何影响全要素生产率？——基于创
新效率的中介检验分析》，《中国软科学》2023 年第 1 期。

张勋、杨桐、汪晨等：《数字金融发展与居民消费增长：理论与中国实践》，《管理世
界》2020 年第 11 期。

赵涛、张智、梁上坤：《数字经济、创业活跃度与高质量发展——来自中国城市的经
验证据》，《管理世界》2020 年第 10 期。

周青、王燕灵、杨伟：《数字化水平对创新绩效影响的实证研究——基于浙江省 73
个县（区、市）的面板数据》，《科研管理》2020 年第 7 期。

周文辉、王鹏程、杨苗：《数字化赋能促进大规模定制技术创新》，《科学学研究》
2018 年第 8 期。

Acemoglu, D., Restrepo, P., "Automation and New Tasks: How Technology Displaces
and Reinstates Labor," *Journal of Economic Perspectives* 33 (2019): 3 – 30.

Cao, S., Nie, L., Sun, H., et al., "Digital Finance, Green Technological Innovation
and Energy-environmental Performance: Evidence from China's Regional Economies,"
Journal of Cleaner Production 327 (2021): 129458.

Cao, Y., Shen, D., "Contribution of Shared Bikes to Carbon Dioxide Emission Reduc-
tion and the Economy in Beijing," *Sustainable Cities and Society* 51 (2019): 101749.

Caputo, F., Cillo, V., Candelo, E., et al., "Innovating through Digital Revolution:
The Role of Soft Skills and Big Data in Increasing Firm Performance," *Management De-
cision* 8 (2019): 2032 – 2051.

Chen, L., Lu, Y., Meng, Y., et al., "Research on the Nexus between the Digital Economy and Carbon Emissions-Evidence at China's Province Level," *Journal of Cleaner Production* 413 (2023): 137484.

Goralski, M. A., Tan, T. K., "Artificial Intelligence and Sustainable Development," *The International Journal of Management Education* 1 (2020): 100330.

Lin, B., Zhou, Y., "Does the Internet Development Affect Energy and Carbon Emission Performance?," *Sustainable Production and Consumption* 6 (2021): 1 – 10.

Wang, Q., Sun, J., Pata, U. K., et al., "Digital Economy and Carbon Dioxide Emissions: Examining the Role of Threshold Variables," *Geoscience Frontiers* (2023): 101644.

Yang, X., Wu, H., Ren, S., et al., "Does the Development of the Internet Contribute to Air Pollution Control in China? Mechanism Discussion and Empirical Test," *Structural Change and Economic Dynamics* 56 (2021): 207 – 224.

Zhou, J., Lan, H., Zhao, C., et al., "Haze Pollution Levels, Spatial Spillover Influence, and Impacts of the Digital Economy: Empirical Evidence from China," *Sustainability* 16 (2021): 9076.

第五章 经济政策促进绿色技术创新的理论与实证研究[*]

绿色技术创新是协同推进经济高质量发展和生态环境高水平保护的关键环节，建设美丽中国、实现人与自然和谐共生的现代化离不开绿色技术创新支撑。政府在鼓励、支持、推动绿色技术创新上扮演着重要角色，能有效解决绿色技术创新的正外部性问题。在"双碳"目标和经济绿色转型的大背景下，全面分析政府出台的各类经济政策对绿色技术创新的影响作用，深入研究政策发挥作用的异质性和内在机制，有助于政府科学决策和有效施政，以形成促进绿色技术创新的政策体系框架。本章侧重于研究财政政策（研发补贴和环境保护税）、绿色金融政策（绿色金融改革创新试验区）、绿色产业政策（绿色工厂试点）等具体经济政策的绿色技术创新效应，在理论分析基础上，利用地级市和上市公司数据，采用面板回归模型、空间计量模型、交错双重差分法、三重差分法、工具变量法、倾向得分匹配、合成控制法等研究方法，实证分析经济政策对区域和企业绿色技术创新的影响作用，并从影响机制、门限特征、异质性特征、空间溢出效应等维度做进一步分析。

第一节 引言

一 问题的提出与研究价值

（一）研究背景

自工业革命以来，环境污染和资源紧缺等问题日益严峻，可持续发展已成为国际社会关注的焦点话题。2015 年气候变化巴黎大会召开，全

---

[*] 本章核心内容是在武汉大学尹礼汇 2023 年的博士学位论文基础上整理提炼完成的。

世界178个缔约方共同签署《巴黎协定》，承诺将全球平均气温较前工业化时期上升幅度控制在2摄氏度以内，并努力将温度上升幅度限制在1.5摄氏度以内。《巴黎协定》标志着全球气候治理进入了一个前所未有的新阶段，具有里程碑式的非凡意义。

党的十八大以来，中国致力于加快生态文明体制改革、推进绿色发展、建设美丽中国。党的十八大报告首次提出"推进绿色发展、循环发展、低碳发展"的执政理念，党的十九大报告将"坚持人与自然和谐共生"确立为新时代坚持和发展中国特色社会主义的基本方略之一，党的二十大报告进一步将"促进人与自然和谐共生"确立为中国式现代化的本质要求之一。

绿色技术创新是应对全球气候变化和实现可持续发展的重要途径之一。中国在生态文明建设实践中，提出了一系列关于绿色技术创新的重要决策部署。2019年4月15日，国家发展改革委和科技部发布《关于构建市场导向的绿色技术创新体系的指导意见》，标志着中国绿色技术创新的政策体系进入加速形成阶段。该意见指出，"加快构建企业为主体、产学研深度融合、基础设施和服务体系完备、资源配置高效、成果转化顺畅的绿色技术创新体系"。2020年12月31日，国家发展改革委等部门发布的《绿色技术推广目录（2020年）》为绿色技术创新方向提供了政策指导。2021年5月12日，国家发展改革委批复浙江设立国家绿色技术交易中心，对全国其他地区建设市场化绿色技术交易平台起到了引领和示范作用。2021年2月2日国务院发布的《关于加快建立健全绿色低碳循环发展经济体系的指导意见》以及2021年3月11日发布的《中华人民共和国国民经济和社会发展第十四个五年规划和2035年远景目标纲要》均强调，"构建市场导向的绿色技术创新体系，实施绿色技术创新攻关行动"。2022年10月16日，党的二十大报告提出，"加快节能降碳先进技术研发和推广应用"。同年12月13日，国家发展改革委和科技部发布《关于进一步完善市场导向的绿色技术创新体系实施方案（2023—2025年）》，提出重点围绕绿色技术创新引领、主体、协同、转化应用、评价体系、财税金融支持、人才、产权保护、国际合作等方面，进一步完善市场导向的绿色技术创新体系，加快节能降碳先进技术研发和推广应用，充分发挥绿色技术对绿色低碳发展的关键支撑作用。

在政策导向和经济社会绿色化、低碳化发展的背景下，我国绿色低碳专利数量快速增长。国家知识产权局数据显示，2016—2021 年，全球共授权了 47.1 万件绿色低碳专利，其中中国国家知识产权局授权的专利数量达到 16 万件，占全球总量的 34%。2016—2021 年，中国绿色低碳专利的授权量以 6.5% 的年均增长率持续增长，显示出中国在绿色低碳技术创新方面的重要作用。

（二）问题的提出

学术界普遍认为，粗放经济发展方式和生态环境保护二者之间本身是矛盾的关系，只有可持续发展、高质量发展才与生态环境保护之间是有机统一、相辅相成的关系。绿色技术创新有助于实现生产方式的全面绿色转型，从根本上解决发展经济和保护环境二者之间的矛盾问题。绿色创新和创新一样，具有正外部性，这决定了政府干预的必要性。政府决策制定者有必要制定长期的绿色技术支持政策。在我国独特的央地结构关系中，通过绿色创新实现全面绿色转型发展，最重要的是充分发挥地方政府的能动作用，制定一系列完善的政策制度。因此，必须通过不同类型的经济政策手段，不断降低绿色经济活动成本，包括清洁能源生产、绿色产品生产、绿色消费、绿色出行等，使得绿色经济活动成本接近甚至低于非绿色经济活动成本，从而实现更大力度、更广范围的绿色技术创新。只有这样，才能推动以市场为导向的绿色技术创新体系建设。

在"双碳"目标和经济绿色转型的大背景下，让绿色成为高质量发展的底色，绿色技术创新至关重要。那么，政府制定的不同类型经济政策对绿色技术创新的影响体现在哪些方面？有何作用机理？为加快构建以市场为导向的绿色技术创新体系，如何科学合理地应用不同政策组合？基于上述问题，本章致力于深入研究财政政策、绿色金融政策、绿色产业政策等具体经济政策对区域和企业绿色技术创新的影响作用及影响机制，并提出相关对策建议。

（三）研究价值

（1）学术理论研究拓展。第一，基于文献分析法，本章梳理了现有相关研究结论，界定了绿色技术创新的科学内涵和测度方法，对促进绿色技术创新的各类经济政策进行归纳总结和客观分析评价，为学术界进行相关研究确立了研究边界。第二，在市场失灵理论、规制经济理论、信号理论、波特假说、可持续发展理论、偏向型技术进步理论的分析基础上，本章构建了经济政策促进绿色技术创新的理论分析框架。

（2）丰富学术界关于各类经济政策对区域和企业绿色技术创新影响的实证研究证据。第一，现有研究大多分析单一经济政策的绿色技术创新效应，本章将促进绿色技术创新的各类经济政策纳入同一框架进行实证研究。第二，现有研究主要采用绿色专利申请量和获得量来度量绿色技术创新，本章进一步将绿色专利细分为替代能源生产、交通运输、节能节约、废弃物管理、农林、行政监管与设计、核电 7 类进行深入细致的分析。

（3）为政府科学决策提供支持。本章通过实证分析财政政策、绿色金融政策、绿色产业政策等不同类型经济政策对绿色技术创新的差异化影响，识别各类经济政策的影响机制，为政府部门制定合理有效的经济政策组合提供决策支持。

二　相关文献综述

（一）相关概念界定

绿色技术创新最早由国外学者提出。Rennings（2000）认为，绿色技术创新是能够减少能耗、保护环境的新产品、新技术、新服务和新工业的总称。经济合作与发展组织（OECD）进一步将制度安排等要素加入能够改善生态环境的组织框架，拓展了绿色技术创新的外延。国内学者认为，绿色技术创新是传统技术创新与生态观念相结合的新范式。许庆瑞和王毅（1999）认为，绿色技术创新是降低产品生命周期总成本的技术创新。焦长勇（2001）则认为，绿色技术创新是环境技术从思想形成到产品推向市场的全过程。范群林等（2011）认为，绿色技术创新是能够促进生态环境改善与保护的新工业、新技术、新系统和新产品等，包括系统性和组织性的创新。

结合国内外相关研究，本章认为绿色技术创新具有环境保护、科技创新、经济发展三重属性，表现形式是能够满足绿色生产和绿色生活需求的新技术、新产品、新流程、新模式等，目的是实现经济、社会、生态效益三者统一。

（二）财政政策对绿色技术创新的影响研究

财政政策是国家经济政策的重要组成部分，一般是指国家为实现宏观经济目标而制定的财政支出和税收政策，主要目的是稳定经济波动、控制通货膨胀、提高就业水平等。关于支持绿色技术创新的财政政策，目前学术界还未有权威定义。一般来说，与绿色经济相关的财政政策包括支持节能减排、生态环境保护、产业结构转型升级的财政投入和支出政策，具体包括政府的绿色补贴政策、绿色采购政策以及与环境相关的税收政策。

（1）政府补贴对绿色技术创新的影响。绿色技术创新具有显著的正外部性，仅靠市场行为无法使得整个社会绿色技术创新水平达到最优状态，需要政府向绿色技术创新活动提供财政补贴。由于财政资金管理体制不完善等原因，企业获得的财政补贴资金有可能不完全用于绿色技术研发。所以，学术界关于政府补贴对绿色技术创新影响作用的研究结论存在差异性。有的学者认为政府补贴会促进绿色技术创新，具体包括清洁生产技术和末端治理技术的创新；还有学者认为政府补贴会抑制绿色技术创新（刘津汝等，2019）。还有学者认为两者之间呈非线性关系：一方面，由于政府补贴对企业绿色技术研发资金的"挤占效应"和缓解企业融资约束的"补偿效应"两者的双重影响，两者之间呈"M"形关系；另一方面，由于不同地区发展阶段不同，绿色技术创新水平存在差异性，各地政府对绿色技术创新的支持力度也不一致。董景荣等（2021）进一步将政府补贴分为对企业从事研发的政府补助和支持企业低碳转型的低碳补贴两类，聚焦分省份工业数据，研究发现，研发补助有利于提升绿色技术创新水平，而低碳补贴反而会抑制绿色技术创新。

（2）政府采购对绿色技术创新的影响。相关文献侧重于研究政府采购与技术创新之间的关系。学术界普遍认为，政府采购会抑制技术创新，这主要是由竞争性市场建设不完善、制度设计不尽合理、政府采购目标与企业自主创新目标不一致等导致的，而且政府采购会引致"轻发明、重应用"现象，即政府采购对提升企业发明专利数量的作用不明显，对提升实用新型专利和外观设计专利数量的作用更明显。还有学者持相反观点，邓翔等（2018）认为，政府采购会缓解企业融资约束，从而助推企业创新；对于国有企业及创新水平相对较低、融资困难的中小企业来说，政府采购能显著提升企业研发投入，使企业从事技术创新活动。从绿色技术创新角度来看，Ghisetti（2017）基于欧盟 28 个成员国、瑞士和美国的企业数据，研究发现，公共采购政策能有效促进绿色技术的应用和推广；伊晟和薛求知（2016）利用中国 210 家制造业企业数据，研究发现，政府绿色采购能有效提高绿色供应链管理水平，并促进绿色产品创新和绿色流程创新。

（3）环境保护税对绿色技术创新的影响。税收和补贴对企业创新的影响作用可能存在差异（Acemoglu et al.，2018），部分学者倾向于环境保护税的相关研究。资源环境属于公共物品，政府除了通过采购或者补贴，还可以利用税收解决外部性问题。政府对污染排放者或资源使用者征税，将排污和资源能耗利用的成本内部化，并释放市场信号，引导传统产业绿色转型并促进环保产业发展。学术界普遍认为，环保税与绿色技术创新之间呈非线性关系，环保税征收要保持在合理范围内才能发挥效果。温湖炜和钟启明（2020）利用 2007 年中国环保税费征收标准上调事件作为准自然实验的外生政策冲击，采用倍差法研究发现，环保税费征收标准提高对企业绿色技术创新产生了显著为正的影响作用，并且对大中型企业、高污染高排放行业企业、环境规制强度较高地区企业的促进作用更强。还有学者研究了对环保企业的税收优惠政策是否与环保税效果类似，发现税收优惠与绿色技术创新呈倒"U"形关系，与环保税一样，税收优惠对绿色技术创新有促进作用，而且税收优惠政策一般对中小微企业的作用效果更明显。

（三）金融政策对绿色技术创新的影响研究

绿色技术创新具有"逆市场逻辑"特征，促进绿色技术创新需要构建完善的政策体系，而绿色金融贯穿始终。绿色金融通过资金支持和平台建设两种手段促进绿色技术创新，影响机制表现在三个方面：一是绿色金融政策与政府出台的财政政策、产业政策、环境政策融合促进，形成政策外部激励机制；二是绿色金融政策对企业、科研院所等绿色技术创新主体的金融扶持促进了技术成果研发和转化，形成内部激励机制；三是绿色金融政策加强了高校或企业研发平台对绿色技术人才的培育，创造良好的绿色技术创新生态，形成社会氛围激励机制。一些以定量研究为主的文献认为，在绿色发展理念下，绿色金融是推动绿色技术进步的重要动力。Zhao 和 Xin（2022）利用时间和空间双重固定效应下的空间滞后模型研究发现，绿色金融和环境规制均会促进绿色技术创新，两者之间协同互补。朱向东等（2021）利用中国城市数据，聚焦污染密集型工业，研究发现，绿色金融对污染密集型工业绿色技术创新有促进作用，对轻工业的促进作用强于重工业，在中西部地区，这种促进作用也更强。

（四）产业政策对绿色技术创新的影响研究

学术界关于产业政策与绿色技术创新的研究不多。Harrison 等（2017）以中国和印度为研究样本，讨论了在发展中国家实施绿色产业政策的挑战和机遇，研究认为，绿色产业政策会促进绿色技术创新，鼓励传统产业以更环保的方式生产产品和提供服务。徐乐和赵领娣（2019）聚焦绿色技术中的新能源技术，将国家和地方政府颁布的"十一五"规划和"十二五"规划文件中重点发展的产业作为产业政策代理变量，研究发现，产业政策会促进新能源技术进步，对于中央政策和地方政策均支持的产业、东部地区产业、高技术产业来说，这种促进作用更加明显。随着"碳达峰、碳中和"话题受到持续关注，可再生能源技术成为全球新一轮绿色技术创新的焦点，学术界也开始单独研究可再生能源的技术创新问题，如新能源汽车、太阳能、风能等。新能源技术的颠覆式创新会改变整个能源生产体系，产业政策是引导能源产业转型升级的重要政策。熊勇清和王溪（2020）将地方产业政策划分为"扶持性"政策和"门槛性"政策，研究发现，"扶持性"和"门槛性"产业政策均能促进新能源上市公司增加创新产出，"扶持性"产业政策更侧重于增加实用新型专利数量，而"门槛性"产业政策既能促进发明专利产出，也能实现实用新型专利产出。肖红军等（2023）利用国家和地方颁布的五年规划来衡量中央和地方的产业政策，研究发现，中央或地方颁布的五年规划中支持发展产业的绿色技术创新水平均有显著提升。

（五）总体评议

国内外相关研究呈现以下几个特点。

第一，从研究对象来看，聚焦企业和区域绿色技术创新。学术界普遍根据世界知识产权组织发布的"国际专利分类绿色清单"，通过测算绿色专利数量衡量绿色技术创新水平，或者通过采用数据包络分析方法测算的绿色技术创新效率衡量，促进绿色技术创新的经济政策主要包括财政政策、金融政策、产业政策等主流政策。

第二，从研究方法来看，主要可以分为三类。一是分析经济政策与绿色技术创新之间关系的实证研究方法，主要从门限效应、影响机制、企业异质性、地区差异性等方面展开，包括利用面板回归模型测算影响系数，利用门限回归法研究两者之间的非线性关系，利用中介效应模型分析影响机制，利用工具变量法确定两者之间的因果关系等；二是评估政策效应的方法，主要对"试点示范"政策产生的效果进行评估，包括双重差分法、三重差分法、合成控制法等；三是空间计量方法，由于绿色技术创新具有正向空间外部性，所以在分析经济政策与绿色技术创新之间关系时，一般会采用空间计量方法测算空间溢出效应。

第三，从研究结论来看，学术界对经济政策的实施效果普遍持乐观态度，即相关经济政策对绿色技术创新具有促进作用。但是，也存在一些反对声音，认为由于支持绿色技术创新的政策支撑体系不完善、政策支持力度不够、绿色技术科技成果转化效率偏低、绿色发展理念尚未深入人心等问题，相关经济政策的实施效果偏差。

综上所述，现有文献的局限性如下。①未对支持绿色技术创新的政策体系进行系统梳理总结，研究具体经济政策对绿色技术创新影响的较多，尚未有文献将促进绿色技术创新的各类经济政策纳入同一框架进行分析；②关于绿色技术创新的内涵未做更深入拓展，仅有少数文献将绿色技术创新分为质量创新和数量创新，或将绿色专利分为发明专利和实用新型专利，缺乏对绿色技术创新适用领域的进一步分类。

三 研究思路、内容和方法

（一）研究思路

本章按照"提出问题—理论分析—实证分析—解决问题"的研究逻辑展开，研究的技术路线如图 5-1 所示。

（1）提出问题。以《中华人民共和国国民经济和社会发展第十四个五年规划和 2035 年远景目标纲要》强调的"构建市场导向的绿色技术创新体系"和党的二十大报告提出的"加快节能降碳先进技术研发和推广应用"为研究出发点,将研究视角聚焦于促进绿色技术创新的经济政策。

(2)理论分析。全面梳理国内外学术界相关研究进展,准确把握绿色技术创新相关研究前沿和局限性,明确研究起点和边际贡献;在相关理论分析基础上,构建经济政策促进绿色技术创新的理论分析框架。

(3)实证分析。利用地级市和上市公司数据,分析财政政策、绿色金融政策、绿色产业政策对区域和企业绿色技术创新的影响,并从影响机制、门限特征、异质性特征、空间溢出效应等维度进行实证分析。

(4)解决问题。基于理论分析和实证分析结果,初步设计促进绿色技术创新的政策体系框架,从财政政策、绿色金融改革创新试验区、绿色制造体系建设、政策协同等方面,提出加快构建绿色技术创新体系的对策建议。

(二)研究内容

首先,梳理经济政策对绿色技术创新的影响作用,准确把握现有研究的局限性,明确研究的边际贡献。基于市场失灵理论、规制经济理论、信号理论、波特假说、可持续发展理论、偏向型技术进步理论等,构建经济政策促进绿色技术创新的理论分析框架。

其次,分析三种不同类型经济政策的绿色技术创新效应。①关于财政政策的绿色技术创新效应,聚焦两类财政政策工具——研发补贴和环境保护税,研究其对企业绿色技术创新的影响。在理论机理分析部分从研发补贴和环保税的直接影响、政策组合效应及影响机制三个方面提出研究假设。在实证分析部分利用 2010—2020 年 2016 家上市公司数据,研究财政政策的绿色技术创新效应在企业性质、企业规模、区域三个方面的异质性,并进一步分析研发补贴与环保税的政策组合效应、杠杆效应和挤出效应。②关于绿色金融政策的绿色技术创新效应,围绕绿色金融改革创新试验区(以下简称"绿金改试验区")这一特殊的绿色金融政策,研究其绿色技术创新效应。在理论机理分析部分明确了"绿金改试验区"政策的外部激励机制和内部激励机制。在实证分析部分采用 2010—2020 年 2016 家上市公司数据,利用交错双重差分法、三重差分法、合成控制法测度"绿金改试验区"政策实施效果,并通过异质性分析、渠道分析做进一步检验。③关于绿色产业政策的绿色技术创新效应,聚焦绿色工厂试点政策,基于 2010—2020 年中国 1132 家制造业上市公

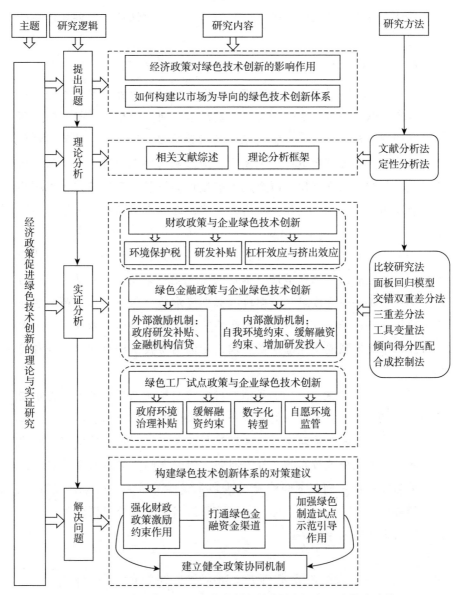

图 5 – 1　经济政策促进绿色技术创新的理论与实证研究技术路线

司的数据，通过异质性分析、机制分析、稳健性检验等方式，实证分析绿色工厂试点政策的绿色技术创新效应。

最后，基于实证分析结果，提出主要研究结论，初步设计促进绿色技术创新的政策体系框架，从财政政策、绿色金融改革创新试验区、绿色制造体系建设、政策协同等方面，提出加快构建绿色技术创新体系的对策建议。

（三）研究方法

（1）文献分析法。在全面收集、鉴别、整理国内外学术界不同类型经济政策与绿色技术创新的相关文献基础上，通过对相关文献的深入研究，厘清绿色技术创新的科学内涵以及财政政策、绿色金融政策、绿色产业政策等各类经济政策对绿色技术创新影响的内在机理。在文献分析基础上，归纳总结现有相关研究成果的特点与不足，掌握与本章主题相关的研究脉络、研究重点和主流研究方法，进一步明确研究框架和边际贡献。

（2）比较研究法。在实证分析部分的变量选择过程中，通过对比学术界相关研究成果，选择最适合本章的研究变量；在研究方法上，通过梳理学术界相关研究成果，根据科学标准确定适合本章的计量模型和研究方法；在实证结果分析上，将本章的实证结果与其他学者通过数理模型或逻辑推演得到的研究结果做比较，验证本章实证结果的科学性和可信度。

（3）实证研究法。采用面板回归模型分析财政政策中的环境保护税和研发补贴对绿色技术创新的影响作用，采用交错双重差分法、三重差分法识别绿色金融改革创新试验区政策与绿色工厂试点政策的绿色技术创新效应，采用分位数回归、分组回归、门限回归等方法来厘清各类经济政策与绿色技术创新之间的异质性和非线性关系，采用工具变量法、平行趋势检验、倾向得分匹配、合成控制法来证实各类经济政策与绿色技术创新之间的因果关系。

第二节 经济政策促进绿色技术创新的理论分析

一 相关经济政策的学理分析

（一）经济政策内涵

经济政策是指国家或政党为实现一定的政治和经济任务，或为指导和调节经济活动所规定的经济生活方面的行动准则和措施。经济政策的目的主要有四个：经济增长、充分就业、物价稳定和国际收支平衡。经济政策包括财政政策、金融政策、产业政策、外贸政策、价格政策等。基于学术界相关研究的关注重点和本章的研究方向，本章将研究范围限定在与绿色技术创新相关的经济政策，重点研究财政政策、金融政策、产业政策。

（二）经济政策类型

财政政策是指国家通过调整财政收支和借贷活动，以达到促进经济发展的目的；金融政策是指国家通过调整货币供应量和利率等手段，以达到促进经济发展的目的；产业政策是指国家制定产业发展战略、方针、规划，调整产业布局。绿色技术创新属于我国生态文明建设的重要内容，是贯彻落实绿色发展理念的关键手段。结合绿色发展理念，相关经济政策聚焦于绿色财政政策、绿色金融政策、绿色产业政策。

（三）经济政策变迁

（1）绿色财政政策的变迁。改革开放之后，我国环境保护事业加速发展。1978年发布的《环境保护工作汇报要点》首次提出实行"排放污染物收费制度"的设想。1982年国务院正式颁布《征收排污费暂行办法》，标志着排污收费制度正式建立。在税收方面，1984年颁布的《中华人民共和国资源税条例（草案）》标志着我国资源税正式建立。1986—1990年，我国开展并制定了一系列的生态环境保护税收优惠措施。进入2000年之后，我国设立了中央环境保护专项资金，建立了政府绿色采购制度，推进资源税费改革、排污费改税改革，生态保护补偿机制逐步完善。我国的绿色采购、绿色税收、绿色补贴等财政政策工具，激发了企业加大绿色科技创新力度、增加研发投入的热情。

（2）绿色金融政策的变迁。党的十八大以来，我国绿色金融加速发展，在生态文明建设中起到了至关重要的作用。2012年出台的《绿色信贷指引》，对金融机构发展绿色信贷起到了有效的规范和指导性作用。2016年印发的《关于构建绿色金融体系的指导意见》，明确了我国绿色金融的定义、激励机制、发展方向和风险监控措施等，建立了绿色金融政策体系框架。2020年发布的《关于促进应对气候变化投融资的指导意见》，明确了气候变化投融资的定义和支持范围。国家"十四五"规划和党的二十大报告均强调了绿色金融发展的重要性。为了支持绿色金融发展，我国自 2017 年起开展了绿色金融改革创新试验区建设。在我国，绿色金融的发展为绿色技术创新提供了资金支持和市场保障，成为推动绿色技术创新的重要手段，也为生态文明建设提供了重要支撑。

（3）绿色产业政策的变迁。党的十八大以来，"绿色发展、循环发展、低碳发展"成为生态文明建设的重要着力点，我国生产方式全面绿色转型自此开端。2015 年出台的《关于加快推进生态文明建设的意见》提出，大力扶持节能环保产业、新能源产业和新能源汽车产业等绿色产业。2015 年颁布的《生态文明体制改革总体方案》进一步指出，要推进与绿色发展相关的体制机制改革，加快建立以绿色生态为导向的绿色金融体系、农业补贴制度和统一的绿色产品体系，并研究制定将绿色发展纳入指标考核体系的办法。2016 年颁布的《工业绿色发展规划（2016—2020 年）》提出，要加大财税政策支持力度，集中力量支持传统产业改造、绿色制造试点示范及资源综合利用等。2021 年颁布的《关于加快建立健全绿色低碳循环发展经济体系的指导意见》提出，推进工业、农业、服务业的绿色转型，壮大绿色环保产业，提升产业园区和产业集群循环化水平等。2019 年和 2023 年分别发布《绿色产业指导目录（2019 年版）》《绿色产业指导目录（2023 年版）》，明确了绿色产业界定标准和绿色产业政策的着力点。绿色产业政策的重要内容之一就是推动企业绿色技术创新，培育一批绿色技术创新领军企业和绿色技术创新领域"专精特新"企业；另外，高耗能高污染行业的转型升级、绿色产业的发展、资源节约集约利用均离不开绿色技术创新。

二　经济政策促进绿色技术创新的相关理论基础

（一）市场失灵理论

"市场失灵"的概念是由美国经济学家弗朗西斯·巴托（Francis Bator）提出的。他在 1958 年出版的《市场失灵剖析》一书中将"市场失灵"定义为：在完全竞争市场条件下存在多种情况不能达到资源的有效配置，即不能达到帕累托最优状态的情形。市场失灵理论认为，市场失灵包括垄断、外部性、公共产品和信息不对称四大类型。外部性属于常见的市场失灵类型，它指的是市场活动对第三方产生了有害或者有益的影响，分为负外部性和正外部性。负外部性的例子有污染、拥堵等，正外部性的例子有教育、研发等。对于绿色技术创新来说，它包含环境保护和科技创新两种属性，呈现"双重外部性"的特征。

一是环境污染的负外部性。污染降低了生态环境资源价值，而且污染排放企业利用该行为获得的私人收益大于社会收益。具体来说，环境污染的负外部性源于生态环境资源的公共物品属性，具有非排他性和非竞争性特征。由于其产权不明晰，社会中任何主体都能利用或消费生态环境资源，并将自身对生态环境造成的破坏转嫁给社会整体。进一步地，由于当前我国生态环境资源市场化机制不完善，生态环境资源的价值尚未得到充分认定，私人部门缺乏通过绿色技术创新实现节能减排并创造生态价值的动力。

二是绿色技术创新的正外部性。罗默在 1990 年提出了知识溢出模型，他认为创新具有公共物品属性，创新者无法完全垄断其收益，而其他人可以通过模仿、学习等方式获得知识并利用它创造更多价值。因此，绿色技术创新也存在溢出效应。由于绿色技术创新的正外部性，私人部门从事绿色技术创新活动所获得的私人收益是低于社会收益的。因此，仅靠市场力量难以达到社会最优的绿色创新水平。

根据市场失灵理论，由于绿色技术创新具有"双重外部性"特征，私人部门缺乏从事绿色技术创新活动的动力，从而影响了资源的最优配置，这也是本章提出通过政府出台的经济政策进行有效干预的理论依据。

（二）规制经济理论

在第二次世界大战之前，西方经济学家们追求的是自由放任、完全竞争型的市场经济。但是，1916—1933 年，西方国家在政治和经济上都陷入了长期的危机，市场失灵问题成为微观经济学研究的主要内容之一。因此，规制经济理论应运而生。

规制经济理论认为，市场失灵是由市场存在某些外部性、公共物品属性、不完全竞争等因素所致，政府干预可以通过规制、税收、补贴等手段来纠正市场失灵。规制经济理论运用经济学的基本原理和方法，为政府直接干预市场行为寻找理论依据，并对其行为过程、效果等进行解释或验证。规制经济理论的核心思想是，政府规制是由产业利益追求所驱动的，其设计和运作主要是基于政府利益。规制供给方和规制需求方都是自我利益最大化者，他们相互交换效用函数（选票、金钱与价格、进入规制），以最大化自身福利，而非社会福利。生产者比消费者具有更强的行动激励，因此规制结果必然有利于生产者。该理论的缺点在于可能导致政府过度干预，影响市场效率。政府干预可能会导致资源分配不合理，进而影响企业的创新和发展。

根据规制经济理论，在生态文明建设和"双碳"目标的背景下，政府对高污染高耗能行业的规制行为必然会改变企业的生产行为。基于相关文献综述，政府规制与绿色技术创新之间的关系是一个复杂的问题。一方面，政府规制可以促进绿色技术创新，因为可以增强企业的环保意识，促进企业对绿色技术的投资。另一方面，政府规制降低资源配置效率，可能会增加企业的成本，从而降低企业对绿色技术的投资。

（三）信号理论

信号理论由迈克尔·斯宾塞（Michael Spence）于 1973 年提出，他认为在信息不对称的市场中，信息优势方可以通过可观察的行为传递商品价值或质量的确切信息，从而实现潜在的交易收益。信号理论在本章的应用主要涉及从事绿色技术创新活动的企业，聚焦企业和投资者之间的信息不对称问题。

为了解决信息不对称问题，根据信号理论，企业可以释放出两种信息源：公司的特征和行为、"第三方背书"。一方面，企业获得的绿色专利信息是公开的，可以向外界释放出积极信号，表明企业拥有足够的资金进行研发活动，并呈现出企业质量良好的信号。另外，在可持续发展的背景下，拥有绿色专利的企业将更受投资者青睐。另一方面，政府对企业的影响也会产生"政府背书"效应，比如对从事绿色技术创新活动的企业的研发补贴，对在生态环境领域表现突出的企业给予荣誉称号等。在企业和投资者之间引入政府作为第三方，有利于解决信号传递者为了获得利益而扭曲自身信息的问题，而且"政府背书"释放的信号更加可信。

基于信号理论，企业的绿色技术创新行为可以向投资者释放出积极信号，从而吸引更多的投融资，有利于自身绿色技术创新活动的良性循环。信号理论也可以在一定程度上解释政府行为与企业绿色技术创新之间的逻辑关系：政府对企业的研发补贴或者政府授予企业"绿色工厂"

等荣誉称号，向外界释放了积极信号，从而促进了投资者增加投资，更有利于绿色创新型企业的发展。

（四）波特假说

新古典经济学流派认为，控制环境污染会增加企业的生产成本，降低其竞争力。迈克尔·波特（Michael Porter）在1990年首次提出了"波特假说"，他认为环境政策可以促进企业创新，一方面，通过采用绿色低碳技术促进生产方式绿色转型，从而降低节能减排的成本；另一方面，通过创新产生的新技术或新产品占据更多的市场份额，从而获取绿色技术创新的额外收益。环境政策在激发企业创新活力的同时，也提高了其生产效率和产品质量，从而增强了企业竞争力。

"波特假说"是一个有争议的话题，在提出后便引起了学术界的广泛持续讨论。有学者发现，"波特假说"在很多情况下都不适用，创新补偿效应的存在具有偶然性。支持"波特假说"的学者可以分为"弱波特假说"和"强波特假说"两个流派。"弱波特假说"流派认为，设计合理的环境政策可以引导企业绿色创新，节能减排降低的成本只能抵消合规成本，对企业经营绩效和竞争力的提升并没有显著影响。"强波特假说"流派则拓宽了企业发展视野，认为环境政策的创新补偿效应具有超额收益，能够提升企业经营绩效和竞争力。

基于"波特假说"，政府对污染企业的约束政策虽然会增加合规成本，但是可以产生创新补偿效应，通过节能减排技术的应用抵消合规成本，甚至有可能会产生超额收益，从而提升企业的经营绩效和竞争力。

（五）偏向型技术进步理论

新古典经济学流派认为，技术进步是经济增长的重要源泉，但技术进步是外生且中性的，不会受到经济体系内部因素的影响，也不会改变生产要素之间的替代弹性。在实际情况下，技术进步具有偏向性，由此便演化出了偏向型技术进步理论。该理论属于内生技术进步理论，它认为技术进步的方向不是中性的，而是受到生产要素相对价格、相对供给、市场规模等因素的影响。

偏向型技术进步可以分为技能偏向型、要素偏向型、环境偏向型三类。环境偏向型技术进步是本章重点关注的内容，它指的是技术进步偏向于减少环境污染或提高资源利用效率。Acemoglu 等（2012）将环境要素加入偏向型技术进步理论，提出可以通过经济政策激励清洁技术创新，Aghion 等（2016）的研究也支持了该结论。

在可持续发展的背景下，绿色技术创新作为偏向型技术进步理论的现实应用，其实现过程离不开相关政策的制定和实施。通过改变生产要素之间的边际替代弹性，可以促进以绿色低碳为导向的偏向型技术进步，从而实现节能减排和可持续发展。

三 经济政策促进绿色技术创新的理论机理分析

可持续发展理论为绿色技术创新提供了指导思想和价值取向，要求绿色技术创新不仅要考虑经济效益，还要考虑社会效益和生态效益。绿色技术创新是实现可持续发展目标的重要手段，也是应对环境变化和气候问题的必然选择。

在可持续发展背景下，本章的理论分析框架构建主要遵循以下基本逻辑：绿色技术创新的"双重外部性"特征引发市场失灵，导致绿色技术创新难以达到社会最优水平；根据规制经济理论，需要政府出台相关经济政策进行干预。经济政策促进绿色技术创新的理论分析框架如图5－2所示。

具体来说，财政政策、绿色金融政策、绿色产业政策等不同类型经济政策在影响绿色技术创新的作用机理上存在差异性。

第一，研发补贴对企业从事绿色技术创新活动产生直接补偿效应，有效缓解创新型企业的资金压力。研发补贴传递积极信号，产生政府"第三方背书"效应，引导投资者增加投资。持续的研发补贴也有利于绿色技术创新人才和研发设备的积累，引导人力资源要素向高研发强度的企业集聚。

第二，环保税向市场释放出污染排放高、产品不环保等消极信号，倒逼企业绿色转型；同时，根据"波特假说"，环保税也会产生创新补偿效应，企业可以通过绿色技术创新奠定技术优势，降低减排成本。

第三，绿色金融聚焦生态环境保护、应对气候变化、资源节约利用等目标，支持绿色技术创新项目的发展，能够有效解决绿色技术"市场失灵"问题。因此，绿色金融能够拓宽企业绿色技术创新活动的融资渠

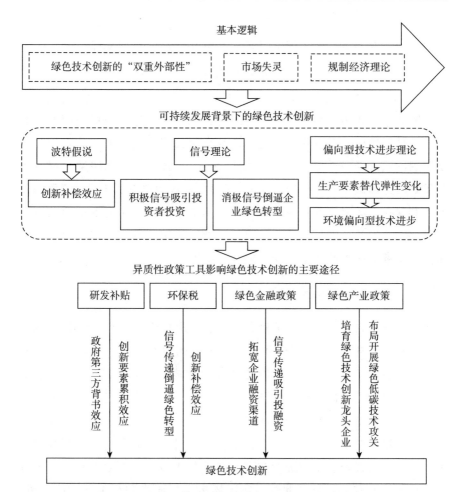

图5-2 经济政策促进绿色技术创新的理论分析框架

道。另外，绿色金融改革创新试验区的设立释放出积极的市场信号，增加绿色资本供给，从而促进绿色技术市场的壮大。

第四，绿色产业具有节能、降耗、无环境污染的特征，绿色产业发展涉及低碳、节能、减排生产技术的应用与研发。绿色产业政策可以通过补贴和税收优惠，引导培育一批绿色技术创新龙头企业和中心，并缓解企业从事绿色技术创新活动的融资约束。从宏观层面来看，国家可以统筹布局前瞻性的重点专项技术攻关，积极引导绿色技术创新。

第三节　环保税与研发补贴政策促进绿色
技术创新的实证研究

财政政策作为国家宏观调控的一种方式，能有效解决绿色技术创新的外部性问题以及融资困境，是经济社会全面绿色转型和实现经济高质量发展的重要经济政策之一。2022 年 5 月 25 日，财政部印发《财政支持做好碳达峰碳中和工作的意见》，提出要积极构建有利于促进资源高效利用和绿色低碳发展的财税政策体系。本节聚焦两类最主要的财政政策工具——研发补贴和环保税，从直接影响、政策组合效应和中介效应等维度，实证分析财政政策的绿色技术创新效应。

一　理论分析与研究假设

学术界对财政政策的相关研究主要聚焦政府补助、税收和政府采购，且研发补贴、环保税/排污费和政府绿色采购对绿色技术创新的影响较大。由于我国政府绿色采购的财政预算约束较大、力度相对不足，根据中国政府采购网中的政府采购数据，关于生态环境和绿色创新的样本较少。因此，本节聚焦研发补贴和环保税/排污费的绿色技术创新效应研究。关于研发补贴，我国对从事技术研发、科学研究等活动的科技型企业，通过股权投资、事前资助和事后奖补的手段进行补贴，包括资金补贴、设备补贴和奖励等。此外，我国还出台了研发费用加计扣除政策。关于环保税/排污费，我国在 1979 年就制定了排污收费的法律制度，但因排污费的收费标准和执法尺度问题受到社会各界关注。2018 年 1 月 1 日正式施行的《中华人民共和国环境保护税法》标志着环境保护费改税改革的开端，部分省份遵循"税费平移"原则，通过调整计税依据和税负标准，将需要缴纳的排污费转变为环保税。

（一）研发补贴与绿色技术创新

绿色技术创新具有正外部性，只靠市场作用往往达不到社会最优的创新投入和创新产出。由于我国存在绿色产品市场规模不足、生态产品价值实现机制有待完善等问题，绿色技术创新的投入和收益不匹配。因此，政府在弥补绿色技术创新市场机制缺陷上具有关键作用，增加研发补贴可以有效促进绿色技术创新。

第一，研发补贴对绿色技术创新具有直接补偿效应。绿色技术创新普遍存在投入高、难度大、风险高的特征，政府对企业的研发补贴可以有效缓解资金压力。相比于各类高成本的融资渠道，研发补贴是政府无偿提供给企业的研发资金，更有利于缓解融资约束，并提升企业的研发动力。研发补贴大多具有指向性，政府更加关注节能环保材料、污染减排、可再生能源等领域的技术创新。政府对相关绿色低碳项目的扶持和激励，可以直接补偿绿色低碳技术研发失败的成本，降低绿色技术创新风险，激发企业从事绿色技术创新的动力。

第二，研发补贴具有"政府背书"效应。对于从事绿色低碳技术研发的企业来说，其与投资者、消费者之间均存在信息不对称问题。对于前者来说，企业为了节约信息披露成本、降低技术外溢风险，一般不会将绿色技术创新项目的市场前景、潜在收益、面临的风险等信息尽数告知投资者，而投资者在筛选并甄别绿色技术创新项目信息时也需要投入大量时间、精力和人力成本，因此企业与投资者之间的信息不对称可能会导致逆向选择和道德风险问题。对于后者来说，消费者难以获取产品质量及产品是否达到环保标准的信息，同样存在逆向选择和道德风险问题。如果企业获得了政府的研发补贴，那么相当于政府给企业做了"背书"，并向外界传递积极信号，此时资本逐利规律引导投资者增加投入，而市场也会追捧获得政府"认证"的企业的产品，从而扩大市场规模并增加企业盈利。因此，"政府背书"效应有利于企业的绿色技术创新。

第三，研发补贴产生创新要素累积效应。部分研发补贴具有持续性，促使企业不断增加研发投入，有利于绿色技术创新人才和研发设备的积累，引导人力资源要素向高研发强度的企业集聚。为了避免企业"骗补"行为，近年来我国政府的研发补贴更多倾向于"后补助"形式。研发后补助是在政策目标指导下，企业先投入资金进行自主研发，然后政府基于创新成果的数量和质量进行一定补助。因此，部分企业为了获取政府研发补贴，往往自行配置各类创新要素来开展相关技术研发。因此，研发补贴产生的创新要素累积效应，有利于促进企业长期进行绿色技术研发。

基于此，本节提出如下假设。

假设 1：研发补贴能显著提升企业绿色技术创新水平。

（二）环保税与绿色技术创新

作为财政政策的一类，环保税能否成为促进生产方式绿色转型的重要手段，学术界的相关研究结论具有争议性。

一方面，环保税增加了企业的遵循成本，挤占了研发资金，不利于绿色技术创新。环保税将污染型企业排放的外部成本变成内部成本，增加了减少污染要素产出的成本，直接影响企业生产要素的最优化配置，降低了生产绩效。绿色技术创新具有一定的公共物品属性，企业往往缺乏主动创新的动力。企业为了实现节能减排而进行被动式创新，其目的是收获创新所带来的经济效益。我国正在建设以市场为导向的绿色技术创新体系，绿色技术创新成果的转化与应用还存在一定缺陷，而且环境保护税的征收刚起步，税率及税收制度的合理性还有待提升。因此，绿色技术创新所带来的收益是否能抵消污染排放支付的税费，会受到体制机制、地区差异、企业差异、知识产权保护等因素的影响。

另一方面，根据"波特假说"，环保税具有创新补偿效应。第一，被征收环保税的企业向市场释放出污染排放高、产品不环保等消极信号，企业所有者会改变生产策略，主动进行绿色转型。第二，环保税增加了企业创新的外部压力，迫使企业破除组织惰性、激励创新思维等（刘金科、肖翊阳，2022）；同时，环保税征收规范的公平性有利于企业之间的合理竞争，通过绿色技术创新奠定技术优势，减排成本的降低更有利于企业的市场定价决策。第三，环保税的征收促使全社会环保意识的提升，有利于营造更加良好的绿色技术创新环境，政府对环境保护的决心让企业意识到从事绿色技术创新的重要性。从环保税的污染治理实践来看，企业可以从三个方面减排：一是源头管控创新，通过应用绿色低碳技术和新的生产工艺，从源头减少资源要素投入；二是过程监管创新，通过实行更有效的生产管理方式和更优化的生产流程，提高生产效率；三是末端治理创新，即采用更先进的污染治理设备直接减少污染排放。当环保税的征收范围、税额标准、监管方式趋于合理之后，更容易产生绿色技术创新效应。

基于此，本节提出如下对立性假设。

假设 2a：环保税不利于企业绿色技术创新。

假设 2b：环保税有利于企业绿色技术创新。

（三）研发补贴与环保税的政策组合效应分析

根据上述分析，研发补贴能够通过直接补偿效应、"政府背书"效应、创新要素累积效应促使企业增加研发投入，从而促进绿色技术创新。环保税的绿色技术创新效应是间接的，仅当污染企业认为绿色技术创新所带来的收益高于污染减排的成本时，绿色技术创新效应才会产生显著为正的影响。如果外部创新环境和企业内部条件均不利于绿色低碳技术研发，那么环保税仅能达到污染减排的目的，对污染企业的生产效率会产生不利影响。

一般来说，在环保税的约束下，污染企业更倾向于通过自身的绿色转型来减少排污成本，但大多数企业从事绿色低碳技术研发的收益成本比较低。因此，政府可以通过给予被征税企业一定的研发补贴，形成创新诱导效应，促使其不断增加研发投入，形成绿色技术创新的良性循环（刘海英、郭文琪，2021）。研发补贴可以有效地抵消环保税的不利影响，两类财政政策的组合效应将形成合力，共同促进实现绿色技术创新。

基于此，本节提出如下假设。

假设 3：环保税与研发补贴的政策组合能促进企业绿色技术创新。

（四）研发补贴与环保税的杠杆效应和挤出效应分析

当企业获得政府的研发补贴后，它有可能在现有研发基础上追加投资，引进更多的研发设备和专业人才，形成更多的绿色低碳技术成果，产生"杠杆效应"；也有可能导致企业"安于现状"，根据研发补贴减少自身的研发投入，仅需要保障研发投入强度维持稳定，从而产生"挤出效应"。

当企业被征收环保税后，它有可能在原有的绿色技术创新活动基础上追加投资，产生"杠杆效应"；也有可能迫于环保税的压力，在自身的资源约束条件下对各类要素进行重新配置，为了维持既有研发设备和人才水平，将研发资源向绿色技术创新领域倾斜，减少其他技术创新活动，产生"挤出效应"。需要说明的是，环保税和研发补贴的"杠杆效应"是类似的，但是环保税的"挤出效应"会改变研发资源在绿色技术创新和其他技术创新之间的配置。

　　总体来看，研发补贴具有直接补偿效应、"政府背书"效应、创新要素累积效应，通过缓解融资约束、增加企业研发投入强度，对绿色技术创新产生显著为正的作用。环保税由于其遵循成本效应和创新补偿效应的矛盾关系，对绿色技术创新的作用有待进一步分析。研发补贴和环保税对绿色技术创新均可能产生"杠杆效应"或"挤出效应"，两者的政策组合效应有利于实现绿色技术创新水平的良性提升（见图 5 - 3）。

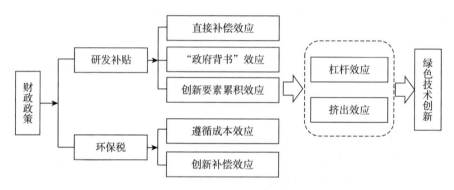

图 5 - 3　研发补贴和环保税的绿色技术创新效应分析

二　研究方法与数据来源

（一）研究方法

本节以上市公司作为研究样本，使用面板固定效应模型分析研发补贴和环保税两类财政政策工具对绿色技术创新的影响。基准回归模型如下：

$$\ln GTI_{it} = \alpha + \beta Q_{it} + \gamma X_{it} + \eta_i + \theta_t + \varepsilon_{it}$$
$$Q_{it} \in \{\ln RDS_{it}, \ln EPT_{it}\}$$

$$(5-1)$$

　　其中，$\ln GTI_{it}$ 是第 t 年 i 企业的绿色技术创新水平，用绿色专利申请量衡量。$\ln RDS_{it}$ 是企业获得研发补贴的对数值，$\ln EPT_{it}$ 是企业上缴的排污费或环境保护税的对数值，X_{it} 是控制变量矩阵，η_i 为地区固定效应，θ_t 为时间固定效应，ε_{it} 为扰动项。

（二）变量选取

被解释变量是绿色技术创新，选择企业绿色专利申请量的对数值测度。另外，本章还选择了绿色发明专利申请量（lnGTI_inv）、绿色实用新型专利申请量（lnGTI_uti）、绿色技术创新质量（$Quality$）作为被解释变量。绿色技术创新质量采用知识宽度法测度（张杰、郑文平，2018）。一般来说，专利包含一个或多个 IPC 编号。知识宽度法的基本思想是：专利包含的 IPC 编号越多，编号之间的差异越大，专利使用的知识就越复杂，那么专利的质量就越高。具体计算方法如下：

$$patent\_knowledge_{it,type} = 1 - \sum N^2 \qquad (5-2)$$

其中，N 表示某个专利包含的所有 IPC 编号中，各大组分类所占比重。在计算得到所有绿色专利的知识宽度后，根据"企业—年份"两个维度对企业拥有所有专利的知识宽度求平均值，从而获得绿色技术创新质量（$Quality$），计算公式为：

$$Quality_{it} = \operatorname*{mean}_{type}(patent\_knowledge_{it,type}) \qquad (5-3)$$

解释变量是研发补贴和环保税。研发补贴（lnRDS）根据上市公司财务报表附注中的政府补助明细整理，具体将政府补助项目说明中包含"研发""研究""技术创新""科技""高新技术""研究开发、技术更新及改造等获得的补助""院士工作站""博士后""人才""专利"等字段的作为研发补贴。参考巫景飞等（2022）的研究方法，本节将研发补贴按照不同的补贴方式分为研发前补贴（lnRDS_before）和研发后补贴（lnRDS_after）。环保税（lnEPT）根据上市公司财务报表附注中的管理费用明细整理，筛选项目名称中包含"排污费""环境保护税""环保费"等字段的管理费用作为环保税。

控制变量包括两个方面：第一，在企业经营状况层面，包括现金流比率（$Cashflow$）、营业收入增长率（$Growth$）、公司成立年限（$FirmAge$）、资产负债率（Lev）、总资产回报率（ROA）和托宾 Q 值（$TobinQ$）；第二，在公司治理层面，包括独立董事比例（$Indep$）、第一大股东持股比例（$Top1$）以及股权制衡度（$Balance$；第二到第五位大股东持股比例除以第一大股东持股比例）。

（三）数据来源

上市公司绿色专利数据来源于 CNRDS 数据库，上市公司财务数据来源于 CSMAR 数据库，研发补贴和环保税数据由笔者根据上市公司财务报表数据进一步整理，专利质量数据由笔者计算得到。本节对各数据做如下处理：第一，剔除上市不足一年、已退市或已被暂停上市的公司样本；第二，在 1% 和 99% 分位数上，对所有变量进行缩尾（Winsorize）处理。本节得到 2010—2020 年 2016 家上市公司的非平衡面板数据，变量描述性统计结果见表 5－1。结果显示，2010—2020 年 2016 家上市公司的研发补贴均值为 520.7 万元，排污费或环境保护税的均值为 863.2 万元。

表 5－1　描述性统计结果

变量	样本量	均值	标准差	最小值	最大值
$\ln GTI$	22176	1.591	1.718	0.000	9.290
$\ln GTI\_inv$	22176	1.167	1.467	0.000	5.796
$\ln GTI\_uti$	22176	1.161	1.439	0.000	5.468
$Quality$	5875	0.376	0.232	0.000	0.828
$\ln RDS$	10696	13.937	1.989	8.189	18.234
RDS	10696	5.207e6	1.180e7	3600	8.300e7
$\ln EPT$	3038	14.553	1.894	8.825	18.467
EPT	3038	8.632e6	1.74e7	6800	1.050e8
$\ln RDS\_before$	10696	13.465	3.080	0.000	18.190
$\ln RDS\_after$	10696	1.225	3.948	0.000	15.934
$Cashflow$	21807	0.040	0.076	-0.215	0.247
$Growth$	21503	0.198	0.650	-0.683	4.871
$FirmAge$	21808	2.865	0.388	1.386	3.497
Lev	21807	0.477	0.224	0.052	1.003
ROA	21808	0.032	0.069	-0.299	0.222
$TobinQ$	21219	2.102	1.643	0.843	11.422
$Indep$	21774	0.373	0.053	0.333	0.571
$Top1$	21808	0.339	0.151	0.084	0.744
$Balance$	21808	0.672	0.587	0.024	2.599

三　实证分析与讨论

（一）基准回归

首先，利用方差膨胀因子（VIF）对回归方程（5－1）进行了多重共线性检验。检验结果显示，研发补贴和环保税两个回归中各变量之间的 VIF 值均小于 2，且平均 VIF 值为 1.300，说明不存在多重共线性问题。

基准回归结果见表 5 - 2，模型（1）至模型（4）展示了研发补贴对绿色技术创新的影响，模型（5）至模型（8）显示了环保税的绿色技术创新效应。在依次控制了企业的个体固定效应、年份的时间固定效应以及控制变量后，研发补贴和环保税的系数均非常稳健，大多在 1% 的水平下显著为正，系数大小不断降低，可决系数（R^2）不断提升。模型（4）和模型（8）展示了基准回归模型的最终实证结果，研发补贴的系数为 0.040，环保税的系数为 0.025，即研发补贴和环保税均具有正向的绿色技术创新效应。因此，假设 1 和假设 2b 成立。政府对企业的研发补贴每增加 100%，企业的绿色技术创新水平会增加 4.0%，即绿色专利数量增加 4.0%；政府征收的环保税每增加 100%，企业的绿色专利数量会增加 2.5%。根据基准回归结果，研发补贴和环保税的系数并不高，这主要是由于研发补贴和环保税占我国财政支出的比重偏低，两者的政策作用有限。

表 5 - 2　基准回归结果

变量	(1) lnGTI	(2) lnGTI	(3) lnGTI	(4) lnGTI	(5) lnGTI	(6) lnGTI	(7) lnGTI	(8) lnGTI
lnRDS	0.156*** (25.410)	0.055*** (14.201)	0.042*** (10.736)	0.040*** (10.099)				
lnEPT					0.072*** (4.675)	0.049*** (5.031)	0.032*** (3.169)	0.025** (2.471)
控制变量	否	否	否	是	否	否	否	是
个体固定效应	否	否	是	是	否	否	是	是
时间固定效应	否	是	是	是	否	是	是	是
样本量	10696	10696	10696	10131	3038	3038	3038	2904
R^2	0.166	0.665	0.666	0.671	0.137	0.669	0.670	0.681

注：***、** 分别表示在 p < 0.01、p < 0.05 时有统计学意义，括号内为 t 值。

政府的研发补贴直接补偿了企业绿色技术创新的前期投入，缓解了企业的融资约束，并提升了其研发动力，通过积累更多的专业人才和研发设备，形成更多的绿色技术创新产出。环境保护税的创新补偿效应大于遵循成本效应，即"波特假说"在中国具有适用性。一方面，环保税有利于污染企业实现长期减排，可以减少甚至规避污染排放带来的成本；另一方面，在绿色发展理念深入人心的背景下，企业通过绿色技术创新来获取市场竞争中的核心优势，进而实现长期利润增长，更加适合企业未来的发展方向。

（二）进一步分析

（1）研发补贴与环保税的非线性影响。学术界普遍认为，适度的研发补贴强度和环保税征收标准具有更强的政策激励效应。当研发补贴强度较低时，绿色低碳技术的研发成本仍然会制约企业的生产经营，政策激励效应不明显；当研发补贴强度过高时，会降低企业自主研发的积极性，对企业自身研发投入产生"挤出效应"，甚至不利于企业内生性创新动力的发展。当环保税率偏低时，污染型企业排放污染的成本对其生产经营的影响较小，引致绿色技术创新的动力不足；当环保税率偏高时，污染型企业的短期排放成本得到极大提升，相比于通过绿色技术创新降低长期排放成本，企业更偏向于选择通过源头管控的方式直接减少会造成污染的资源要素投入，在短期内实现生产资源要素配置的最优化。基于上述分析，本节在基准回归模型基础上加入研发补贴和环保税的二次项，进一步分析两者对绿色技术创新的非线性影响，结果如表5-3的模型（1）和模型（2）所示。研发补贴和环保税的一次项均显著为正，二次项均显著为负，即研发补贴与绿色技术创新、环保税与绿色技术创新均呈倒"U"形关系，过高或者过低的研发补贴和环保税均不利于企业绿色技术创新水平的提升。对于研发补贴来说，最优的补贴水平是4791万元，而样本研发补贴的均值为520.7万元；对于环保税来说，最优的环保税征收额应是7854万元，而样本环保税的均值为863.2万元。两者目前的平均水平都低于最优水平，因此，我国应进一步提升研发补贴强度，增加环保税的税率。

（2）研发补贴方式的差异性。根据企业获得研发补贴与创新成果产出时间的先后顺序，将研发补贴分为前补贴和后补贴两类。研发前给予企业一定的研发资金，降低了绿色技术创新风险。但是，由于信息不对称，政府难以甄别受补贴企业的所有信息，容易导致道德风险和逆向选择问题。为了避免企业"骗补"或"寻租"的行为，后补贴的方式更加实用。考虑到绿色技术创新失败的风险性和企业资金约束，研发后补贴可能达不到预期的实施效果。根据表 5 - 3 的模型（3）和模型（4）可知，研发前补贴的系数在 1% 的水平下显著为正，系数值为 0.018，而研发后补贴的系数不显著。将研发前补贴和研发后补贴放入同一个回归方程，结果见表 5 - 3 的模型（5）。在企业获得研发前补贴的基础上，研发后补贴可以显著促进绿色技术创新，影响系数为 0.005。研发前补贴可以避免研发后补贴不能有效缓解企业资金压力的问题，有利于发挥研发后补贴在绿色技术创新领域的政策导向作用。

表 5 - 3　进一步分析：非线性影响和研发补贴方式

变量	(1) $\ln GTI$	(2) $\ln GTI$	(3) $\ln GTI$	(4) $\ln GTI$	(5) $\ln GTI$
RDS	1.492*** (8.896)				
$RDS \times RDS$	-1.557*** (-6.566)				
EPT		0.754*** (2.732)			
$EPT \times EPT$		-0.480* (-1.776)			
$\ln RDS\_before$			0.018*** (7.092)		0.020*** (7.562)
$\ln RDS\_after$				-0.0003 (-0.182)	0.005*** (2.626)
控制变量、个体固定效应、年份固定效应	是	是	是	是	是
样本量	10131	2904	10131	10131	10131
R^2	0.670	0.681	0.669	0.667	0.669

注：***、*分别表示在 $p < 0.01$、$p < 0.10$ 时有统计学意义，括号内为 t 值。

（3）专利类型与专利质量的差异性。绿色专利分为绿色发明专利和绿色实用新型专利。绿色发明专利更强调独创性和新颖性，涉及绿色低碳技术升级或创造；绿色实用新型专利是对绿色产品的形状、结构或组合的一种新的技术解决方案，具有实用价值。因此，相比于绿色实用新型专利，绿色发明专利的研发难度更大，也更有利于实现节能减排。绿色技术创新质量对贯彻落实绿色发展理念、加快实现"双碳"目标具有重要的战略意义。由于高质量的创新需要更高的投资成本且面临更大的失败风险，部分企业管理者存在短视行为（Huang et al.，2023），从而排挤了高质量的绿色技术创新，进而导致"重数量、轻质量"的现象。因此，本节分别测度了研发补贴和环保税对绿色发明专利申请量（lnGTI_inv）、绿色实用新型专利申请量（lnGTI_uti）和绿色技术创新质量（$Quality$）的影响作用，回归结果见表5-4。

表5-4 进一步分析：实质性创新和策略性创新

变量	(1)	(2)	(3)	(4)	(5)	(6)
	lnGTI_inv	lnGTI_uti	$Quality$	lnGTI_inv	lnGTI_uti	$Quality$
lnRDS	0.032***	0.031***	-0.007**			
	(8.255)	(8.442)	(-2.240)			
lnEPT				0.034***	0.011	0.001
				(3.486)	(1.154)	(0.110)
控制变量、个体固定效应、年份固定效应	是	是	是	是	是	是
样本量	10131	10131	3468	2904	2904	787
R^2	0.589	0.594	0.043	0.570	0.627	0.073

注：***、**分别表示在 $p<0.01$、$p<0.05$ 时有统计学意义，括号内为 t 值。

表5-4结果显示，研发补贴对绿色发明专利申请量和绿色实用新型专利申请量的影响均在1%的水平下显著为正，系数大小相近，分别为0.032和0.031。表5-4模型（3）的研发补贴系数在5%的水平下显著为负，说明研发补贴不利于绿色技术创新质量的提升，间接证明了绿色技术创新"重数量、轻质量"现象的存在。为了获得持续性的研发补贴，有些企业陷入了"为创新而创新"的怪圈。世界知识产权组织（WIPO）发布的《世界知识产权指标2021》显示，截至2020年，我国的专利申请量已连续十年居世界首位。但是，WIPO发布的《2020年全球创新指数（GII）报告》显示，我国创新指数在全球131个经济体中排名第14位。因此，政府应进一步加强研发补贴的质量导向，并提升补贴的精准性。

表 5-4 的模型（4）和模型（5）显示，环保税能显著提升企业的绿色发明专利申请量，但对绿色实用新型专利申请量的影响不显著。环保税的作用具有对创新类型的偏向性，推动企业加强节能减排类、废弃物管理类、替代能源生产类专利的创新，而这些类型的绿色专利大多属于绿色发明专利。表 5-4 的模型（6）显示，环保税对绿色技术创新质量没有显著影响。

（三）稳健性检验

本节采取以下方法进行稳健性检验，所有检验结果均表明本节的实证分析结论具有稳健性，具体检验结果不做赘述。

（1）工具变量法。随着绿色技术创新水平的提升，企业可能更加受到政府青睐，从而获取更多研发补贴；同时，随着企业应用更多的绿色低碳技术，生态环境质量不断提升，环保税征收水平可能会降低。为了缓解双向因果关系或遗漏变量导致的内生性问题，本节采用工具变量法。参考马永强等（2022）的研究，本节选择上市公司注册地与省政府的距离（*Distance*）作为研发补贴的工具变量。一方面，上市公司注册地与省政府的距离越近，越容易建立政治联系，具有政府发布创新相关政策的信息优势，从而获取更多的研发补贴，因此，*Distance* 满足相关性假定；另一方面，上市公司注册地与省政府的距离属于地理类型变量，与企业绿色技术创新没有直接的相关性，满足外生性假定。本节选择上市公司所在省份单位面积环保系统机构数量作为环保税的工具变量。一方面，环保系统机构数量与环保税的征收具有正相关关系，在很大程度上代表着环保税的征收力度，满足相关性假定；另一方面，环保系统机构数量并不会直接影响企业绿色技术创新的决策，满足外生性假定。为了横向可比，本节采用单位面积环保系统机构数量。这两类工具变量均通过了不可识别检验和弱工具变量检验。

（2）环境保护"费改税"效应识别。2018 年环境保护"费改税"改革之后，部分省份遵循"税费平移"原则，环保税和排污费差距不大，但是有很大一部分省份提高了环保税的征收标准。基于基准回归模型，对于提高了征收标准的省份的企业来说，其无法识别环保税的额外冲击。因此，本节采用双重差分法做稳健性检验。具体来说，以 2018 年环保税征收作为政策时间节点，以所在地的征收标准提高了的企业作为处理组，构建 DID 估计量。另外，为了增加因果推断的可信度，本节采用三重差分法。在原有 DID 估计量的基础上，将企业所属行业的污染程度作为第三重差分，构建 DDD 估计量。采用三重差分法的理由如下：环保税主要是对企业排放的大气污染物和水污染物按标准进行征税，企业排放的污染越多，受到环保税的冲击越大。因此，加入了第三重差分后，可以尽可能排除其他不可观测因素的影响。

（3）替换变量。研发补贴通过给予企业研发资金，直接缓解了企业生产经营的资金压力，从而提升了企业增加绿色技术创新的动力。因此，可以选择税收优惠和政府补助这两类与研发补贴具有类似效果的财政政策工具，替换研发补贴变量。

（4）替换样本。为了准确识别两类财政政策工具的绿色技术创新效应，本节将研究样本缩小为制造业企业。理由如下：第一，制造业是我国科技创新的重要源泉，研究样本显示，制造业上市公司的平均绿色专利申请量为 31.100 件，而非制造业上市公司的平均绿色专利申请量为 19.870 件；第二，研发补贴和环保税对制造业的冲击更大，制造业发展的核心是创新，我国的研发补贴有很大一部分投入了制造业领域，而且高耗能高污染行业基本属于制造业，其受到环保税的影响更大。

（四）异质性分析

（1）企业性质异质性。不同性质的企业在面临财政政策冲击后，所做出的战略决策具有差异性。相比于非国有企业，国有企业的政治关联程度更高，具有获取各类创新资源的先天优势（李姝等，2018）。而非国有企业面临更大的融资约束和更加激烈的市场竞争，其创新活力普遍更强。根据表 5-5 的模型（1）至模型（4）可知，研发补贴对不同性质企业的绿色技术创新均具有正向显著的作用，但研发补贴对非国有企业的绿色技术创新效应明显更强；环保税对国有企业绿色技术创新的影响不显著，但对非国有企业的绿色技术创新水平具有显著为正的作用。相比于国有企业，非国有企业在生产经营过程中所能支配的资源有限，研发补贴的"政府背书"效应向外界释放积极信号，有利于激发企业进行绿色技术创新的动力。部分国有企业存在创新资源管理不科学、科技成果转化体制机制僵化等问题，环保税激励绿色技术创新的渠道不畅，而非国有企业往往对环保税这类市场导向型政策更加敏感。

表 5 – 5 企业性质与规模的异质性分析

变量	国有企业		非国有企业		大型企业		中小企业	
	(1)	(2)	(3)	(4)	(5)	(6)	(7)	(8)
lnRDS	0.028*** (4.957)		0.047*** (8.520)		0.042*** (7.797)		0.035*** (6.003)	
lnEPT		0.008 (0.581)		0.065*** (4.001)		0.022* (1.860)		0.025 (1.072)
控制变量、个体固定效应、年份固定效应	是	是	是	是	是	是	是	是
样本量	4316	1756	5815	1148	5765	2243	4366	718
R^2	0.708	0.699	0.647	0.673	0.710	0.677	0.585	0.627

注: ***、* 分别表示在 $p < 0.01$、$p < 0.10$ 时有统计学意义,括号内为 t 值。

(2)企业规模异质性。企业规模在一定程度上决定了企业的融资约束和研发能力,这些都会影响企业在面临财政政策冲击后的绿色技术创新决策。因此,本节以企业资产作为衡量企业规模的标准,按照资产对数值的 50% 分位数,将样本分为大型企业和中小企业,回归结果见表5–5的模型(5)至模型(8)。研究发现,研发补贴对不同规模的企业均具有显著正向的绿色技术创新效应,而环保税仅对大型企业的绿色技术创新有显著正向影响。大型企业普遍在资本、人才、平台上具有优势,同时也具备更高的研发水平,研发补贴的作用相对更大。相比于大型企业,中小企业面临更大的融资约束,而且绿色技术创新需要源源不断的创新要素和资金投入;由于环保税产生的短期遵循成本,中小企业通常不会做出通过绿色技术创新实现转型升级的长期决策。

(3)区域异质性。我国幅员辽阔,地区之间的资源要素禀赋不同,产业发展存在路径依赖,进而对不同行业的分布产生影响。不同地区的经济发展水平具有差异性,也会导致研发补贴强度和环保税税率存在差异。因此,本节根据企业所属省份将样本分为东部、中部、西部和东北地区"四大板块",回归结果见表5–6。

表 5 - 6   区域异质性分析

变量	东部地区		中部地区		西部地区		东北地区	
	（1）	（2）	（3）	（4）	（5）	（6）	（7）	（8）
lnRDS	0.038*** (7.415)		0.040*** (4.105)		0.051*** (5.001)		0.033** (2.224)	
lnEPT		0.040** (2.564)		0.060*** (2.671)		-0.031* (-1.668)		0.051 (1.052)
控制变量、个体固定效应、年份固定效应	是	是	是	是	是	是	是	是
样本量	6291	1297	1706	665	1644	764	484	178
R^2	0.686	0.669	0.695	0.742	0.621	0.693	0.622	0.711

注：***、**和*分别表示在 $p<0.01$、$p<0.05$ 和 $p<0.10$ 时有统计学意义，括号内为 t 值。

研究发现，研发补贴的系数在所有地区均显著为正，按照系数大小排序为：西部地区 > 中部地区 > 东部地区 > 东北地区。东北地区是我国重要的老工业基地，新中国成立以来，东北地区的产业发展定位以重工业为主，具有高污染高耗能特征，新发展阶段下绿色转型难度较大，导致研发补贴效果偏差。对于其他地区来说，东部、中部、西部地区呈现经济发展水平梯度递减态势，这在一定程度上决定了绿色技术创新水平的差异。相比于中部、西部地区，东部地区的研发补贴更高，企业创新能力更强。因此，研发补贴的边际效用递减特征决定了其在中部、西部地区的绿色技术创新效应更强。

环保税的绿色技术创新效应在东部和中部地区正向显著，在西部地区显著为负，在东北地区不显著。相比于东部和中部地区，西部地区的企业在规模、发展平台和研发能力上相对不足，面临着更强的融资约束，环保税的遵循成本效应大于创新补偿效应。东北地区的环保税系数不显著，可能是由样本量不足导致的。

（五）政策组合效应分析

为了分析研发补贴与环保税的政策组合效应，本节根据企业是否需要缴纳环保税和是否获得研发补贴，将样本分为四组。根据表 5 - 7 模型（1）和模型（2）的回归结果，无论企业是否需要缴纳环保税，研发补贴对绿色技术创新的影响均显著为正。根据表 5 - 7 模型（3）和模型

（4）的回归结果，环保税的绿色技术创新效应仅在获得研发补贴的企业中显著。因此，研发补贴与环保税两类政策工具具有互补作用，尤其是对于环保税来说，需要政策互补作用激发其绿色技术创新效应。因此，假设 3 成立。

从政策目标来看，两类财政政策的落脚点均是绿色技术创新。一方面，研发补贴的目的是引导企业增加研发投入，提升科技创新能力；另一方面，环保税的目的是促使企业降低污染排放，实现生产方式的绿色转型。从作用结果来看，环保税的绿色创新效应促使企业将研发补贴更多应用于绿色低碳技术研发上，而研发补贴可以有效减少环保税的遵循成本，形成创新诱导效应，促使其不断加大研发投入，形成绿色技术创新的良性循环。

表 5 - 7　研发补贴与环保税的政策组合效应分析

变量	（1）	（2）	（3）	（4）
	无环保税	有环保税	无研发补贴	有研发补贴
lnRDS	0.040 *** (8.232)	0.041 *** (5.716)		
lnEPT			0.027 (0.675)	0.024 ** (2.233)
控制变量、个体固定效应、年份固定效应	是	是	是	是
样本量	7319	2812	265	2639
R^2	0.665	0.689	0.649	0.690

注：*** 、** 分别表示在 $p < 0.01$、$p < 0.05$ 时有统计学意义，括号内为 t 值。

（六）机制分析：杠杆效应还是挤出效应？

研发补贴和环保税两类财政政策工具均能显著提升企业的绿色专利数量，但作用机制还有待进一步研究。因此，本节分别采用研发补贴和环保税对以下被解释变量进行回归：第一，研发投入，采用企业研发投入金额加 1 的对数值表示；第二，人力资本，采用企业研发人员数量加 1 的对数值表示；第三，融资约束，采用 SA 指数表示，计算方法为 $SA = -0.737 \times Size + 0.043 \times Size^2 - 0.040 \times Age$，其中，$Size$ 是企业总资产的对数值，Age 是企业成立年限；第四，创新水平，采用企业申请的专利总数量加 1 的对数值表示。

表 5 - 8 的实证结果显示，研发补贴对研发投入、人力资本、创新水平的影响作用在 1% 的水平下显著为正，对 SA 指数的影响作用在 1% 的水平下显著为负。因此，研发补贴具有杠杆效应。政府的研发补贴直接给予企业资金扶持，能有效缓解融资约束，不仅能引导企业增加研发投入，还能促进人力资本的积累。研发补贴在增加绿色专利数量的同时，还能提升企业的整体创新水平。

环保税对研发投入具有显著的正向作用，显著加强了企业面临的融资约束，对人力资本和创新水平的影响作用不显著。因此，环保税具有挤出效应。环保税的征收会导致被征税企业的污染排放成本增加，融资约束程度更加严重，企业内部资金压力增大。企业在短期内会增加研发投入，但不会增加人力资本，不利于长期的绿色技术创新。从创新水平来看，企业总体的创新水平并没有提升，说明环保税促使企业调整研发资金和人才资源的配置，将现有的研发资源更多地转移到绿色技术创新领域，减少了其他技术创新活动，从而产生挤出效应。

表 5 - 8　机制分析结果

变量	(1)	(2)	(3)	(4)	(5)	(6)	(7)	(8)
	研发投入		人力资本		融资约束		创新水平	
lnRDS	0.058*** (11.805)		0.029*** (6.015)		-0.002*** (-4.572)		0.056*** (9.369)	
lnEPT		0.061*** (3.200)		0.020 (1.179)		0.009*** (5.990)		0.017 (1.041)
控制变量、个体固定效应、年份固定效应	是	是	是	是	是	是	是	是
样本量	8981	2288	5157	1317	10131	2904	10125	2904
R^2	0.382	0.313	0.133	0.097	0.880	0.788	0.210	0.245

注：*** 表示在 $p < 0.01$ 时有统计学意义，括号内为 t 值。

第四节　绿色金融改革创新试验区政策促进绿色技术创新的实证研究

绿色发展是高质量发展的"底色"。在"碳达峰、碳中和"的目标背景下，绿色金融是助力经济社会全面绿色转型的重要工具，也是实现美丽中国建设的关键环节。为实现"绿水青山就是金山银山"，必须兼顾经济增长和环境保护的双重目标（王馨、王营，2021）。绿色技术创新有助于企业从市场竞争中"脱颖而出"，使生态环境治理的正外部性得到补偿，为解决环境保护与经济增长矛盾问题提供了思路。然而，由于绿色技术创新具有高投入、高风险、长回报周期的特征，绿色技术研发资金往往存在很大缺口，需要通过市场化手段引导社会资本流入绿色技术创新领域（王营、冯佳浩，2022）。因此，研究绿色金融政策的绿色技术创新效应，并厘清政策影响机制，具有一定的实践意义。绿色金融改革创新试验区（以下简称"绿金改试验区"）是国家构建绿色金融体系的重要内容，它包含各类金融政策工具的实践应用。因此，本节侧重于分析绿色金融改革创新试验区政策的绿色技术创新效应。

一 理论分析与研究假设

2017 年 6 月 14 日，李克强总理在国务院常务会议上提出开展"绿金改试验区"建设。2017 年之后，国家分三次共决定 7 省区市 10 地的"绿金改试验区"建设（见图 5-4）。随着试验区建设经验的推广，试验区的扩容工作也在不断推进。

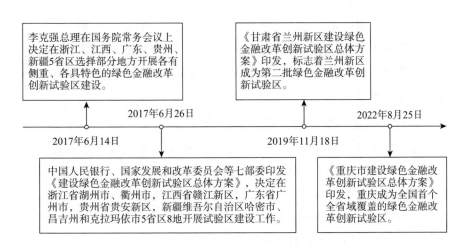

图 5-4 中国绿色金融改革创新试验区建设进展

资料来源：根据相关资料整理。

7省区市10地的"绿金改试验区"建设包括以下重点任务。

第一，提升绿色金融产品和服务供给水平。重点是对绿色信贷、绿色债券、绿色保险、绿色基金和碳金融的创新性改革。比如，湖州、衢州探索开展排污权、碳交易权等抵质押融资业务；广州和贵安新区提供支持绿色交通、绿色建筑项目建设的绿色信贷产品；贵安新区推进绿色资产证券化，助力清洁能源发展；重庆推出环境污染责任保险、绿色建筑性能保险等创新保险产品；兰州新区设立绿色产业发展基金。

第二，拓宽绿色产业发展融资渠道。比如，贵安新区利用大数据产业优势搭建绿色项目库；重庆大力支持金融服务制造业绿色转型升级、产业园区绿色升级、绿色建筑应用、绿色交通建设；新疆哈密市、昌吉州和克拉玛依市三地设立金融服务业绿色产业通道，重点支持节能环保清洁产业、生态农业、绿色矿山等发展。

第三，夯实绿色金融发展平台。各大试验区均基于自身已有条件，利用数字技术手段，搭建了绿色金融服务平台，并建立健全绿色金融风险预警机制。除此之外，部分试验区建设了绿色金融产业发展载体。比如，湖州成立太湖绿色金融小镇，打造绿色金融产业集聚区；广州市花都区打造产融研一体化的绿色金融与绿色产业发展集聚区；赣江新区建设由绿色金融示范街、人力资源服务产业园、双创集市三个板块构成的绿色创新发展综合体。

各试验区围绕完善绿色金融体系，各有侧重地开展了一系列的实践探索，形成了一批可复制推广的宝贵经验。随着"绿金改试验区"建设的加快推进，企业在绿色转型过程中可以获取大量的资金，有利于开展绿色技术创新活动。

（一）"绿金改试验区"与绿色技术创新

绿色技术创新的环境正外部性导致企业从事绿色技术创新的投入"先天不足"。绿色技术创新具有长周期和高风险的特征，由于信息不对称以及研发型企业缺乏优质抵押品等问题，传统金融体系对绿色技术创新的支持不够。依靠自身的内部融资渠道，企业在完整的绿色技术研发周期内难以维系持续不断的研发投入。

绿色金融具有公益性质，聚焦生态环境保护、应对气候变化、资源节约利用等目标，重点服务于绿色产业、绿色项目的发展需求，能够有效解决绿色技术"市场失灵"问题。中国绿色金融迅速发展，根据中国人民银行公布的数据，截至 2021 年末，中国本外币绿色贷款余额达到 15.9 万亿元，绿色债券存量规模达到 1.16 万亿元，绿色基金规模接近 8000 亿元。目前，中国已经成为全球最大规模的绿色金融市场之一（朱兰、郭熙保，2022）。国家设立"绿金改试验区"，拓宽了企业绿色技术创新活动的融资渠道，各类创新型的绿色金融产品和服务加快发展。试验区的设立释放出积极的市场信号，资本、产品和技术交易市场将会推进绿色低碳发展，绿色投资和绿色产品需求增加，促进了绿色技术市场的壮大。

从政策实践角度看，2016 年中国人民银行等 7 部门发布的《关于构建绿色金融体系的指导意见》提出，"促进环保、新能源、节能等领域的技术进步"。2019 年和 2022 年，国家发改委等部门先后颁布的《关于构建市场导向的绿色技术创新体系的指导意见》《关于进一步完善市场导向的绿色技术创新体系实施方案（2023—2025 年）》提出，加强绿色技术创新的金融支持；绿色金融支持绿色技术创新的相关试点，在绿色金融改革创新试验区先行先试；综合应用绿色信贷、绿色债券、绿色基金、绿色保险等方式支持绿色技术创新。

基于此，本节提出如下假设。

假设 1："绿金改试验区"的设立提升了试验区企业的绿色技术创新水平。

（二）外部激励机制

随着"绿金改试验区"的设立，试验区更有动力去谋划各项措施来促进绿色金融发展。具体来说，试验区的设立会改变政府和金融机构的行为决策，从而对企业绿色技术创新形成外部激励作用。

对政府来说，发展绿色金融，不仅应发挥市场在资源配置中的决定性作用，还应积极承担引导者和推动者的角色。设立试验区的根本目的就是通过发展绿色金融促进经济社会全面绿色转型，绿色技术创新是其中关键一环。政府可以通过研发补贴等财政政策工具，支持企业的绿色低碳技术研发活动，向资本市场释放积极信号，有利于增加企业绿色研发的投融资。

对金融机构来说，随着试验区的设立，试验区内金融机构更有动力推出绿色信贷、绿色债券、绿色保险等创新型金融产品和服务。试验区内绿色投融资环境相对更优，资本的流动性促进其他地区资本流入试验区，进一步增强了试验区内金融机构的绿色投资能力。另外，试验区鼓励社会资本通过政府和社会资本合作（PPP）的方式参与绿色投资。综合来看，试验区的设立不仅增加了资本投入，还拓宽了绿色投融资的渠道。基于此，本节提出如下假设。

假设2："绿金改试验区"的设立不仅能促使政府增加对企业的研发补贴，也能促使金融机构增加绿色投资。

（三）内部激励机制

从企业自身来看，试验区内企业在绿色技术创新、绿色产业发展、环境基础设施建设等方面更容易获得资金支持。试验区以绿色发展理念为导向，释放信号引导企业增加绿色低碳技术研发投入，并加快生产方式的绿色转型，形成内部激励机制。

第一，激励企业增加自身的环保行为。在资源环境约束目标下，绿色金融改变了信贷配比，使得金融市场环境更有利于绿色产业、绿色企业的发展。各试验区均加强了绿色金融标准体系的规范建设，对绿色项目、绿色企业、绿色产品、绿色信贷的标准进行了界定，提高了传统环境规制条件下的"规制俘获成本"。随着绿色金融的快速发展，高污染、高耗能企业可以通过技术创新手段升级生产设备，在前端提高能源利用效率或在末端减少"三废"污染排放。为了获取绿色资金支持，试验区内企业不断增加自身环保行为，激发企业绿色技术创新动力。

第二，缓解企业融资约束。由于企业自身的内部融资不够，绿色技术创新大多依靠外部融资渠道。试验区的设立促使金融资源流向绿色发展领域，有利于企业绿色低碳技术研发。在试验区建设过程中，企业的生产或产品达到绿色金融支持标准，有利于树立"环境友好型"的社会形象。一方面，逐渐兴起的绿色消费浪潮提升了环保型企业绿色产品的市场份额，为企业带来更多的现金流；另一方面，良好的社会形象增进了投资者的信任，有助于企业获取更多的社会资金支持。因此，在长期稳定的资金支持下，企业绿色技术创新具有资金保障。

第三，激励企业增加研发投入。在政府和金融机构的外部激励机制下，试验区内企业在从事绿色技术创新活动过程中，更有机会获取政府的研发补贴和金融机构的绿色投资。企业获取的这些外部资金都有明确的目的导向性，促使企业引进更多创新人才，增加研发设备数量。另外，试验区的设立对企业来说是一种积极的信号。在"双碳"目标和可持续发展的背景下，企业主动增加绿色研发投入，通过新能源开发利用、废弃物治理、资源循环利用等方面的技术创新，以期在绿色、循环、低碳的未来发展格局中占据一席之地。

基于此，本节提出如下假设。

假设3："绿金改试验区"的设立会激励企业增加自身的环保行为，缓解企业融资约束，并激励企业增加研发投入。

总的来说，"绿金改试验区"的设立可以增加绿色金融产品和服务，拓宽绿色融资渠道，对市场释放绿色信号，有利于企业绿色技术创新。试验区政策对企业绿色技术创新的影响作用包括外部激励和内部激励两条渠道（见图5-5）。

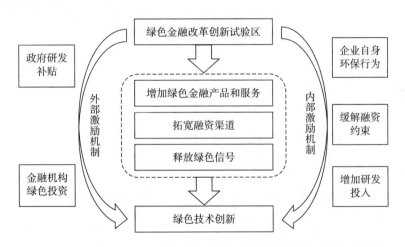

图5-5 绿色金融改革创新试验区政策绿色创新效应的理论机理分析

二 研究方法与数据来源

（一）研究方法

（1）交错双重差分法（Staggered DID）。标准的双重差分模型要求处理组受到的政策冲击时点必须保持一致，然而"绿金改试验区"从2017

年以来不断扩容升级，试点地区不断增加。标准的双重差分模型显然并不适用于本节的研究情况。学术界常用的测度方法是交错双重差分法，该方法适用于政策干预时点具有差异的政策类型（黄炜等，2022）。因此，为了测度"绿金改试验区"政策的绿色技术创新效应，本节利用交错双重差分法作为基准回归模型。

$$Y_{it} = \alpha + \beta D_{it} + \gamma X_{it} + \eta_i + \theta_t + \varepsilon_{it} \qquad (5-4)$$

其中，Y_{it} 表示被解释变量，即企业绿色技术创新水平。D_{it} 表示个体 i 在 t 时期的状态，是"绿金改试验区"政策的估计量，受到政策冲击则为 1，反之为 0。X_{it}、η_i、θ_t 和 ε_{it} 分别为控制变量、个体固定效应、时间固定效应和扰动项。

交错双重差分法在估计上存在一定的弊端。交错双重差分法的估计原理是对多个不同处理效应的加权平均，权重有可能存在负值情况，这会导致有偏估计，甚至估计的平均处理效应与真实值符号相反。Callaway 和 Sant'Anna（2021）提出了一种可以解决该问题的多期 DID 估计方法。首先，在式（5-4）的基础上，根据受到政策冲击时间的差异将处理组分为不同组别，用 g 表示。其次，估计不同分组 g 在时间 t 的处理效应 $ATT(g,t)$。采用逆概率加权计算的 $ATT(g,t)$ 非参点估计量为：

$$ATT(g,t) = \mathrm{E}\left(\left\{ \frac{G_g}{\mathrm{E}[\,G_g\,]} - \frac{\dfrac{p_g(X)C}{1-p_g(X)}}{\mathrm{E}\left[\dfrac{p_g(X)C}{1-p_g(X)}\right]} \right\}(Y_t - Y_{g-1}) \right) \qquad (5-5)$$

最后，采用相等权重，对所有的 $ATT(g,t)$ 进行简单加权，得到平均处理效应（ATT）。

$$ATT = \sum_{g \in G} \sum_{t=1}^{\tau} w(g,t) \cdot ATT(g,t) \qquad (5-6)$$

基于此，本节利用 Callaway 和 Sant'Anna（2021）提出的研究方法，对交错双重差分模型回归结果进行稳健性检验。

（2）匹配方法。在中国，试点政策并不是一个完全随机的实验，直接使用双重差分方法可能会导致估计的政策效应有偏差。为了缩小处理组与控制组之间的个体差异，学术界普遍采用倾向得分匹配（Propensity

Score Matching，PSM）方法。PSM 方法的基本思路是选择一组外生的控制变量，通过对政策变量进行 Logistis 回归获得倾向得分，最后根据倾向得分来匹配处理组和控制组。传统的 PSM 方法去掉了不匹配样本数据的信息，回归结果信服力不足。Hainmueller（2012）提出熵平衡匹配（Entropy Balancing Matching，EBM）方法。该方法通过预先设置约束条件，自动计算与约束条件相匹配的最优权重，从而在整体样本中为每一个处理组样本匹配一个与之完全相似的对照组，进而保留所有样本信息，并最大限度地消除样本中的内生偏误，实现处理组与对照组之间样本的精确匹配。为了消除处理组和控制组之间个体差异导致的内生性问题，本节采用 PSM 和 EBM 两种匹配方法对数据进行处理，进行稳健性检验。

（二）变量选取

本节选取如表 5 - 9 所示的变量进行实证分析。

表 5 - 9　变量的定义

变量类型	名称	符号	测算方法
被解释变量	企业绿色技术创新	GTI	ln（上市公司绿色专利申请量 +1）
解释变量	"绿金改试验区"政策	$GFRIP$	处理组内企业 i 在 t 时期若受到了政策冲击为 1，否则为 0
控制变量	企业规模	$Size$	ln（上市公司年末总资产 +1）
	资产负债率	Lev	年末总负债/年末总资产
	盈利能力	ROA	净利润/总资产平均余额
	独立董事比例	$Indep$	独立董事人数/董事总人数
	董事人数	$Board$	ln（董事会人数 +1）
	营业收入增长率	$Growth$	本年营业收入/上一年营业收入 -1
	现金流比率	$Cashflow$	经营活动产生的现金流量净额/总资产
	公司成立年限	$FirmAge$	ln（当年年份 - 公司成立年份 +1）
	第一大股东持股比例	$Top1$	第一大股东持股数量/总股数
	股权制衡度	$Balance$	第二到第五位大股东持股比例之和/第一大股东持股比例
	两职合一	$Dual$	董事长与总经理是同一个人为 1，否则为 0
	托宾 Q 值	$TobinQ$	（流通股市值 + 非流通股股份数 × 每股净资产 + 负债账面值）/总资产

变量类型	名称	符号	测算方法
中介变量	政府研发补贴	Subsidy	ln（上市公司获得的政府研发补贴金额 +1）
	金融机构信贷规模	Credit	ln（地级市年末金融机构各项贷款余额 +1）
	企业自身环保行为	SEB	上市公司同时采取了节能和减排的措施为 2，只采取节能或只采取减排的措施为 1，都没有则为 0
	融资约束	SA	$SA = -0.737 \times Size + 0.043 \times Size^2 - 0.040 \times Age$，$Age =$ 当年年份 - 公司成立年份
	研发投入	RD	ln（企业研发投入金额 +1）

被解释变量是企业绿色技术创新（GTI），采用上市公司绿色专利申请量加 1 取对数测度。

解释变量是"绿金改试验区"政策，用 GFRIP 表示。将注册地位于试验区内的上市公司作为处理组，由于政策干预时点不同，处理组内企业 i 在 t 时期若受到了政策冲击，则 GFRIP =1；否则 GFRIP =0。现有文献大多通过上市公司所在地与试验区所在省份或所在地级市进行匹配的方法得到处理组，这样的处理方法扩大了试验区范围，会导致政策效应估计有偏差。因此，通过获取上市公司注册地的具体地址数据，与 7 省区市 10 地（浙江省湖州市、衢州市，江西省赣江新区，广东省广州市，贵州省贵安新区，新疆维吾尔自治区哈密市、昌吉州和克拉玛依市，甘肃省兰州新区，重庆市）的地址范围进行人工匹配，从而获取位于试验区范围内的上市公司精准数据。

控制变量有企业规模（Size）、资产负债率（Lev）、盈利能力（ROA）、独立董事比例（Indep）、董事人数（Board）、营业收入增长率（Growth）、现金流比率（Cashflow）、公司成立年限（FirmAge）、第一大股东持股比例（Top1）、股权制衡度（Balance）、两职合一（Dual）、托宾 Q 值（TobinQ）。

根据理论机理分析，"绿金改试验区"的外部激励机制包括的中介变量是政府研发补贴（Subsidy）和金融机构信贷规模（Credit），内部激励机制包括的中介变量是企业自身环保行为（SEB）、融资约束（SA）和研发投入（RD）。

（三）数据来源及描述性统计

本节选择2010—2020年2016家上市公司作为研究样本。企业绿色专利数据以及衡量企业自身环保行为的相关变量数据来源于CNRDS数据库，公司财务、公司治理等方面的控制变量数据以及融资约束、研发投入等变量数据来源于CSMAR数据库和Wind数据库，金融机构信贷规模数据来源于《中国城市统计年鉴》。"绿金改试验区"政策变量由笔者本人计算而得，研发补贴数据由笔者根据上市公司财务报表数据进一步整理而得（根据上市公司财务报表附注中的政府补助明细，将政府补助项目说明中包含"研发""研究""技术创新""科技""高新技术""研究开发、技术更新及改造等获得的补助""院士工作站""博士后""人才""专利"等字段的作为研发补贴）。为了减小异方差和变量之间量纲差距的影响，对部分数据进行对数化处理。

最后，通过如下步骤对样本进行清理。第一，剔除上市不足一年、已退市或已被暂停上市的公司样本。第二，在1%和99%分位数上，对所有变量进行缩尾（Winsorize）处理。需要说明的是，实证分析采用的主要变量存在部分缺失值，大多数变量的缺失值占所有观测值比重不超过5%，这对回归结果不会造成显著影响。主要变量的描述性统计结果见表5-10。

表5-10　描述性统计结果

变量	样本量	均值	标准差	最小值	最大值
GTI	22176	1.591	1.718	0.000	9.290
GFRIP	22176	0.014	0.117	0.000	1.000
Size	21807	22.397	1.511	19.208	27.709
Lev	21807	0.477	0.224	0.052	1.003
ROA	21808	0.032	0.069	-0.299	0.222
Indep	21774	0.373	0.053	0.333	0.571
Board	21774	2.159	0.204	1.609	2.708
Growth	21503	0.198	0.650	-0.683	4.871
Cashflow	21807	0.040	0.076	-0.215	0.247
FirmAge	21808	2.865	0.388	1.386	3.497
Top1	21808	0.339	0.151	0.084	0.744

变量	样本量	均值	标准差	最小值	最大值
Balance	21808	0.672	0.587	0.024	2.599
Dual	21428	0.215	0.411	0.000	1.000
TobinQ	21219	2.102	1.643	0.843	11.422
Subsidy	10696	13.937	1.989	8.189	18.234
Credit	21795	18.269	1.437	13.585	20.513
SEB	7084	1.211	0.779	0.000	2.000
SA	22012	-3.768	0.329	-4.889	-0.271
RD	15545	17.756	1.72	12.804	21.909

三 实证分析与讨论

(一) 基准回归

在回归分析之前，为了避免多重共线性，本节测算了方差膨胀因子（VIF）。结果显示，所有变量的 VIF 值均小于 3，均值为 1.440。

表 5-11 展示了基准回归结果。从模型（2）到模型（5），依次加入了控制变量、城市固定效应、行业固定效应、年份固定效应，"绿金改试验区"政策效应（*GFRIP*）的系数均显著为正。以基准回归模型（5）为例，在控制了其他所有条件后，*GFRIP* 系数为 0.331，在 1% 的水平下显著为正。其蕴含的经济意义表明，相比于其他地区的企业，"绿金改试验区"内企业的绿色专利申请量会增加 33.1%。假设 1 得到验证。控制变量的回归结果基本符合现有文献结论。比如，企业规模、董事人数、托宾 Q 值有利于企业绿色技术创新；公司成立年限、第一大股东持股比例、两职合一不利于企业绿色技术创新。

表 5-11 基准回归结果

变量	(1) GTI	(2) GTI	(3) GTI	(4) GTI	(5) GTI
GFRIP	1.155*** (13.084)	0.706*** (7.694)	1.106*** (10.701)	0.872*** (10.899)	0.331*** (4.166)
Size		0.606*** (53.729)	0.575*** (50.047)	0.686*** (71.736)	0.545*** (55.085)

续表

变量	(1) GTI	(2) GTI	(3) GTI	(4) GTI	(5) GTI
Lev		-0.987*** (-17.805)	-0.979*** (-17.223)	-0.563*** (-10.813)	-0.041 (-0.815)
ROA		-1.827*** (-10.267)	-1.934*** (-11.152)	-1.369*** (-8.981)	0.113 (0.765)
Indep		-0.394 (-1.605)	-0.209 (-0.844)	-0.294 (-1.500)	-0.148 (-0.800)
Board		-0.501*** (-7.304)	-0.466*** (-6.620)	-0.230*** (-3.924)	0.133** (2.394)
Growth		-0.099*** (-6.400)	-0.086*** (-5.694)	-0.100*** (-7.621)	-0.070*** (-5.710)
Cashflow		0.831*** (5.646)	0.875*** (6.001)	0.605*** (4.995)	0.171 (1.488)
FirmAge		0.002 (0.085)	0.182*** (5.904)	0.539*** (20.141)	-0.175*** (-5.964)
Top1		-1.618*** (-15.666)	-1.570*** (-14.773)	-0.846*** (-9.176)	-0.833*** (-9.615)
Balance		-0.215*** (-8.586)	-0.212*** (-8.174)	-0.145*** (-6.801)	-0.228*** (-11.296)
Dual		0.079*** (3.062)	0.041 (1.617)	0.001 (0.059)	-0.053** (-2.575)
TobinQ		0.052*** (7.964)	0.060*** (8.847)	0.070*** (11.396)	0.060*** (9.625)
控制变量	否	是	是	是	是
城市固定效应	否	否	是	是	是
行业固定效应	否	否	否	是	是
年份固定效应	否	否	否	否	是
样本量	22176	20529	20517	20517	20517
R^2	0.006	0.196	0.282	0.528	0.584

注：***、** 分别表示在 $p<0.01$、$p<0.05$ 时有统计学意义，括号内为聚类稳健标准误计算的 t 值。

（二）进一步分析

（1）专利类型。本节进一步探究在"绿金改试验区"中，绿色金融会更"偏爱"于何种类型的绿色专利。

政府在创新成果的评估和监管上存在局限性,这可能会导致部分企业为了获取政府研发补贴进行以实用新型专利为主的"策略性创新",从而产生"骗补"行为(曹虹剑等,2022)。因此,本节构建了上市公司绿色发明专利申请量(GTI_inv)和绿色实用新型专利申请量(GTI_uti)两个变量。表5-12的模型(1)和模型(2)显示,"绿金改试验区"对两种类型的绿色专利均具有促进作用,说明试验区建立了相对完善的绿色金融体系,由金融机构界定企业绿色创新项目的投融资标准更加合适。

根据世界知识产权组织公布的国际专利分类绿色清单(IPC Green Inventory),本节将属于绿色专利的专利分类号进行提取并匹配,具体包括替代能源生产、交通运输、节能节约、废弃物管理、农林、行政监管与设计、核电7个方面的绿色技术创新,并进一步将绿色专利分为节能型专利(GTI_energy)、减排型专利($GTI\_emission$)和其他专利(GTI_other)三类。其中,节能型专利包括替代能源生产、交通运输、节能节约、核电四类绿色专利,减排型专利包括废弃物管理、农林两类绿色专利,其他绿色专利为行政监管与设计类绿色专利。

根据表5-12的模型(3)至模型(5)可知,"绿金改试验区"有利于企业的减排型创新,对节能型创新和行政监管与设计类创新没有明显的促进作用。实证结果表明,绿色金融更加偏向于具有减排效果的创新项目。节能型创新之所以不显著,一方面,在研究样本期(2010—2020年)内,我国的生态环境保护任务更加侧重于各类污染物治理和生态环境基础设施建设,上级政府对地方政府领导班子的政绩考核目标也更侧重于各类污染物的减少量;另一方面,习近平总书记在2020年首次提出碳达峰、碳中和的"3060"目标,节能型创新也是在近几年才更受关注。行政监管与设计类创新一般不需要大量资金,对绿色金融的需求不强,而且由于其创新的价值和实际效果不明显,所以一般不受青睐。

表 5 - 12　绿色专利类型差异性

变量	(1) GTI_inv	(2) GTI_uti	(3) GTI_energy	(4) GTI_emission	(5) GTI_other
GFRIP	0.233*** (2.975)	0.216*** (2.956)	0.064 (1.166)	0.136** (2.071)	0.052 (1.162)
控制变量	是	是	是	是	是
城市、行业、年份 固定效应	是	是	是	是	是
样本量	20517	20517	7766	6169	8414
R^2	0.544	0.545	0.705	0.667	0.284

注：***、** 分别表示在 $p < 0.01$、$p < 0.05$ 时有统计学意义，括号内为聚类稳健标准误计算的 t 值。

（2）绿色技术创新质量。本节分别采用以下两种方法测度绿色技术创新质量。第一，利用知识宽度法测度。采用知识宽度法测度的绿色技术创新质量用 GTI_Q1 表示。第二，采用上市公司绿色专利剔除自引用后的被引用次数（GTI_Q2）衡量。表 5 - 13 的模型（1）和模型（2）结果显示，"绿金改试验区"政策对两种方法衡量的绿色技术创新质量均没有显著影响。在"绿金改试验区"政策压力下，企业管理者可能会形成短视心理，为了获取绿色融资而产生"重数量、轻质量"的绿色技术创新行为。

（3）政策溢出效应。在"绿金改试验区"建设实践中，部分试验区在全市或全省成立了工作领导小组，统筹协调配置金融资源，有利于促进全市或全省形成良好的绿色金融发展环境。比如，赣江新区的"绿金改试验区"在江西省级层面形成领导小组，贵安新区的试验区建设带动了贵州全省建立绿色项目的评估标准及程序，浙江省各大银行推出了一系列"两山贷"、绿色园区贷等创新型绿色金融产品。实践表明，"绿金改试验区"政策具有溢出效应。因此，本节将处理组分别扩大到试验区所在地级市和所在省份，分别形成两类政策变量 GFRIP_city 和 GFRIP_province。根据表 5 - 13 的模型（3）和模型（4）可知，以地级市尺度和省级尺度分别测度的"绿金改试验区"政策效应均显著为正，系数分别为 0.234 和 0.092，低于基准回归的 0.331。结果显示，"绿金改试验区"政策具有溢出效应，随着范围的扩大，其绿色创新效应逐渐减弱。

表 5 – 13　绿色技术创新质量与政策溢出效应

变量	(1) GTI_Q1	(2) GTI_Q2	(3) GTI	(4) GTI
GFRIP	− 0.042 (− 0.877)	0.021 (0.191)		
GFRIP_city			0.234 *** (3.190)	
GFRIP_province				0.092 ** (2.555)
控制变量	是	是	是	是
城市、行业、年份固定效应	是	是	是	是
样本量	3520	9963	20517	20517
R²	0.212	0.452	0.584	0.584

注：*** 、** 分别表示在 p < 0.01、p < 0.05 时有统计学意义，括号内为聚类稳健标准误计算的 t 值。

（三）稳健性检验

本节采取以下一系列方法进行稳健性检验。由于检验结果冗长，具体检验结果不赘述。检验结果均表明，"绿金改试验区"政策的绿色技术创新效应确实存在。

（1）处理组与控制组匹配。为了消除处理组和控制组个体差异导致的估计偏误，本节采用倾向得分匹配和熵平衡匹配两种方法，对处理组和控制组进行匹配。其中，倾向得分匹配选择 1∶3 的近邻匹配，熵平衡匹配对控制变量指定的矩约束为 3 阶。将控制变量作为匹配信息，选取与试点地区企业的各方面禀赋条件相匹配的控制组。

（2）平行趋势检验。为了尽可能缓解内生性问题，本节采用平行趋势检验证明："绿金改试验区"政策发生之前，处理组和控制组具有共同趋势。采用绿色专利申请量数据计算处理组和控制组在每期的平均观测值，对比分析结果见图 5 – 6。左图是实际观测值数据的结果，右图是根据基准回归模型的拟合值，将处理组和控制组的起点标准化为相同位置。结果显示，处理组和控制组在试验区政策发生之前具有平行趋势。

（3）安慰剂检验。本节采用将政策发生时间前置和虚构处理组两种

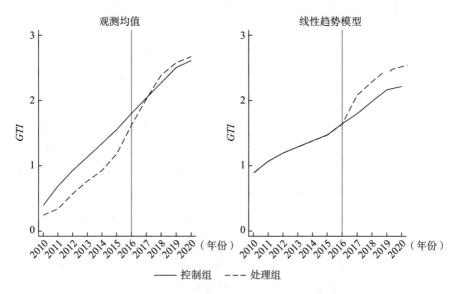

图 5 – 6　绿色金融改革创新试验区政策的平行趋势检验

反事实的安慰剂检验方法，证明"绿金改试验区"政策的有效性。一方面，假设试验区政策推行时间提前了 3 年或 4 年，即在 2014 年或 2013 年开始。另一方面，在保持处理组数量和政策实施时间不变的情况下，从全样本中随机划分处理组和控制组，并重复 500 次。

（4）三重差分法。为了进一步识别"绿金改试验区"政策对企业绿色技术创新的因果效应，本节将政策变量与企业是否属于重污染行业这一虚拟变量相乘，生成三重差分估计量。"绿金改试验区"的政策作用路径本质上是通过金融资源再分配，实现经济绿色转型。因此，对于重污染行业的企业来说，"绿金改试验区"政策的激励约束作用更强（王馨、王营，2021）。

（四）异质性分析

（1）"绿金改试验区"类型的异质性分析。试验区按照资源禀赋差异，可以分为三类：一是经济发达地区，包括湖州、衢州、广州，这些地区的共同特点是经济发展水平较高、金融业发展充分；二是生态资源丰富地区，包括赣江新区和贵安新区，两者分别属于的江西省和贵州省均是国家生态文明先行示范区，生态资源较为丰富；三是"一带一路"核心区，包括克拉玛依市、昌吉州、哈密市、兰州市，这些地区是我国向西开放的重要枢纽和共建绿色丝绸之路的桥头堡。根据试验区类型，本节分别构建了 3 个虚拟变量，并分别与"绿金改试验区"政策变量交互，形成 3 个三重差分估计量。根据表 5 - 14 的模型（1）至模型（3）可知，政策效应在经济发达和生态资源丰富的试验区显著为正，在"一带一路"试验区不显著。

（2）环境规制强度的异质性分析。政府环境规制会加强企业面临的外部约束，根据"波特假说"，环境规制具有引致创新的效应。绿色金融的发展有利于缓解企业在面临环境规制时的遵循成本压力，同时提升"规制俘获成本"，更有利于"波特假说"的实现。因此，本节根据上市公司所属地级市的环境规制强度中位数来划分样本，从而进行分组回归。环境规制强度采用地级市历年政府工作报告中与"环境保护"相关词语出现的词频占全文比重衡量，具体测算方法见第四章。表 5 - 14 的模型（4）和模型（5）实证结果显示，在环境规制强度较高的地区，"绿金改试验区"政策更有利于激发企业绿色技术创新活力。

表 5 - 14　区域异质性分析

变量	（1）GTI	（2）GTI	（3）GTI	（4）强环境规制	（5）弱环境规制
经济发达试验区 × GFRIP	0.290 *** (3.006)				
生态资源丰富试验区 × GFRIP		0.569 *** (3.692)			
"一带一路"试验区 × GFRIP			- 0.495 (- 1.449)		
GFRIP				0.615 *** (4.737)	0.157 (1.578)
控制变量	是	是	是	是	是
城市、行业、年份固定效应	是	是	是	是	是
样本量	20517	20517	20517	12408	8109
R²	0.584	0.584	0.584	0.594	0.597

注：*** 表示在 p < 0.01 时有统计学意义，括号内为聚类稳健标准误计算的 t 值。

（3）企业规模的异质性分析。本节根据企业总资产的中位数，将样本划分为大型企业和小型企业两类。表 5 - 15 模型（1）和模型（2）的回归结果显示，两类样本的政策效应均显著为正，但小型企业样本的政策效应系数（0.401）大于大型企业（0.257）。对于小型企业来说，由于其资产规模不足、抵押品质量和数量不够，银行的贷款积极性偏低；而且小型企业融资风险相对更大，通过股权、债券、股票等手段的融资门槛更高。"绿金改试验区"建设拓宽了小型企业获取绿色信贷的渠道，小型企业获得绿色融资后也能发挥一定的"政府背书"效应，进一步获取社会资本支持。

（4）企业性质的异质性分析。本节根据企业性质，将样本划分为国有企业和非国有企业两类。表 5 - 15 模型（3）和模型（4）的回归结果显示，"绿金改试验区"对不同性质的企业均会产生绿色技术创新效应，非国有企业样本的系数（0.473）大于国有企业（0.231）。长期以来，由于不同所有制企业债务期限结构的差异，国有企业更容易获取长期融资，而且由于营商环境、政治关联、企业禀赋等因素的差异，民营企业在信贷融资上也具有劣势。"绿金改试验区"政策通过拓宽融资渠道、降低融资成本的方式支持民营企业绿色转型，有利于改善信贷市场"所有制偏好"的路径依赖问题。

表 5 - 15　企业异质性分析

变量	（1）大型企业	（2）小型企业	（3）国有企业	（4）非国有企业
GFRIP	0.257** (2.331)	0.401*** (3.631)	0.231** (2.267)	0.473*** (4.240)
控制变量	是	是	是	是
城市、行业、年份固定效应	是	是	是	是
样本量	10387	10130	9889	10621
R^2	0.652	0.542	0.659	0.583

注：***、** 分别表示在 $p < 0.01$、$p < 0.05$ 时有统计学意义，括号内为聚类稳健标准误计算的 t 值。

（五）机制分析

根据理论机理分析，本节分别对"绿金改试验区"政策的外部和内部激励机制进行检验，结果见表 5 - 16。试验区政策能显著提升企业获得的政府研发补贴和金融机构的信贷规模。在"绿金改试验区"建设的背景下，以绿色转型发展为目标导向的企业更有机会获取政府补贴和银行信贷，这些外部资金将流向绿色技术创新领域。因此，假设 2 成立。试验区政策能显著促进企业采取减少"三废"污染、节约能源利用等措施或技术手段，缓解企业融资约束，推动企业加强对新技术、新产品的研发投入。企业自身的环保行为涉及节能减排技术的应用，属于绿色技术创新。在生态文明建设和"双碳"目标背景下，缓解融资约束有利于促进企业提升绿色技术研发投入强度。因此，假设 3 成立。

表 5 – 16　机制分析

变量	(1) Subsidy	(2) Credit	(3) SEB	(4) SA	(5) RD
GFRIP	0.317* (1.697)	0.083*** (12.266)	0.152* (1.778)	0.030*** (3.843)	0.157*** (2.815)
控制变量	是	是	是	是	是
城市、行业、年份固定效应	是	是	是	是	是
样本量	10012	20189	6779	20528	14513
R^2	0.285	0.994	0.318	0.953	0.844

注：***、* 分别表示在 p < 0.01、p < 0.10 时有统计学意义，括号内为聚类稳健标准误计算的 t 值。企业融资约束（SA）根据 SA 指数测算，测算值越小，融资约束越强。

第五节　绿色工厂试点政策促进绿色技术创新的实证研究

制造业是国民经济发展的基石，制造业的绿色转型引领着整个经济的绿色发展。随着全球资源环境承载力的下降，绿色制造日渐成为现代制造业发展的未来趋势。绿色制造属于生产方式的绿色转型，是实现可持续发展目标的重要手段。为了减小制造业对环境产生的负面影响，世界上有很多国家出台了实施绿色制造的国家政策。中国具有全球产业门类最齐全、产业体系最完整的制造业。中国在 2017 年开始实施绿色制造试点政策，从预期结果来看，这会加快绿色技术的研发。因此，有必要从政策评估的视角，研究绿色制造试点政策对绿色技术创新的影响。本节聚焦绿色制造试点政策中的重要环节——绿色工厂试点政策，研究其对绿色技术创新的影响。

一　理论分析与研究假设

2016 年 9 月，中国工业和信息化部发布《绿色制造工程实施指南（2016—2020 年）》，提出要以制造业绿色改造升级为重点，以科技创新为支撑，以示范试点为抓手，加快构建绿色制造体系。中国绿色制造体系的具体建设内容包括绿色工厂、绿色产品、绿色园区、绿色供应链管理示范企业。自 2017 年以来，中国工业和信息化部先后公布了 7 批绿色制造名单。

绿色工厂是绿色制造体系的核心单元，其建设原则遵循用地集约化、生产洁净化、废物资源化、能源低碳化，包括以下标准：一是应用绿色低碳技术建设或改造厂房；二是选用清洁生产工艺技术和高效治理装备；三是采用先进节能技术与装备，优化用能结构；四是推行资源能源环境数字化、智能化管控系统。

（一）绿色工厂试点政策与绿色技术创新

绿色制造是具有节能降耗、减少环境污染特征的现代制造模式。实现绿色制造的重点是低碳、节能、减排生产技术的应用与研发，涉及相应的组织、管理和制度创新过程。绿色工厂是绿色制造体系建设的重要一环，绿色工厂在建设过程中必然涉及一系列关于清洁生产、清洁能源、资源回收等绿色技术的研发与应用。因此，本节提出如下假设。

假设 1：绿色工厂试点政策会促进绿色技术创新。

（二）绿色工厂试点政策与财政资金支持

本节梳理了中国出台的关于促进绿色制造的相关政策文本，发现国家对入选绿色制造名单的企业、园区等制定了相应的扶持政策，地方政府也给予了相应的鼓励政策。这些政策包括以下四类。①绿色制造项目被列入国家财政资金支持重点，优先推荐争取国家工业转型升级资金、专项建设基金、绿色信贷等。②对入选绿色制造名单的企业直接给予一定额度的奖励。③对正在建设的绿色制造项目，优先予以土地规划支持，开设绿色审批通道。④对入选绿色制造名单的企业，实行税收优惠，并在政府采购上给予优先待遇。

相比于非绿色制造企业，入选绿色工厂试点的企业在获取财政补贴、绿色信贷或者关于制造业绿色转型的相关专项基金时更具有优势。另外，政府还在一定程度上减免了绿色制造企业的赋税，并对绿色产品优先采购。因此，本节提出如下假设。

假设 2：绿色工厂试点政策会增加企业获得的财政补贴，并通过绿色信贷、税收减免等手段缓解企业的融资约束。

（三）绿色工厂试点政策与数字化转型

当前，数字技术广泛渗透到生产生活中，数字化发展已成为全球重要的共识。绿色制造的实现离不开数字技术的应用。借助工业互联网、大数据、人工智能等新一代信息技术，提高劳动力、资本、技术、土地等传统要素之间的资源配置效率，并有效改善生产过程，提高设备运行效率和生产过程管理的准确性，从而达到提高生产效率和节能减排的效果。

绿色制造与数字化转型息息相关。绿色工厂试点企业一方面通过制造过程的关键工艺装备智能感知，推动控制系统和经营决策优化，实现生产过程物质流、能量流等信息采集监控、智能分析和精细管理；另一方面开展能源资源信息化管控、污染物排放在线监测、地下管网漏水检测等系统建设，实现动态监测、精准控制和优化管理。因此，本节提出如下假设。

假设 3：绿色工厂试点政策会推动企业数字化转型。

（四）绿色工厂试点政策与自愿型环境规制

自愿型环境规制企业自发、主动地参与环境保护的行为。相比于传统的环境规制，自愿型环境规制具有灵活性、低成本特点，对于激发企业环境治理的主观能动性、社会责任感与创新意愿具有特定的优势。与自愿型环境规制一样，绿色工厂试点政策同样需要企业主动作为，将工厂按照绿色工厂建设标准进行改造升级。对于有意愿成为绿色工厂试点或者是已经入选绿色工厂试点的企业来说，其生产经营过程遵循可持续发展的理念。绿色工厂与自愿型环境规制相辅相成，激励企业自愿承担环保责任，引导企业自愿采取污染减排措施。因此，本节提出如下假设。

假设4：绿色工厂试点政策会提升企业自愿型环境规制水平。

二　研究方法与数据来源

（一）研究方法

（1）交错双重差分法。DID 模型是政策评估的常见方法。传统的 DID 模型一般适用于政策实施时点为同一个时期，且接受干预的状态将一直持续下去。绿色工厂试点政策在研究期内共发生了 5 次，政策实施时点是不同时期的。因此，本节选取更一般化的交错双重差分模型作为基准回归模型，如式（5-7）所示。

$$GTI_{it} = \beta_0 + \beta_1 GFP_{it} + \beta X_{it} + \mu_i + \tau_t + \varepsilon_{it} \qquad (5-7)$$

其中，β_0 为常数项，β_1 衡量绿色工厂试点政策效应，β 为控制变量的系数，X_{it} 为控制变量矩阵，μ_i 控制个体效应，τ_t 控制时间效应，ε_{it} 为随机扰动项。

（2）倾向得分匹配。由于不能保证绿色工厂试点政策是完全随机的，直接使用 DID 会忽略个体差异，导致估计的政策效应有偏差。因此，本节选择倾向得分匹配方法，尽量通过匹配的方法缩小处理组（绿色工厂试点）和控制组（非绿色工厂试点）的差异，尝试解决选择性偏误问题。倾向得分匹配的优势在于不需要设置特定的函数形式，故使用该种方法能够消除由模型函数形式设定不当造成的偏误。倾向得分匹配的基本思想是通过控制变量算出进入处理组的概率/得分，并根据这个概率/得分将处理组和对照组的观测结果相匹配。基于面板数据的传统 PSM 方法有两种：一是将面板数据转化为截面数据再匹配，二是基于面板数据逐期匹配。两种方法会产生"自匹配"现象或匹配对象在政策前后不一致的问题。本节将控制变量按个体求均值，然后将控制变量均值作为 PSM 的依据。虽然该方法能够解决上述问题，但有可能会导致匹配程度不够，这属于一个创新性的尝试。

（二）变量选取

绿色技术创新（GTI）是本节主要的被解释变量，采用上市公司申请的绿色专利数量衡量。本节还选择了绿色发明专利（GTI_inv）、绿色实用新型专利（GTI_uti）、绿色技术创新质量和七种类型的绿色专利数量作为被解释变量。绿色技术创新质量采用知识宽度法和专利被引用次数两种方法衡量。参照 WIPO 的标准，将绿色技术分类为替代能源生产类、交通运输类、废弃物管理类、节能节约类、农林类、行政监管与设计类和核电类共七类。

绿色工厂试点（GFP）是解释变量。从 2017 年开始，中国共公布了7 批绿色制造试点名单。本节的研究期限为 2010—2020 年，只有前 5 批在研究期限之内。因此，将前 5 批绿色工厂与其所属的上市公司进行匹配，若上市公司是绿色工厂试点而且时间在上市公司成为绿色工厂试点之后，$GFP=1$，否则 $GFP=0$。

从上市公司经营状况和公司治理两个层面选取控制变量。经营状况层面的控制变量有公司规模（Size）、公司成立年限（FirmAge）、资产负债率（Lev）、总资产净利润率（ROA）、托宾 Q 值（TobinQ），公司治理层面的控制变量有独立董事比例（Indep）、第一大股东持股比例（Top1）、股权制衡度（Balance）、两职合一（Dual）。

中介变量包括以下三个。

（1）财政资金支持。本节选取两个变量衡量财政资金支持：一是政府环境治理补助（EnvSup），根据上市公司财务报表附注中环境治理方面的政府补助金额计算；二是上市公司受到的融资约束程度（SA），采用SA 指数（Hadlock and Pierce，2010）计算。

（2）数字化转型（Digital），采用上市公司申请的数字经济专利数量表示。计算过程为：第一，根据专利分类号（IPC）确定上市公司每个专利所属的行业；第二，根据国家统计局 2021 年发布的《数字经济及其核心产业统计分类》进一步匹配得出相关的数字经济专利；第三，加总得到上市公司申请的数字经济专利数量。

（3）自愿型环境规制（VolER），根据上市公司在环境保护方面所做出的努力衡量，由 8 个哑变量组成，分别是环境有益的产品、减少"三废"的措施、循环经济、节约能源、绿色办公、环境认证、环境表彰、其他环境努力。自愿型环境规制由这 8 个哑变量相加而得。

（三）数据来源及处理

被解释变量和中介变量的数字化转型、自愿型环境规制数据均来自CNRDS 数据库，控制变量和中介变量的政府环境治理补助、SA 指数均来自 CSMAR 数据库，解释变量和采用知识宽度法计算的绿色技术创新质量均由笔者整理计算所得。

本节对所有变量进行如下处理。①剔除非制造业的上市公司样本。②剔除 ST 或 ＊ST 或 PT 类上市公司样本。③剔除上市不满一年、已经退市或被暂停上市的样本。④对所有变量进行 1% 和 99% 分位数上的缩尾处理。经过处理后，本节得到 2010—2020 年 1132 家制造业上市公司的非平衡面板数据。主要变量的描述性统计结果见表 5 – 17。

表 5 – 17　描述性统计结果

变量	样本量	均值	标准差	最小值	最大值
GTI	11886	1.925	1.700	0.000	6.373
GTI_inv	7498	1.977	1.584	0.000	8.642
GTI_uti	7677	2.025	1.492	0.000	8.416
GTI_Q1	3862	0.377	0.238	0.000	0.833
GTI_Q2	6598	2.849	1.607	0.693	9.171
GTI_1	6022	1.670	1.338	0.000	5.220
GTI_2	6022	0.940	1.314	0.000	5.215
GTI_3	6022	1.502	1.374	0.000	5.226
GTI_4	6022	1.726	1.618	0.000	6.038
GTI_5	6022	0.201	0.653	0.000	4.078
GTI_6	6022	0.390	0.802	0.000	3.689
GTI_7	6022	0.065	0.316	0.000	2.303
GFP	11774	0.032	0.175	0.000	1.000
Size	11774	22.226	1.209	19.873	25.675
FirmAge	11774	2.810	0.397	1.386	3.466
Lev	11774	0.432	0.202	0.051	0.917
ROA	11774	0.038	0.064	− 0.225	0.216
TobinQ	11535	2.097	1.332	0.867	8.457
Indep	11754	0.372	0.053	0.333	0.571
Top1	11774	0.331	0.142	0.084	0.730
Balance	11774	0.673	0.578	0.027	2.657
Dual	11633	0.240	0.427	0.000	1.000

变量	样本量	均值	标准差	最小值	最大值
EnvSub	3052	13.389	2.079	5.565	21.487
SA	11857	-3.777	0.253	-4.859	-2.762
Digital	11886	2.546	2.118	0.000	7.673
VolER	3601	3.330	1.669	0.000	8.000

三　实证分析与讨论

（一）基准回归

为了避免多重共线性，本节计算基准回归的方差膨胀因子（VIF），发现解释变量与控制变量之间的相关性较低，平均 VIF 值为 1.440。从表 5-18 的模型（2）到模型（4），依次加入控制变量、个体固定效应和时间固定效应，回归结果不变，绿色工厂试点政策变量的系数越来越小，可决系数越来越大。

根据表 5-18 的模型（4）可知，在控制了个体固定效应和时间固定效应之后，绿色工厂试点政策对企业绿色技术创新具有显著为正的影响，系数为 0.115。实证结果证明了假设 1 成立。当企业获得国家授予的绿色工厂称号后，企业拥有的绿色专利数量增加了 11.5%。

表 5-18 的模型（5）和模型（6）分别测度绿色工厂试点政策对企业绿色发明专利和绿色实用新型专利的影响。回归结果显示，绿色工厂试点政策能显著提升企业绿色发明专利数量，对企业绿色实用新型专利数量的影响作用不显著。绿色工厂建设必须采用先进的清洁生产工艺技术和节能技术，从而减少生产过程中的资源消耗、能源消耗。发明专利和实用新型专利的技术要求不同，发明专利强调突破性、独创性、新颖性，是对某一技术方案的突破性升级或创造；实用新型专利是对产品的形状、构造或结合提出新的技术方案，在技术突破和技术水平上处于较低水平，但有实际应用的价值。因此，绿色工厂建设更需要绿色发明专利。

表 5 – 18 基准回归结果

变量	(1) GTI	(2) GTI	(3) GTI	(4) GTI	(5) GTI_inv	(6) GTI_uti
GFP	1.469*** (25.465)	0.310*** (5.512)	0.275*** (4.767)	0.115** (2.079)	0.090** (2.387)	0.049 (0.860)
Size		0.702*** (22.069)	0.619*** (16.224)	0.492*** (13.362)	0.505*** (24.361)	0.419*** (10.052)
FirmAge		2.096*** (25.564)	2.404*** (25.349)	0.053 (0.312)	−0.044 (−0.434)	0.054 (0.289)
Lev		−0.782*** (−6.495)	−0.711*** (−5.655)	−0.191 (−1.596)	−0.502*** (−6.304)	−0.348** (−2.521)
ROA		−1.308*** (−7.088)	−1.117*** (−5.989)	−0.631*** (−3.514)	−1.221*** (−8.096)	−0.723*** (−3.852)
TobinQ		0.002 (0.206)	−0.005 (−0.576)	0.009 (0.792)	−0.008 (−0.865)	0.012 (1.070)
Indep		0.024 (0.079)	−0.103 (−0.333)	−0.284 (−1.032)	−0.160 (−0.832)	−0.342 (−1.163)
Top1		−0.765*** (−3.200)	−0.502* (−1.916)	−0.852*** (−3.548)	−0.470*** (−3.180)	−0.654** (−2.516)
Balance		−0.048 (−1.056)	−0.024 (−0.514)	−0.119*** (−2.670)	−0.073*** (−2.595)	−0.073 (−1.538)
Dual		0.010 (0.286)	0.008 (0.233)	−0.018 (−0.525)	0.050** (2.099)	−0.050 (−1.465)
控制变量	否	是	是	是	是	是
个体固定效应	否	否	是	是	是	是
时间固定效应	否	否	否	是	是	是
样本量	11774	11379	11379	11379	7239	7385
R^2	0.055	0.663	0.664	0.708	0.747	0.755

注: ***、** 和 * 分别表示在 $p < 0.01$、$p < 0.05$ 和 $p < 0.10$ 时有统计学意义，括号内为聚类稳健标准误计算的 t 值。

（二）稳健性检验

（1）PSM – DID。为了尽可能解决内生性问题和样本选择偏误，本节在 DID 之前采用 PSM 方法。在匹配之前，处理组有 159 家上市公司，控制组有 973 家上市公司。在匹配之后，处理组不变，控制组变为 133 家上市公司。基于 PSM 之后的数据，采用多期 DID 方法对公式（5 – 7）进行重新估计。

（2）平行趋势检验。PSM 方法在一定程度上可以解决处理组和控制组之间的个体差异问题。保证 DID 估计结果无偏的另一个条件是处理组和控制组满足平行趋势假设，即在绿色工厂试点政策发生之前，处理组和控制组具有相同的变动趋势。参照 Baker 等（2022）的研究，本节采用事件研究法的思路，在公式（5 - 7）的基础上设计如下回归方程。

$$GTI_{i,t} = \alpha + \sum_{j=1}^{7} \beta_j beforetreated_{i,t-j} + \beta_8 GFP_{i,t} +$$

$$\sum_{\varphi=9}^{11} \beta_\varphi aftertreated_{i,t+\varphi-8} + \gamma X_{it} + \mu_i + \tau_t + \varepsilon_{i,t} \qquad (5-8)$$

其中，$beforetreated_{i,t-j}$ 是绿色工厂试点政策发生前所有年份（2010—2016 年）虚拟变量与是否为绿色工厂试点虚拟变量的交互项，$aftertreated_{i,t+\varphi-8}$ 是绿色工厂试点政策发生后所有年份（2018—2020 年）虚拟变量与是否为绿色工厂试点虚拟变量的交互项。β_1 到 β_7 衡量绿色工厂试点政策实施之前的效果，β_8 衡量绿色工厂试点政策实施当期的效果，β_9 到 β_{11} 衡量绿色工厂试点政策实施之后的效果。

图 5 - 7 展示了平行趋势检验结果，绿色工厂试点政策实施之前（除 2016 年），处理组和控制组的变化趋势没有显著差异，2010—2015 年的

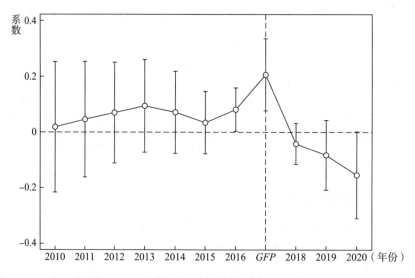

图 5 - 7　绿色工厂试点政策的平行趋势检验

系数没有呈现一定的变化规律，而且在统计上不显著。这说明平行趋势假设成立，即处理组和控制组在绿色工厂试点政策实施之前是可比的。

2016—2017 年，交互项系数显著为正且不断增加；2018—2020 年，系数不显著。这个结果遵循的逻辑是：绿色工厂试点是根据"企业自身—地方政府—中央政府"路径进行申报，企业需要主动作为，提前达到绿色工厂的评价标准；在获得绿色工厂称号后，企业的生产过程已经符合绿色生产的标准，所以没有动力进行新一轮的绿色技术创新。

（三）绿色专利质量与类型

本节进一步分析绿色工厂试点政策对企业绿色专利质量的影响，以及对七种类型绿色专利数量的影响。

关于绿色专利质量，采用知识宽度法和被引用次数两种方法测度。利用知识宽度法测度的绿色专利质量（GTI_Q1）衡量的是企业绿色专利所运用的知识领域，GTI_Q1 越大，则专利运用的知识越复杂。利用被引用次数测度的绿色专利质量（GTI_Q2）衡量的是企业绿色专利在经济社会发展中可运用的范围，GTI_Q2 越大，则专利普适性越强。从表 5 – 19 模型（1）和模型（2）的回归结果来看，绿色工厂试点政策并不会提升企业绿色专利的复杂性和普适性，即对绿色技术创新质量不产生影响。

关于绿色专利类型，将其分为替代能源生产类（GTI_1）、交通运输类（GTI_2）、废弃物管理类（GTI_3）、节能节约类（GTI_4）、农林类（GTI_5）、行政监管与设计类（GTI_6）、核电类（GTI_7）七类。从表 5 – 19 模型（3）至模型（9）的回归结果来看，绿色工厂试点政策能显著提升替代能源生产类和废弃物管理类的绿色专利数量，系数分别为 0.077 和 0.098。根据绿色工厂生产洁净化、废物资源化、能源低碳化的建设原则，与绿色技术需求更相关的是替代能源生产、废弃物管理、节能节约三种绿色专利。然而，节能节约类系数不显著，这可能与处理组样本不足有关。交通运输类的绿色专利主要指的是与新能源汽车相关的绿色技术创新，农林类和行政监管与设计类的绿色专利与绿色工厂建设不相关，核电类的绿色专利一般不应用于企业的生产过程。

表 5 - 19　　绿色工厂试点政策对绿色专利质量与类型的影响

变量	(1) GTI_Q1	(2) GTI_Q2	(3) GTI_1	(4) GTI_2	(5) GTI_3	(6) GTI_4	(7) GTI_5	(8) GTI_6	(9) GTI_7
GFP	- 0.019 (- 0.768)	0.041 (1.125)	0.077 ** (1.989)	0.027 (0.665)	0.098 ** (2.432)	0.012 (0.300)	- 0.011 (- 0.605)	- 0.009 (- 0.290)	- 0.004 (- 0.373)
控制变量	是	是	是	是	是	是	是	是	是
个体固定效应	是	是	是	是	是	是	是	是	是
时间固定效应	是	是	是	是	是	是	是	是	是
样本量	3719	6360	5815	5815	5815	5815	5815	5815	5815
R^2	0.049	0.794	0.618	0.393	0.587	0.583	0.085	0.245	0.040

注：** 表示在 $p < 0.05$ 时有统计学意义，括号内为聚类稳健标准误计算的 t 值。

（四）异质性分析

为了进一步分析绿色工厂试点政策对不同类型企业的影响差异，本节从以下三个方面进行了异质性分析。

（1）绿色技术创新水平差异。根据上市公司绿色技术创新水平，将样本分为 20%、40%、60% 和 80% 分位数四组，采用分位数回归进行分析。根据表 5 - 20 模型（1）至模型（4）的回归结果，20% 和 80% 分位数样本的回归结果不显著，40% 和 60% 分位数样本的回归结果显著为正，绿色工厂试点政策的系数分别为 0.117 和 0.111。对于绿色技术创新水平较低的企业来说，它们通常远达不到创建绿色工厂的标准，因此绿色工厂试点政策对这些样本没有影响。对于绿色技术创新水平较高的企业来说，大多数企业符合绿色工厂标准，甚至获得了绿色工厂的称号，因此绿色工厂试点政策难以激励这些企业进一步研发绿色低碳专利。

（2）企业性质差异。将样本分为国有企业和非国有企业两组进行回归，研究发现，绿色工厂试点政策仅对国有企业产生显著的正向影响，系数为 0.127 ［见表 5 - 20 的模型（5）和模型（6）］。一方面，国有企业在政治上联系更紧密，它们更有可能获得政府为企业提供的各类创新支持，也可能提前获得关于绿色制造政策的信息，形成信息优势。另一方面，国有企业的社会责任感和可持续发展意识相对更强，更有主观能动性来创建绿色工厂，并从事绿色技术创新活动。

（3）企业所属行业差异。根据上市公司所属行业，将样本分为重污染行业和非重污染行业两类，其中重污染行业包括水电、钢铁、水泥和化工等 15 个行业。根据表 5 - 20 模型（7）和模型（8）的回归结果，绿色工厂试点政策仅对非重污染行业的企业产生正向显著的影响，系数为 0.117。重污染行业企业的污染排放更为严重，对这些企业来说，很难按照生产洁净化、废物资源化、能源低碳化的原则进行生产。而且，重污染行业企业的绿色工厂建设成本较高，导致绿色工厂试点政策效果不显著。

表 5 - 20　异质性分析结果

变量	（1）20%分位数	（2）40%分位数	（3）60%分位数	（4）80%分位数	（5）国有企业	（6）非国有企业	（7）重污染行业	（8）非重污染行业
GFP	0.121 （1.641）	0.117** （2.314）	0.111** （2.213）	0.108 （1.595）	0.127** （2.529）	0.080 （1.626）	0.139 （1.554）	0.117** （2.406）
控制变量	是	是	是	是	是	是	是	是
个体固定效应	是	是	是	是	是	是	是	是
时间固定效应	是	是	是	是	是	是	是	是
样本量	11379	11379	11379	11379	4717	6662	4240	7100
R^2					0.745	0.684	0.675	0.724

注：** 表示在 $p < 0.05$ 时有统计学意义，括号内为聚类稳健标准误计算的 t 值。

（五）机制分析

本节采用目前被经济学者们广泛认可的机制分析思路（江艇，2022）提出中介变量 M，实证分析解释变量对 M 的影响、M 对被解释变量的影响。根据经济学理论和现有文献研究结论，影响结果应是显而易见的。根据研究假设，本节从以下三个方面进行机制分析。

第一，财政资金支持。根据表 5 - 21 的模型（1）和模型（2），绿色工厂试点能显著提升两期后的政府环境治理补助，并缓解企业融资约束，假设 2 成立。政府对绿色工厂试点企业的财政资金补助方式是"后补助"，即只有企业成功获得国家绿色工厂称号后，才能获得相关财政资金支持。由于中国多级政府财政管理体制问题，企业获得相关补助往往是滞后的。绿色技术创新活动具有高风险、高投入和回报周期长等特征。政府对企业的环境治理补助具有"杠杠效应"，能够降低企业的绿色研发成本，并提高风险承受能力（Cui et al.，2023）。有效的环境治理补助可以帮助企业缓解融资约束，对长期创新项目具有激励作用。因此，绿色工厂试点通过提升企业的环境治理补助、缓解融资约束两个渠道，提升绿色技术创新水平。

第二，数字化转型。根据表 5－21 的模型（3），绿色工厂试点能显著提升企业数字化转型水平，假设 3 成立。随着数字经济时代的到来，数字化转型加速驱动生产方式、生活方式和治理方式的变革。在生产过程中，通过大数据管理，帮助企业建立智能化管理体系，有利于实现资源优化配置和能源节约。同时，数字化转型能提升企业信息共享水平（林永佳等，2023），也能满足绿色技术创新的数据要素要求，进而渗透到绿色技术创新的各个环节。制造业未来的发展方向就是数字化和绿色化，要求数字化转型和绿色技术创新也要协同。因此，绿色工厂试点可以通过数字化转型的渠道，提升企业绿色技术创新水平。

第三，自愿型环境规制。根据表 5－21 的模型（4），绿色工厂试点能显著提升企业自愿型环境规制水平，假设 4 成立。中国的自愿型环境规制实施时间不长，而且缺乏政策实践经验，但现有研究均认为自愿型环境规制会促进绿色技术创新。自愿型环境规制有助于企业贴上"环保"的标签，使它们有机会获得政府相关政策的支持，也有利于产品被消费者接受，这将间接激励企业利用绿色技术进行创新（储勇等，2022）。因此，绿色工厂试点可以通过自愿型环境规制的渠道，提升企业绿色技术创新水平。

表 5 – 21　机制分析结果

变量	(1) EnvSup	(2) SA	(3) Digital	(4) VolER
GFP		0.022 *** (4.080)	0.127 ** (1.982)	0.620 *** (3.454)
L2. GFP	0.988 *** (3.262)			
控制变量	是	是	是	是
个体固定效应	是	是	是	是
时间固定效应	是	是	是	是

续表

变量	(1) EnvSup	(2) SA	(3) Digital	(4) VolER
样本量	2248	11379	11379	3498
R^2	0.090	0.904	0.709	0.107

注：***、**分别表示在 p < 0.01、p < 0.05 时有统计学意义，括号内为聚类稳健标准误计算的 t 值。L2. 表示滞后 2 期。

第六节 研究结论与政策启示

一 研究结论

（1）研发补贴和环境保护税均对企业绿色技术创新具有正向显著的影响。研发补贴每增加100%，企业绿色专利申请量会增加4.0%；环保税每增加100%，企业绿色专利申请量会增加2.5%。研发补贴和环保税对企业绿色技术创新的影响均表现为倒"U"形的非线性关系，最优的补贴水平和环保税征收额分别是4791万元和7854万元。研发前补贴方式更有利于发挥政策的绿色技术创新效应，而研发后补贴对企业绿色技术创新的影响不显著。研发补贴和环保税均不能提升企业绿色专利的质量。研发补贴和环保税的绿色技术创新效应具有异质性，在非国有企业、大型企业和中部地区更显著。研发补贴与环保税两类政策工具互补，前者具有杠杆效应，后者具有挤出效应。

（2）绿色金融改革创新试验区政策对企业绿色技术创新具有正向显著的影响。"绿金改试验区"内企业的绿色专利申请数量比其他地区显著多33.1%，政策作用具有预期效应、长期效应和溢出效应。"绿金改试验区"政策对绿色技术创新质量没有显著影响，但更有利于减排型创新。"绿金改试验区"政策效应具有区域异质性和企业异质性，在经济发达地区、生态资源丰富地区以及环境规制高强度地区更显著，对小型企业或民营企业来说，政策效应也更加显著。"绿金改试验区"政策可以通过增加政府研发补贴和金融机构信贷投资、增加企业自身环保行为、缓解企业融资约束、提升企业研发投入等渠道，促进绿色技术创新。

（3）绿色工厂试点政策对企业绿色技术创新具有正向显著的影响。

绿色工厂试点政策使企业拥有的绿色专利数量增加了 11.5%，更有利于绿色发明、替代能源生产类、废弃物管理类专利的研发，但对专利质量没有影响作用。对于绿色技术创新处于中等水平的企业、国有企业和非重污染行业企业来说，政策效应更加显著。绿色工厂试点政策可以通过增加政府环境治理补贴、缓解融资约束、提高数字化转型水平和加强自愿型环境规制四个渠道，促进企业绿色技术创新。

二　政策启示

（一）激发财政政策的激励约束作用

（1）加大财政政策支持绿色低碳转型的力度。强化财政资金的激励导向作用，健全市场化多元化投入机制，鼓励绿色产业发展，充分发挥政府支持绿色低碳型企业发展的"第三方背书"效应。围绕绿色低碳技术研发，发挥好各类高水平创新平台的引领示范作用，支持国家科研院所（基地）和技术机构自主开展创新研究。建立国家绿色低碳技术研发基金，重点支持替代能源生产、资源节约集约利用、污染减排、降碳固碳等方面的技术创新，尤其是需要长期资金投入的颠覆式创新。对绿色科创平台、人才队伍建设，给予财政资金倾斜。优化相关产业的税收政策，一方面，积极稳妥地淘汰钢铁、煤炭等领域落后产能，促进高污染、高耗能产业绿色低碳转型；另一方面，对有利于环保的企业行为，加大税收优惠力度。目前，我国的研发补贴和环保税均未达到倒"U"形曲线的拐点，因此，各级政府仍需根据本地区资源禀赋特征，合理提升研发补贴强度和环保税定额税率。

（2）制定差异化财政政策促进绿色协同发展。研发补贴对中西部地区企业的绿色技术创新效果显著，而环保税不利于西部地区企业的绿色技术创新。因此，中央政府可以通过提高转移支付系数、加计生态环境保护标准支出等方式，加大对中西部地区重点生态功能区的财政资金投入。2018 年环境保护"费改税"后，各省份环境保护税征收标准呈现"东高西低"的特征，但也有部分东部和中部相对发达省份的征收标准仍和西部地区省份一样，还有部分省份遵循"税费平移"原则。为了进一步完善我国的绿色税收体系，可以采用中央统筹、动态调整的方式，不断优化各地区的环保税征收标准。研发补贴和环保税的绿色技术创新效应在民营企业、大型企业更加显著，因此，可以加大财政政策对大型或民营企业的支持力度，引导并促进全社会的绿色低碳科技创新和绿色基础设施建设。

（3）强化研发补贴与环保税的互补作用。研发补贴对绿色技术创新的影响具有杠杆效应，环保税对绿色技术创新的影响具有挤出效应。环保税促使企业将研发补贴更多应用于绿色低碳技术研发上，而研发补贴可以有效减少环保税的遵循成本，形成创新诱导效应。企业通过绿色技术创新奠定技术优势，降低环保税成本，从而促进"波特假说"的实现。因此，要加强财政资源统筹，重点围绕清洁能源体系建设、产业绿色低碳转型、绿色技术创新等方面，推动补贴、税收等政策协同发力。在研发补贴方式上，也要强化研发前补贴和研发后补贴两种方式的互补作用，通过前补贴激发后补贴的绿色技术创新导向作用。

（二）打通绿色金融服务经济绿色低碳转型通道

（1）发挥绿色金融改革创新试验区的示范带头作用。"绿金改试验区"政策增加了试验区内企业 33.1% 的绿色专利申请数量。因此，要加快 7 省区市 10 地的"绿金改试验区"建设，构建区域性绿色金融体系，并积极在绿色金融改革创新发展上提供可复制、可推广的经验模式。利用"绿金改试验区"政策的溢出效应，鼓励周边地区积极发展绿色金融，促进绿色低碳技术研发与应用。其他有基础、有条件的地区可以按照边申报、边创建的思路，借鉴试验区的实践经验，围绕绿色金融支持区域绿色转型，进行深入探索实践，为创建"绿金改试验区"奠定基础。不断丰富绿色金融支持政策工具箱，普及绿色金融理念，为企业绿色技术创新营造良好氛围。

（2）拓宽绿色低碳型企业和项目的融资渠道。创新绿色金融产品，实施环境权益抵押担保模式，开发减污降碳的绿色信贷产品，围绕绿色低碳领域促进政府和社会资本合作（PPP），鼓励实现绿色金融资产证券化。"绿金改试验区"政策的绿色技术创新效应在小型企业和民营企业更显著，因此，要拓宽环保型小型企业和民营企业的融资渠道，有针对性地研发针对小微民营企业的信贷产品。具有"一带一路"属性的试验区（克拉玛依市、昌吉州、哈密市、兰州新区）的政策效果不显著，这些地区应立足发展定位，加强绿色金融国际合作与交流，加强与亚洲基础设施投资银行等国际金融机构的合作，聚焦荒漠化治理、水资源集约利用、降碳固碳等技术领域，推动中西部试验区积极争取国际资金和技术研发合作。

（3）支持绿色金融和绿色产业融合发展。支持采用扩大绿色信贷规模或发行绿色债券等方式，促进"两高"行业绿色低碳转型升级、产业园区绿色升级、绿色技术创新体系构建，以及绿色建筑、绿色交通、生态农林和生态旅游的发展。支持政府设立绿色产业基金，鼓励创业投资基金、私募股权基金等共同支持节能减污降碳类型的技术研发与应用。

（三）以绿色产业政策引导制造业绿色低碳智能化发展

（1）构建绿色制造体系。绿色工厂试点企业的绿色专利数量增加了11.5%。自 2017 年以来，工业和信息化部已经先后培育建设了 7 批绿色制造企业和园区，已经成为绿色工厂试点的企业和园区在推行绿色制造过程中形成了一些宝贵的实践经验。在支持现有绿色工厂试点企业和园区打造示范标杆的基础上，还应加强培育新一批的绿色工厂试点。从现有绿色工厂试点企业中培育形成一批绿色技术创新龙头企业，布局开展绿色低碳技术攻关。根据现有绿色工厂试点的实践经验，不断完善绿色制造评估机制和标准体系。

（2）加强对绿色工厂试点的监督和管理。实证结果表明，绿色工厂试点企业缺乏后续绿色技术创新动力。因此，政府应定期对绿色工厂试点进行调查和评估，加强对绿色工厂试点的跟踪指导和动态管理，建立绿色制造名单动态调整机制，从而保持绿色工厂试点企业的创新活力。政府还应积极引导绿色工厂试点企业通过合理高效地利用财政补贴与绿色投融资支持，加快数字化转型，自愿实行污染减排、循环经济、能源节约等措施或技术，促进绿色技术创新水平的不断提升。

（四）强化各类政策的协同作用

生态优先、节约集约、绿色低碳发展和节能降碳减排技术研发应用的实现，并不能仅依靠单一的经济政策，必须聚焦重点领域，多措并举，灵活运用财政、金融、产业等各类经济政策。德国在环境保护、可再生能源和有效利用资源的绿色技术方面处于全球领先地位，这得益于德国在环境保护和绿色创新上的政策体系设计。在顶层设计上，德国制定了一系列的环保计划和环保法规，旨在保护环境和自然资源，促进可持续发展，提高能源效率，推广可再生能源等。在此基础上，德国配套出台了一系列的财政、金融和人才政策支持绿色技术创新，比如发展绿色基金、绿色信贷、绿色债券、绿色保险，为绿色技术制造商提供补贴，实施绿色就业计划和开展绿色职业培训。

对于我国来说，环境政策倒逼高污染、高耗能产业绿色低碳转型，然而转型需要大量的资金，通过绿色财税和绿色金融等政策，可以有效降低环境政策的"规制成本"，让更多企业有机会实现转型升级；在促进绿色产业发展和绿色低碳技术研发应用上，一方面需要发挥政府绿色投资的引导作用，另一方面需要利用金融机构、民间资本弥补资金不足的缺陷；对于绿色产业发展、绿色技术改造和设备更新等，需要财政资金、绿色金融和土地优惠等支持，通过发挥政策"组合拳"的作用，助力绿色低碳产业发展和"两高"行业转型，不断激发企业绿色技术创新活力。

参考文献

曹虹剑、张帅、欧阳峣等：《创新政策与"专精特新"中小企业创新质量》，《中国工业经济》2022 年第 11 期。

储勇、施红、张江彦：《自愿参与型环境规制、创新能力与绿色技术创新——来自中国涉农微观企业的数据分析》，《科技管理研究》2022 年第 7 期。

邓翔、李双强、李德山：《政府采购、融资约束与企业创新》，《科技进步与对策》2018 年第 12 期。

董景荣、张文卿、陈宇科：《环境规制工具、政府支持对绿色技术创新的影响研究》，《产业经济研究》2021 年第 3 期。

范群林、邵云飞、唐小我：《以发电设备制造业为例探讨企业环境创新的动力》，《软科学》2011 年第 1 期。

黄炜、张子尧、刘安然：《从双重差分法到事件研究法》，《产业经济评论》2022 年第 2 期。

江艇：《因果推断经验研究中的中介效应与调节效应》，《中国工业经济》2022 年第 5 期。

焦长勇：《企业绿色技术创新探析》，《科技进步与对策》2001 年第 3 期。

李姝、翟士运、古朴：《非控股股东参与决策的积极性与企业技术创新》，《中国工业经济》2018 年第 7 期。

林永佳、杨畅、蔡幸：《企业数字化转型与绿色创新能力升级——基于网络效应的分析》，《现代财经（天津财经大学学报）》2023 年第 2 期。

刘海英、郭文琪：《环境税与研发补贴政策组合的绿色技术创新诱导效应》，《科技管理研究》2021 年第 1 期。

刘金科、肖翊阳：《中国环境保护税与绿色创新：杠杆效应还是挤出效应？》，《经济研究》2022 年第 1 期。

刘津汝、曾先峰、曾倩：《环境规制与政府创新补贴对企业绿色产品创新的影响》，《经济与管理研究》2019 年第 6 期。

马永强、阳丹、巩亚林：《经济周期、政府扶持与企业创新》，《会计研究》2022 年第 5 期。

巫景飞、希吉日、倪中新：《政府研发补助方式如何影响企业创新——基于中国上市公司 2007—2020 年面板数据的实证研究》，《上海大学学报》（社会科学版）2022 年第 4 期。

王馨、王营：《绿色信贷政策增进绿色创新研究》，《管理世界》2021 年第 6 期。

王营、冯佳浩：《绿色债券促进企业绿色创新研究》，《金融研究》2022 年第 6 期。

温湖炜、钟启明：《环境保护税改革能否撬动企业绿色技术创新——来自中国排污费征收标准变迁的启示》，《贵州财经大学学报》2020 年第 3 期。

肖红军、阳镇、王欣：《央地产业政策协同、企业社会责任与企业绿色技术创新》，《中山大学学报》（社会科学版）2023 年第 1 期。

熊勇清、王溪：《新能源汽车技术创新激励的政策选择："扶持性"抑或"门槛性"政策？》，《中国人口·资源与环境》2020 年第 11 期。

徐乐、赵领娣：《重点产业政策的新能源技术创新效应研究》，《资源科学》2019 年第 1 期。

许庆瑞、王毅：《绿色技术创新新探：生命周期观》，《科学管理研究》1999 年第 1 期。

伊晟、薛求知：《绿色供应链管理与绿色创新——基于中国制造业企业的实证研究》，《科研管理》2016 年第 6 期。

张杰、郑文平：《创新追赶战略抑制了中国专利质量么？》，《经济研究》2018 年第 5 期。

朱兰、郭熙保：《党的十八大以来中国绿色金融体系的构建》，《改革》2022 年第 6 期。

朱向东、黄永源、朱晟君等：《绿色金融影响下中国污染性产业技术创新及其空间差异》，《地理科学》2021 年第 5 期。

Acemoglu, D. , Aghion, P. , Bursztyn, L. , et al. , "The Environment and Directed Technical Change," *American Economic Review* 102 （2012）：131 – 166.

Acemoglu, D. , Akcigit, U. , Alp, H. , et al. , "Innovation, Reallocation, and Growth," *American Economic Review* 11 （2018）：3450 – 3491.

Aghion, P. , Dechezlepretre, A. , Hemous, D. , et al. , "Carbon Taxes, Path Dependency, and Directed Technical Change：Evidence from the Auto Industry," *Journal of Political Economy* 124 （2016）：1 – 51.

Baker, A. C. , Larcker, D. F. , Wang, C. C. , "How Much Should We Trust Staggered Difference-in-Differences Estimates?," *Journal of Financial Economics* 2 （2022）：370 – 395.

Callaway, B. , Sant'Anna, P. H. C. , "Difference-in-Differences with Multiple Time Periods," *Journal of Econometrics* 225 （2021）：200 – 230.

Cui, X. , Wang, C. , Sensoy, A. , et al. , "Economic Policy Uncertainty and Green Innovation：Evidence from China," *Economic Modelling* 118 （2023）：106104.

Ghisetti, C. , "Demand-pull and Environmental Innovations：Estimating the Effects of Innovative Public Procurement," *Technological Forecasting and Social Change* 125 （2017）：178 – 187.

Hadlock, C. , Pierce, J. , "New Evidence on Measuring Financial Constraints：Moving Beyond the KZ Index," *Review of Financial Studies* 23 （2010）：1909 – 1940.

Hainmueller, J. , "Entropy Balancing for Causal Effects：A Multivariate Reweighting Method to Produce Balanced Samples in Observational Studies," *Political Analysis* 20 （2012）：25 – 46.

Harrison, A. , Martin, L. A. , Nataraj, S. , "Green Industrial Policy in Emerging Markets," *Annual Review of Resource Economics* 9 （2017）：253 – 274.

Huang, X. , Liu, W. , Zhang, Z. , et al. , "Quantity or Quality：Environmental Legislation and Corporate Green Innovations," *Ecological Economics* 204 （2023）：107684.

Rennings, K. , "Redefining Innovation—Eco-innovation Research and the Contribution from Ecological Economics," *Ecological Economics* 32 （2000）：319 – 332.

Zhao, Y. , Xin, L. , "Research on Green Innovation Countermeasures of Supporting the Circular Economy to Green Finance Under Big Data," *Journal of Enterprise Information Management* 35 （2022）：1305 – 1322.

图书在版编目（CIP）数据

经济数字化绿色化低碳化发展研究／吴传清等著.

北京：社会科学文献出版社，2024.7（2025.9 重印）. -- ISBN 978-7
-5228-3876-2

Ⅰ. F124

中国国家版本馆 CIP 数据核字第 202420PG59 号

经济数字化绿色化低碳化发展研究

著　　者／吴传清　尹礼汇　孟晓倩　邓明亮　张诗凝

出 版 人／冀祥德
责任编辑／陈凤玲
文稿编辑／陈丽丽
责任印制／岳　阳

出　　版／社会科学文献出版社·经济与管理分社（010）59367226
　　　　　　地址：北京市北三环中路甲 29 号院华龙大厦　邮编：100029
　　　　　　网址：www.ssap.com.cn
发　　行／社会科学文献出版社（010）59367028
印　　装／唐山玺诚印务有限公司

规　　格／开　本：787mm×1092mm　1/16
　　　　　　印　张：15.5　字　数：246 千字
版　　次／2024 年 7 月第 1 版　2025 年 9 月第 2 次印刷
书　　号／ISBN 978-7-5228-3876-2
定　　价／99.00 元

读者服务电话：4008918866